KB037488

평범한 사람도
돈 걱정 없이
잘살고 싶다면
어떻게 살 것인가

돈 걱정 없는 인생을 설계하는 경제·경영·인문의 황금비율

———— 평범한 사람도 ————

돈 걱정 없이 잘살고 싶다면

어떻게 살 것인가

차칸양 지음

N 넥스웍

인간이 힘들게 사는 이유

'인간은 왜 사는가, 그리고 무엇을 위해 사는가?'

위 질문은 제게 있어 10년 전 제2의 사춘기라 할 수 있는 마흔의 나이에 꽤나 진지하게 고민했던, 그리고 아직까지도 가슴속 응어리로 남아 있는 난제難題입니다. 아마 저뿐 아니라 이 땅에 발을 딛고 살아가는 사람이라면 누구라도 생각해 보았던 질문일 겁니다.

당시 이 질문에 대한 답을 얻기 위해 다양한 분야의 책도 뒤져보았고, 명강사라 불리는 분들의 강연도 열심히 들어보았으며, 다방면의 자료도 검색해 보았죠. 하지만 아무리 찾아봐도 그리고 치열하게 고민해 봐도 명쾌한 답은 얻을 수 없었습니다.

왜 나는 이렇게도 팍팍하고 힘든 시대에 살고 있는 걸까? 좀 더 과거에 태어났다면 보다 편하고 쉽게 살 수 있진 않았을까? 또한 인간은 반드시 죽을 수밖에 없는 운명이라는데, 그렇다면 죽음을 맞이하기 전까지 무엇을 추구하며 어떻게 살아야만 하는 것일까?

고민에 고민을 거듭하던 어느 날, 같은 회사에 근무하고 있는 어린

여직원에게 반 장난삼아 '인간은 왜 사는가.'란 질문을 던져 보았습니다. 그녀는 다분히 4차원적 기질을 가지고 있는, 그야말로 명랑, 쾌활의 대명사라 할 수 있는 친구였죠. 질문을 던지고 1초도 되지 않아 바로 답이 돌아왔습니다.

"태어났으니까요."

순간 헛웃음이 삐져나왔습니다. 하지만 그 대답을 두어 번 되새김질하자 갑자기 머릿속이 명료해짐을 느낄 수 있었습니다. 아, 그래 맞다! 인간이 왜 사냐고? 태어났으니까 사는 거지! 생명을 얻었으니까 그 생명이 다할 때까지 사는 거지! 왜 이처럼 단순하고 명쾌한 답을 생각하지 못했을까.

그녀의 말이 맞았습니다.

인간은 태어났으니까 사는 겁니다. 애초에 태어나지 않았더라면 인간에게 삶이란 자체가 없을 테니까 말이죠. 인간이 아니더라도 생명을 가진 모든 생물은 태어났기 때문에 자신의 생명이 다하는 날까지 살다 가는 겁니다. 인간은 왜 사는가에 대한 첫 번째 질문이 그녀의 촌철살인과도 같은 답변에 의해 너무도 쉽게 풀렸습니다. 굳이 철학과 종교까지 깊게 파고들어가지 않더라도, 그녀의 대답만큼 단순, 명쾌한 답은 없을 거란 생각이 들었습니다.

'인간은 왜 사는가.'에 대한 뜻하지 않은, 하지만 명료한 답을 얻고 나니 다시 두 번째 질문인 '인간은 무엇을 위해 사는가.'에 대한 답이

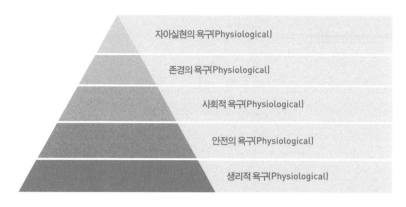

그림 1. 매슬로우(Abraham H. Maslow)의 동기이론(Motivation theory)

궁금해졌습니다. 훌륭한 답을 준 그 여직원에게 기대감을 갖고 다시
물었습니다. 하지만 이 질문은 좀 어려웠나 봅니다.

"글쎄요……"란 답밖에 주지 못하더군요. 제 스스로 찾을 수밖에 없
었습니다. 열심히 고민하며 찾다 보니 이 질문에는 여러 갈래의 답이
있다는 걸 알 수 있었죠. 그중에서도 제게 가장 공감을 주었던 답은 미
국 심리학자이자 철학자였던 아브라함 매슬로우-Abraham H. Maslow, 1908~1970
가 주장한 동기이론Maslow's motivation theory이었습니다. 어디서 많이 들어
본 것 같죠? 맞습니다. 중고등학교 수업시간에 배웠고, 시험문제로도
자주 출제되었던 바로 그 이론입니다.

인본주의 심리학자들에 의하면 인간은 태어날 때부터 본능적인 욕
구를 가지고 있다고 합니다. 그 욕구의 기저基底를 들여다보면 인간의
행동은 순전히 이러한 욕구를 충족시키기 위한 방향으로 이루어지는
데, 이때 행동을 유발하는 동기motive가 무엇보다 중요하며 여기에는 위

계에 따라 다음과 같은 5가지 욕구로 나눠진다고 합니다.

가장 하위 단계인 1단계는 본능적 욕구에 해당하는 의식주에 관한 욕구로써, 생리적 욕구Physiological Needs라고도 하며, 2단계는 신체적, 정신적인 안전을 추구하는 안전의 욕구Safety Needs, 3단계는 어떤 모임이나 그룹에 소속됨으로써 소속감과 함께 주위 사람들에게 애정을 얻고자 하는 소속감과 애정의 욕구Belongingness and Love Needs 혹은 사회적 욕구Social Needs입니다.

더 나아가 4단계는 존경의 욕구Esteem Needs로써 타인에게 인정받고자 하는 욕구이며, 가장 상위 단계인 5단계는 자기만족과 함께 자신의 존재 가치까지 깨닫게 되는 자아실현의 욕구Self-Actualization Needs입니다.

이렇듯 인간은 최하위 단계인 생리적 욕구에서부터 시작하여 최상위의 자아실현 욕구까지 끊임없이 욕망을 갈구하며 살아가는 존재라 할 수 있습니다.

생물학적 관점으로 본 인간의 욕망

—

매슬로우의 주장대로라면 '인간은 무엇을 위해 사는가.'란 질문에 대한 답은 '끊임없는 욕망을 충족시키기 위해서'가 될 것입니다. 그렇다면 현대를 살아가는 우리가 원하는 욕망에는 어떤 것이 있을까요? 저는 현대인의 욕망을 생물학, 경제학, 경영학 그리고 인문학적 관점에서 생각해 보았습니다. 먼저 생물학의 눈으로 바라본 욕망을 생각해보죠.

인간은 생물이자, 동물입니다. 아무리 인간 스스로 만물의 영장이라고 칭송하지만, 인간 또한 생물의 한 종류일 수밖에 없습니다. 이러한 인간을 생물학적 관점으로만 바라볼 때, 인간이 갈망하는 욕구는 아무래도 본능적 욕구에 가깝다 할 수 있습니다. 매슬로우가 말한 1단계 욕구인 생리적 욕구가 바로 그것이라 할 수 있죠.

조금 더 구체적으로 들어가서 이번에는 아예 인간을 분자생물학적 대상으로 생각해보죠. 생물을 분자 수준으로까지 분석하는 분자생물학을 이용해 인간을 분석하게 되면, 우리는 인체조직을 구성하는 기관器官뿐 아니라 그 기본조직인 세포細胞를 만나게 됩니다. 그리고 최종적으로는 가장 기본적 단위이자 유전물질인 DNA^{Deoxyribonucleic Acid}까지 도달하게 되죠.

서양 근대철학의 출발점이라 알려진 프랑스 철학자 르네 데카르트René Descartes, 1596~1650가 '나는 생각한다. 고로 존재한다.^{cogito ergo sum.}'라고 주장한 것처럼 인간은 사유思惟를 하는 존재지만, DNA는 전혀 그렇지 못합니다.

DNA는 생각은 물론이고, 스스로 움직이지도 못하는 핵산^{Nucleic Acid} 덩어리에 불과합니다. 그럼에도 불구하고 DNA가 살아가는 데 있어서 매우 중요한 위치를 차지하고 있는 이유는 딱 2가지 때문이죠.

그 첫 번째는 번식繁殖, Breeding입니다.

DNA는 끊임없이 번식 혹은 증식增殖해야만 합니다. 그래서 이 세상에 수많은 자신의 복제품Duplicate을 만들어 놓아야 합니다. 이때 그 수치가 중요하죠. 수치상으로 최대한 많이 번식시켜야만, 여러 환경변수에 의해 일부가 죽음을 맞을지라도 굳건히 자신의 존재감을 이어갈 수 있기 때문입니다. 소위 '대代를 이어 충성!'할 수 있는 개체수가 많아야만 DNA는 안심하며 자신의 생을 마감할 수 있겠죠?

생물학적 관점으로 바라볼 때 인간은 DNA의 꿈과 욕망을 짓밟는 야만적 종족이기도 합니다. 왜냐하면 끊임없는 번식을 통해 최대한 자신의 자식을 늘려야 함에도 불구하고, 현대에는 그렇게 안 하고 있기 때문이죠. 우리나라만 하더라도 예전 1부부당 기본 2자녀에서 최근에는 아들, 딸 상관없이 1자녀만 낳는 게 대세이고, 더 나아가서는 아예 '무자식이 상팔자'라며 자식을 낳지 않는 부부들도 늘어나는 추세입니다. 소위 DINK^{Double Income No Kids}족이 그들이죠. 이들은 본인들의 삶을 더 중시합니다. 벌어들이는 수입을 온전히 자신들의 인생을 즐기는 데 소비하죠.

아무도 이들을 뭐라 할 수는 없습니다. 자식에 대한 유용성보다 자신들의 윤택한 삶을 택한 거니까요. 하지만 DNA 입장에서 보았을 때, 이들은 가장 무서운 종일 수밖에 없습니다. 스스로 자신들의 종種을 멸종시키는 일을 거침없이 자행하고 있는 것과 마찬가지이니까요. 만약 당신이 힘겹게 2자녀 이상을 낳아 키우고 있다 한다면, DNA 입장에서는 만족스럽진 않겠지만 그래도 최소한의 소임은 다했노라 칭찬해 줄 겁니다. 그리고 한마디 덧붙이며 속삭이겠죠. 기회가 된다면 더 늦기 전에 과감히 세 번째 혹은 네 번째 늦둥이에 도전해 볼 생각 없느냐고 말이죠!

DNA의 존재 이유로 두 번째는 진화進化, Evolution입니다.

진화란 환경변화에 살아남을 수 있는 스스로의 힘, 즉 자생력을 키우는 것입니다. 지금까지 지구에는 수많은 생물들이 살아왔고, 현재도 수천만 종의 생물이 살아가고 있습니다. 그러나 이제는 더 이상 볼 수 없는 멸종된 생물의 숫자 또한 이루 헤아리기 어려울 정도로 많습니다. 이들이 지구상에서 자취를 감춘 이유는 진화에 실패했기 때문이라 할 수 있죠. 물론 빙하기와 같은 천재지변으로 인해 어쩔 수 없는 죽음을 맞이한 공룡과 같은 종도 많지만, 그 가운데서도 살아남아 우리와 동고동락(!)하는 바퀴벌레를 본다면 어떠한 상황에서도 진화할 수 있는 능력을 가진 개체는 진화를 통해 살아남을 수 있다는 것을 증명하는 본보기라 하겠습니다. 이처럼 삶과 죽음의 경계선을 넘기 위해 생물은 필수적으로 진화를 선택하기도 하지만, 진화를 거듭함으로써 보다 업그레이드된 DNA를 만들어 갈 수 있다는 사실은 적자생존을 뛰어넘어 약육강식의 법칙에도 적용될 수 있습니다. 지구라고 하는 거친 정글에서는 결국 강한 자만이 살아남는 법이니까요.

정리하자면 생물학적 관점, 특히 DNA의 관점으로 보았을 때, 생물학적 욕망은 최대한 자신의 복제품을 이 세상에 가능한 한 많이 증식시키는 것이라 할 수 있습니다. 또한 2차적으로는 진화를 통해 어떠한 환경변화에도 굴하지 않고, 꿋꿋하게 잘살아갈 수 있도록 스스로를 단련시키고 변화시키는 것입니다. 그렇게 함으로써 이 세상에 자신의 DNA 제국帝國을 우뚝 세울 수 있기를 바라는 것이죠.

경제학적 관점으로 본 인간의 욕망

—

이번에는 경제학적 관점에서 바라본 인간의 욕망에 대해 생각해 보죠. 경제학의 정의에 의하면 경제학은 우선적으로 인간의 욕망을 충족시키기 위한 자원이 100% 충분치 못하다는 사실의 인지에서부터 출발합니다. 즉 자원에는 희소성이 있기 때문에, 이러한 자원을 어떠한 방식으로 활용해야만 가장 효과적으로 소비할 수 있을지 연구하고, 여기서 도출되는 공통적, 일반적 법칙을 규명하여 이론화시킴과 동시에 사회의 여러 경제 관련 문제점들을 해결하려는 학문이 바로 경제학이라 할 수 있습니다. 설명이 좀 어렵죠?

보다 쉬운 이해를 위해 타임머신을 타고 상당히 먼 과거로 가 보겠습니다.

기원전 7~8만여 년 정도쯤 지구상에 살고 있던 '우가차차'란 이름의 원시인을 만나러 가보죠.

우가차차는 큰 바윗골의 한 동굴에서 그의 가족들과 오순도순 살고 있습니다. 그의 하루 일과는 단순하기 이를 데 없습니다. 해가 뜨고 아침이 오면 사냥을 위해 밖으로 나가고, 사냥에 성공하면 동굴로 돌아와 가족들과 함께 맛있는 식사를 합니다. 그리고 배가 부르면 다시 내일의 사냥을 위해 잠을 청합니다. 혹 잠이 안 오면 동굴 안쪽 벽면에 동물들의 그림을 그리기도 하는데, 이는 내일의 사냥이 잘되길 바라는 마음에서죠.

다시 아침이 찾아옵니다. 오늘도 어제처럼 사냥이 잘되길 기원하며, 힘차게 발걸음을 내딛습니다. 돌도끼를 쥔 손에 힘을 주며 말이죠.

우가차차가 사냥을 하러 간 사이, 그의 아내 '치치우가'는 동굴 주변에 있는 과일을 따러 다닙니다. 만약 남편이 사냥에 실패할 경우에 대비해 대체식량을 구해 놓아야 할 테니까요.

해가 서쪽으로 뉘엿뉘엿 질 무렵, 우가차차가 알아듣기 어려운 콧노래를 흥얼거리며 동굴로 돌아옵니다. 오호라, 어깨에 무언가를 짊어지고 있네요. 보아하니 오늘은 제법 큰 동물 사냥에 성공한 것 같습니다! 오늘뿐 아니라 며칠 동안은 먹을 것 걱정 없이 잘 지낼 수 있을 것 같네요. 타오르는 불 위에서 노릇노릇 잘 구워지는 고기와 아이들의 상기된 표정을 보며 우가차차 부부는 행복을 느낍니다. 비록 다음 사냥에는 실패하여 굶을 수도 있겠지만, 오늘만큼은 어느 누구 부럽지 않습니다.

다시 타임머신을 타고 시간을 이동해 보죠. 이번에는 기원전 2만여 년 전쯤으로 갑니다. 우가차차가 살던 7만여 년 전에 비해 상당히 많은 것들이 바뀌었습니다. 그중에서도 가장 큰 변화는 농사와 목축업이 시작되었다는 겁니다. 그전 원시시대에는 남자들의 사냥을 통해 먹는 문제를 해결했습니다. 하지만 동물 개체수의 감소뿐 아니라, 동물들 또한 생존을 위한 진화를 하다 보니 더 이상 사냥만으로 먹고 살기 어려운 상황에 처하게 된 겁니다.

그러던 중 동굴이나 움막 주변에서 먹을 것을 찾던 여자들이 우연히 쌀이나 밀과 같은 곡식을 발견하게 됩니다. 시험 삼아 조심스럽게 먹어보니 꽤나 괜찮은 식량이라는 것을 알게 되죠. 처음에는 그저 과일처럼 주워 먹기만 했지만, 관찰에 관찰을 거듭하며 마침내 곡식을 심고 키우는 방법까지 찾아내게 됩니다. 이때부터 비로소 농사가 시작되죠. 본격적인 농사의 시작으로 인해 이들의 생활에도 큰 변화가 찾아옵니다. 사냥을 위해 동굴이나 움막을 떠돌던 유목생활이 사라지게 되고, 한 곳에만 머물러 사는 정착생활이 기본으로 자리 잡게 된 거죠.

농업의 발달은 곧 문명의 시작을 의미합니다.

고고학자들의 연구에 의하면 인류의 흔적은 대략 기원전 1백만 년 전까지 거슬러 올라간다고 합니다. 농업의 태동기를 약 2만 년 전으로 본다면 인류, 그중에서도 남자는 무려 98만 년의 시간을 사냥꾼으로 지내왔고, 정착생활을 하며 농부로서의 삶을 살아온 시간은 고작 인류 시작의 1/50밖에 되지 않는다고 볼 수 있습니다.

미국의 역사철학자로 유명한 윌 듀란트Will Durant, 1885~ 1981는 〈역사 속의 영웅들〉에서 이러한 농업의 시작, 곧 문명의 발달로 인해 남자와 여자의 운명이 바뀌었다고 말합니다.

98만 년을 야만적인 사냥꾼으로 살아온 남자들이 온순한 농사꾼으로 변모하는 과정을 통해 여자에게 주도권을 빼앗길 수밖에 없었다고 말이죠. 그래서 윌 듀란트는 "남자는 대단히 빛나는 존재일지는 몰라도 근본적으로 따지면, 자궁이며 인간 종족의 주류인 여자에게 공물을 바치는 존재"라고 주장합니다. 또한 "남자는 여자가 마지막으로 길들인 동물로, 마지못해 부분적으로만 문명화되었다."라고 하며, 현대까지도 남자들이 집에 머무르는 대신 자꾸 밖으로 나가려 하는 이유는 아직까지도 사냥의 DNA가 남자들 몸 한구석에 남아 있기 때문이라 하네요.

　원시인 우가차차 가족과 농사의 시작을 통해 본 원시시대의 경제학적 관점은 딱 2가지입니다. 먹느냐 굶느냐의 문제와 의식주 문제를 해결한 후에 생각할 수 있는 번식 즉, 자손을 얼마나 낳을 수 있느냐의 문제죠. 먹는 문제를 해결하기 위해 원시인 우가차차는 사냥을 해야 합니다.

　사냥을 잘하기 위해 돌도끼와 같은 도구를 사용하게 되고, 더 나아가서는 화살과 같은 첨단무기도 발명하게 되죠. 돌에 이어 청동 그리고 철까지 발견, 활용하게 되면서 사냥 무기를 더욱 발전시키게 되고요. 이처럼 원시시대에는 매슬로우가 말한 1차적 생리욕구에 충실한 삶을 살아갈 수밖에 없습니다. 먹지 못하면 죽음을 맞이할 수밖에 없고, 낳지 못하면 자신을 마지막으로 대가 끊어지게 되니까요.

　그렇다면 현대의 경제학적 관점에서는 어떨까요?

　과거에 비해 경제활동은 더욱 복잡해지고 어려워진 것이 사실입니다. 이제 의식주의 문제는 기본이 되었으며, 우리 주위에서 먹지 못해 안타까운 죽음을 맞이했다는 사람들의 이야기는 거의 들을 수 없게 되었습니다. 1950~1960년대에 유행했던 보릿고개 또한 이제는 국어사전에서나 볼 수 있는 단어가 되었고요. 대신 자본주의가 점점 심화되면서 현대의 경제적 활동은 오롯이 '돈'으로 대변되고 있는 상황이라 할 수 있습니다.

　18세기 중반 영국에서 시작된 산업혁명으로 인해 대량생산이 가능해지며 본격적인 자본주의가 시작되었다고 볼 수 있습니다.

　자본주의는 자본 즉, 돈에 의해 돌아가는 경제체제를 의미합니다. 자본주의에서 돈은 황제의 역할을 하죠. 그렇기 때문에 돈만 있다면, 그리고 가능한 한 많다면 얼마든 자신의 욕망을 채울 수 있게 되었습니다.

자본주의의 시작으로 인해 우리 사회는 공급이 수요를 초과하는 시대로 들어서게 되었습니다. 자본가들에 의해 수많은 공장이 세워지고, 공산품에 대한 대량생산이 가능해지면서 우리는 물질적 풍요의 시대를 맞이하게 된 거죠. 현대의 백화점, 대형 마트를 가보면 그 위력을 실감할 수 있습니다. 그야말로 없는 게 없습니다. 생활필수품에서부터 시작하여 매우 비싼 명품에 이르기까지 다양함은 물론이고, 같은 종류의 물건이라 할지라도 여러 기업에서 경쟁적으로 출시한 제품들이 서로 자신을 사 달라며 유혹하고 있죠.

과거의 경제학이 1차적인 생리적 욕구에 초점을 맞추고 있었다면, 현대의 경제학에서는 인생을 사는 동안 부딪칠 수밖에 없는 경제문제에 대한 해결을 그 목적으로 보고 있습니다.

경제문제란 다른 말로 바꾸면 돈을 얼마나 가지고 있으며, 소유에 대한 자신의 욕망을 돈을 통해 어느 정도나 충족시킬 수 있느냐의 문제라 볼 수 있습니다. 돈만 충분하다면 자신이 원하는 그 이상의 소비와 소유가 가능해지고, 그럼으로써 얼마든지 자신의 욕망을 채울 수 있다는 것이죠. 그렇기 때문에 현대의 경제학적 관점의 욕망이란 부富의 축적을 의미하며, 곧 부자가 되는 것, 부자로써 살아가는 것을 의미한다고 볼 수 있겠습니다.

경영학적 관점으로 본 인간의 욕망

—

이번에는 경영학적 관점으로 바라본 인간의 욕망에 대해 얘기해볼까요? 경영학은 개인보다는 기업의 관점에서 많이 논의되고 연구되어 온 것이 사실입니다. 18세기 중반 산업혁명과 함께 본격적인 자본주의가 시작되면서 수많은 기업들이 태생되었고, 시간이 흘러감에 따라 거대화되면서 보다 기업을 잘 운영하기 위한 방법을 연구하고 모색하면서 체계화된 학문이 바로 경영학입니다. 그렇기 때문에 경영학을 영어로 'Business Management'라 표현하며, 기업과는 떼려야 뗄 수 없는 학문으로 발전한 거죠.

경영학을 잘 이해하기 위해서는 먼저 기업의 정의에 대해 알고 있어야 합니다. 기업이란 '사람들이 필요로 하는 재화와 용역을 공급하는 생산주체이며, 그것을 판매함으로써 수익을 창출하는 조직'이라 할 수 있습니다. 이러한 정의에 의하면 기업은 2가지 활동, 즉 생산과 판매활동을 하며, 이러한 활동을 통해 수익을 얻습니다.

흔히 기업의 존재 목적을 이윤추구라 하는데, 이는 기업이 지속적으로 이윤(수익)을 얻지 못한다면 얼마 버티지 못하고 공중 분해되어 버릴 수밖에 없는 운명이기 때문이죠.

기업은 경제체계하에서 사업을 영위하는 주체이기 때문에, 경제적인 이득 즉, 수익을 내지 못한다면 당연히 퇴출될 수밖에 없습니다. 이렇게 볼 때, 경영이란 단어에는 이미 경제란 것이 기본적으로 포함되어 있다는 것을 알 수 있습니다. 이는 우리가 경제경영을 함께 묶어 생각하는 이유이며, 경제체계하에서 어떻게 기업을 잘 관리하고 운영할지에 대해 고민하기 때문에 영어로 'Management관리'란 단어를 사용하는 겁니다.

단순하게 말해서 경영은 경제적 기반하에서의 관리방법이라 볼 수 있는데, 여기에는 약방의 감초처럼 등장하는 2가지 필수 원리가 있습니다.

하나는 생산적 측면에서 매우 중요한 '생산성 원리'로써, 기업에서 판매할 재화나 용역을 만드는 데 투입되는 원가비용을 얼마나 줄일 수 있느냐 하는 문제와 밀접한 연관이 있습니다. 즉 같은 제품을 만드는 데 있어 얼마나 적은 비용으로 만들 수 있느냐 하는 문제죠. 같은 가격이라 할지라도 원가를 줄여야만 수익(마진)이 커질 수 있을 테니까요.

다른 하나는 '수익성 원리'로써 투입된 자본 대비 얼마나 많은 수익을 낼 수 있느냐에 대한 것입니다. 적은 자본으로 많은 수익을 낼 수 있다면 그 회사는 짧은 기간 내 급속한 성장을 이뤄낼 수 있겠죠. 하지만 많은 자본을 투입하고도 적은 수익을 내거나 혹은 수익을 내지 못한다면 그 기업의 성장은 요원할 수밖에 없으며, 더 나아가 회사 문을 닫아야 되는 상황까지도 갈 수 있을 것입니다.

생산성 원리와 수익성 원리는 Input 대비 Output을 얼마나 창출해 낼 수 있는가를 계산하는 경제성 원리와 거의 유사합니다. Input에 대한 개념을 생산성 원리에서는 제품을 만드는 데 들어가는 원가비용으로, 수익성 원리에서는 자본으로 생각한 것이죠. 또한 Output을 생산성 원리에서는 제품 마진으로, 수익성 원리에서는 자본 대비 수익으로 보았을 뿐입니다. 다만 경제학과 경영학의 차이가 있다면, 경제학은 실제 Output으로 얻을 수 있는 수치와 그 이론에 대한 증명에 중점을 두는 반면에, 경영학은 지속적인 Output을 만들어낼 수 있는 관리방법에 주안점을 두고 있다는 점이죠.

경제원리 : Outpur – Input > 0

지금까지 살펴본 것처럼 경영학은 기업의 성공적인 관리와 운영을 위해 태생된 학문이지만, 개인의 삶에 있어서도 충분히 적용할 만한 가치가 있는 학문이기도 합니다. 사실 개인적 삶에 있어 경영이란 말을 많이 쓰진 않지만, 우리는 대신 '자기계발'이란 용어로 경영을 적용시켜 일상에 활용하고 있죠.

자기계발이란 스스로에 대한 관리방법을 여태껏 해왔던 것과는 다르게 변화, 개선시킴으로써 보다 효율적이며 높은 Output을 만들어내기 위한 활동을 의미합니다.

영어, 일본어, 중국어, 스페인어 등 여러 언어 습득을 위한 어학 학습, 새로운 경력을 추가시키기 위한 정규 혹은 비정규의 다양한 교육과정 수강 및 각종 자격증 습득 그리고 강연, 독서를 통한 배움의 과정 등 자기계발을 위한 방법에는 상당히 많은 종류가 있습니다.

이들의 공통점은 즉시 Output을 만들어낼 수 있는 활동들은 아니지만, 현재의 문제점을 개선함으로써 미래의 Output을 만들어 내기 위한 기초 작업이라는 거죠. 즉 경영의 한 방편이라는 겁니다.

종합해 볼 때 경제학적 관점으로 바라본 인간의 욕망이 부의 축적을 통해 부자로써 살아가는 것이라 한다면, 경영학적 관점에서의 인간의 욕망은 지속적인 Output을 낼 수 있는 관리방법을 찾아내는 것, 그럼으로써 사회적 기준을 넘어서는 성과를 도출해 내는 것, 다른 말로 성공success이란 키워드로 정의할 수 있습니다.

우리가 개인적인 삶의 개선 즉, 자기계발을 통해 현재의 시간과 땀을 기꺼이 투입하는 이유는 보다 확실한 Output을 얻기 위함이며, 이러한 Output은 돈뿐 아니라 명예, 사회적 지위, 권력 등 다양한 모습으로 나타날 것이며, 우리는 그것들을 총칭하여 성공이라 부를 수 있습니다. 즉 경영학적 관점으로 바라본 인간의 욕망은 성공이라 말할 수 있으며, 우리는 그 성공이란 Output을 이뤄내기 위해 끊임없는 노력을 하고 있는 것입니다.

인문학적 관점으로 본 인간의 욕망

—

마지막으로 인문학적 관점에서의 인간의 욕망에 대해 알아보죠.

인문학人文學이란 단어 자체에서도 알 수 있듯이 사람人과 문화文에 대한 모든 것을 연구하고 탐구하는 학문입니다. 흔히 인문학과 대립되는 학문으로 자연과학自然科學을 예로 많이 드는 편인데, 자연과학이 자연에서 발생되는 객관적 현상을 밝히고 증명하는 학문임에 반해, 인문학은 인간 본연의 존재가치와 삶을 사는 동안 수반되는 모든 활동을 연구하는 학문이라 할 수 있습니다. 한마디로 인간에 대한 모든 것을 다룬다고 볼 수 있는데요. 그렇기 때문에 인문학의 범주에는 언어학, 문학, 역사, 법학, 철학, 고고학, 예술, 비평 등 다양한 학문이 포함되어 있습니다.

인문학에 대한 기원은 고대 그리스의 교육 또는 학습이라는 뜻을 가진 '파이데이아Paideia'에서 발견할 수 있습니다. 이 '파이데이아'는 기원전 5세기 중반 철학사상가이자 교수였던 소피스트Sophist들이 젊은이들을 도시국가에 걸맞은 시민으로 육성하기 위해 실시했던 교육과정을 의미하며, 여기에는 문법, 수사학, 음악, 지리학, 철학 등 다양한 과목이 포함되어져 있었다 하네요.

또한 인문학을 영어로 'Humanities'라 표기하는데, 이는 '인간의 본성'이라는 의미를 가진 라틴어 '후마니타스Humanitas'에서 유래되었다고 합니다. '후마니타스'란 말은 기원전 55년경 고대 로마의 정치가이자 저술가였던 키케로Marcus T. Cicero, B. C.106~B. C.43가 쓴 〈웅변가에 관하여Oratore〉라는 책에서 처음 언급되었는데, 지금과는 의미가 전혀 다른 웅변가 양성을 위한 정규과목 혹은 프로그램을 지칭하는 말이었다고 하네요.

고대 그리스와 로마 시대에 시민 육성을 위한 일반 교육과정으로 출발한 인문학은 중세의 종교교육에 밀려 그 힘을 잃었다가, 14세기 르네상스 시대를 맞이하여 다시 화려하게 부활합니다. 즉 중세의 신神을 중심으로 하는 신에 대한 복종 또는 순종형 가치관에서, 인간 본연의 정신을 회복하고 되살리자는 일종의 신에 대한 반항형 가치관으로 바뀌게 되는 거죠. 이로써 인문학은 과거 그리스 로마 시대의 교양교육

차원에서, 르네상스 시대로 들어서면서 비로소 인간가치에 대해 되돌아봄과 동시에 인간이란 무엇이고 왜 그리고 어떻게 살아야 하는지에 대한 고찰과 탐구를 시작하게 됩니다.

르네상스 시대에 꽃을 피운 인문학은 근대와 현대로 들어서며 혁명이라고까지 부를 수 있는 과학기술의 발달에 밀려 다소 주춤한 모습을 보였습니다. 하지만 과학이 발달하면 발달할수록 잃어가는 인간의 정체성과 가치관을 회복해야 한다는 목소리가 높아지며 다시 그 자리를 굳건히 다져가는 중이라 할 수 있습니다.

그런 의미에서 인문학은 인간에 대한 현상과 사실을 연구하는 학문에서, 이제는 인간다움이 무엇이며 인간이 생을 누리는 동안 추구해야 지향점이 무엇인지에 대해 사색하고 탐구하는 학문이 되었다고 볼 수 있습니다. 우리 시대의 비판적 지식인이자 인문학자로 유명한 경희대 도정일 교수는 인문학에 대해 이렇게 말합니다.

"인문학은 자기 정신을 유지하게 합니다. 본질적인 가치를 잊지 않게 하죠. 또한 인문학은 비판적인 학문입니다. 인간에 대한 성찰과 반성, 정신의 자기 회귀예요. 시선을 밖으로만 돌리는 게 아니라 자기 자신과 우리 사회를 돌아보게 함으로써 행복한 삶이 어떤 것인지 생각하게 만듭니다."

우리는 흔히 인문학을 고전古典으로 그 범위를 좁혀 생각하고 치부해 버리는 경향이 있습니다. 하지만 인문학은 인간의 삶 그리고 영혼까지 다루는 학문 위의 학문이라 할 수 있습니다. 과학혁명으로 인해 지구

뿐 아니라 저 먼 우주에서 벌어지는 현상까지 수치나 공식으로 증명해 내는 시대로 들어섰지만, 우리의 삶은 찬란한 문명과는 별개로 스스로를 돌아볼 여유조차 없이 그저 바쁘고 정신없이 지나갑니다.

갈수록 심화되고 있는 산업 자본주의 시대에서 인간의 역할은 그저 한 개의 부품 혹은 소모품 정도로 전락해 버렸기 때문이라고도 볼 수 있습니다. 현대 교육 또한 산업화 시대에 걸맞은 산업일꾼을 찍어내는 데 맞추어져 있고, 이제는 그러한 사실조차 인지하지 못하다 보니 인간은 그저 사는 동안 경제적 문제없이 잘 벌고, 잘 쓰면서 살아갈 수 있다면 그래도 그다지 나쁘지 않은 삶을 살았노라고 말할 수 있을 정도가 되어 버렸습니다.

진정한 삶의 문제를 느끼지 못하게까지 된 거죠.

인문학은 이러한 시대적 흐름에 화두를 던집니다.

'인간은 왜 사는가.' 그리고 '무엇을 위해 사는가.'라는.

결론적으로 인문학은 '행복'을 외치고 있습니다. 다른 누구도, 다른 무엇도 아닌 바로 우리의 행복에 대해 말하고 있는 겁니다.

오스트리아의 신경학자이자 정신분석학의 창시자로 유명한 지그문트 프로이트Sigmund Freud, 1856~1939는 "과연 인간이 삶 속에서 얻고자 하는 것은 무엇이며, 성취하고자 하는 것은 무엇인가?"라는 질문을 우리에게 던지며, "아무런 의심할 여지도 없이 그 해답은 바로 행복이다."라고 힘주어 말합니다.

맞습니다. 인문학은 행복을 위해 존재하는 학문입니다. 우리가 고전을 읽으며 선인들의 지혜를 배우고, 철학을 통해 진리가 무엇인지에 대해 사색하며, 뛰어난 예술작품을 보거나 웅장한 클래식을 들으며 감동하는 이유는 한번 태어난 인생을 잘살기 위함이며, 잘산다는 것은 바로 행복하게 산다는 것을 의미합니다.

만약 인간이 행복하게 살아야 할 이유조차 모른 채 인생을 허비할 수밖에 없다면, 인문학이 존재할 이유는 없다고 해도 지나치지 않을 것입니다.

그림동화가 들려주는 인간이 힘들게 사는 이유
—

인생을 말할 때 '흥진비래興盡悲來 고진감래苦盡甘來'라는 표현을 씁니다. 흥거움이 다하면 슬픔이 찾아오고, 괴로운 시간이 지나가면 즐거움이 다시 찾아온다는 의미죠. 그 역逆도 성립됩니다. 이처럼 세상일은 돌고 돕니다. 하지만 이 같은 순환도 언젠가는 막을 내리게 되어 있습니다. 인간은 유한한 존재이며, 누구나 죽음이란 마지막 순간을 맞이할 수밖에 없기 때문이죠.

반환점을 돌고 있는 제 인생을 돌이켜볼 때, 저 또한 즐겁고 행복했던 시간들로만 가득하진 않은 듯합니다. 오히려 힘겹고 괴로웠던 시간들과 그저 무덤덤하게 보냈던 시간들이 대부분을 차지하고, 그 중간중간 즐겁고 행복한 기억들이 짧은 토막들처럼 삽입되어 있는 듯 생각됩니다. 아마 많은 분들이 저와 비슷하지 않을까 싶은데요, 그렇지요?

스위스의 한 노인이 80세를 맞아 자신의 인생을 통계로 내 보았다고 합니다. 그 결과 거의 1/3에 해당되는 26년의 시간을 잠으로 보냈고, 21년은 돈을 벌기 위해 일하는 데 사용했으며, 6년은 식사시간으로, 그리고 5년은 아무 생각도, 하는 일 없이 그저 무의미하게 흘려보냈다고 하네요.

또한 약속한 상대방을 기다리느라 쓴 시간만 5년이었고, 세면과 수염 깎는 시간으로 228일, 넥타이 매는 데 18일, 심지어는 담뱃불 붙이는 시간도 12일을 썼다고 합니다. 아이들과 놀아주는 데 쓴 시간은 고작 26일에 불과했고요. 행복했던 시간을 계산하려 했더니 계산이 어려울 정도로 짧았다고 노인은 고백합니다. 꽤 씁쓸한 통계죠?

그렇다면 인간의 삶은 왜 바람과는 달리 이렇듯 힘들고 고단한 것일까요? 혹시 원래부터 인간의 삶은 힘들게 살도록 프로그래밍되어 있는 것은 아닐까요? 아무리 생각해도 제 짧은 지식으로는 잘 모르겠더군요. 그러던 중 여러분도 이미 잘 알고 계시는 그림형제Grimm Brother의 우화를 통해 그 이유를 어렴풋이나마 알 수 있었는데요, 한번 같이 읽어볼까요?

신은 이 세상을 창조하신 후에 모든 짐승들이 30년은 당연히 살도록 명한다.

그러자 짐을 나르는 것이 벅차다고 많이 알려진 당나귀는 자신이 일을 너무 많이 했기 때문에 조금 더 오래 살도록 청한다. 신은 당나귀가 18

년을 더 살도록 허락한다. 반면에 개는 늙는 것이 두려워 30년 중에 몇 년은 오히려 감해 주도록 청한다. 신은 개에게서 12년을 감해준다. 원숭이 역시 늙는 것이 두려워 더 빨리 죽게 해 달라 청했고 신은 친절하게도 10년을 감해 준다. 마지막으로 사람이 나타나서 30년은 너무 짧다고 말한다. 그러자 신은 당나귀에게서 18년을 빼앗아 주었지만 사람이 여전히 만족을 못하자 개의 12년과 원숭이의 10년을 추가로 준다.

따라서 인간은 첫 30년은 행복하고 건강하게 산다. 왜냐하면 이것이 그들의 본래 인생의 기간이기 때문이다. 그러나 이후에 당나귀에게서 빼앗은 18년을 더 살기 때문에 쉬지 않고 일하고 채찍질을 당하며 일상의 짐을 지고 살아야 한다. 다음의 12년은 개에게서 받았기 때문에 불 곁에 앉아 웅얼거리고 으르렁거리고 있는 것이다. 마지막으로 원숭이로부터 받은 나이가 되었을 때 사람들은 원숭이처럼 멋대로 행동하게 된다.

_〈인생의 시간 동안에The Duration of Life〉 중에서

그림형제 이야기가 나온 김에 잠시 이들에 대해 알아보고 갈까요?
그림형제는 독일 출신의 형제 작가로, 형은 야콥Jacob Ludwig Carl Grimm, 1785~1863, 동생은 빌헬름Wilhelm Carl Grimm, 1786~1859인데, 이 형제는 전 세계적으로 유명해진 〈그림동화〉를 비롯하여, 〈독일 전설〉, 〈독일어 사전〉 등을 완성시켰다고 합니다. 출생 연도에서 알 수 있듯 그림형제는 18세기 후반에서 19세기 중반 대를 보낸 인물들로, 그들이 살던 시기는

그림 2. 그림형제(형 야콥(좌), 동생 빌헬름(우)

정확히 산업혁명으로 인한 근대화가 시작되고 발전되던 시기와 일치합니다. 이러한 성장배경을 놓고 추론해 보자면, 이들의 작품 속에는 그들이 보며 자라 온 산업혁명의 이미지가 직간접적으로 포함되어 있으리라 예상할 수 있습니다.

　위의 우화 〈인생의 시간 동안에〉에서도 산업혁명의 이미지가 은유적으로 들어있음을 알 수 있습니다. 특히 이야기 속에 등장하는 당나귀는 산업화 시대의 힘들고 어려운 일을 할 수밖에 없는 일꾼의 이미지를 연상시키고 있다 볼 수 있죠. 또한 이 우화에서는 인간의 수명을 대략 70세 정도로 잡고 있는데, 원래 인간의 수명 30년, 당나귀에서 뺏은 18년, 개와 원숭이로부터 받은 12년과 10년을 모두 더하면 70년이 산출됩니다. 아마도 그림형제가 인간의 수명을 이렇게 잡은 이유는 18세기~19세기 당시 사람들의 최대 수명이 약 70세 정도 아니었을까 생각되네요.

사실 만들어진 지 150년도 넘은 이 오래된 우화가 인생이 힘든 이유를 단적으로 말해준다 하긴 어렵겠지요. 하지만 그림형제는 이 우화를 통해 인간의 삶이 고단하고 힘들 수밖에 없는 이유에 대해 잘 대변해주고 있습니다. 신神이 등장하여 동물들의 수명과 인간의 수명을 조정해주는 역할을 하지만, 산업화로 인해 일꾼으로 전락해버리고, 나이 들어서 또한 인간답게 살지 못하게 된 인간의 삶을 우화를 통해 안타까워하고 있는 거죠.

경제, 경영 그리고 인문의 균형이 중요하다

—

현대를 살아간다는 것은 매우 다양하다 못해 복잡하기까지 한 환경에서 버티며 지내야 한다는 것을 의미합니다. 그저 단순히 하나의 관점, 시각만 가지고 살아가기란 어렵다고 할 수 있습니다. 예를 들어 경제학적으로 수많은 사람들이 백만장자, 억만장자를 꿈꾸지만, 일반적으로 평범한 사람이 부자가 된다는 것은 낙타가 바늘귀를 통과하는 것과 같은 확률일 수밖에 없습니다. 또한 800만 분의 1(숫자로 표시하면 0.000000125에 불과합니다.)의 가능성을 지닌 로또만 바라보는 것과도 같습니다. 이런 불가능에 가까운 확률에 우리는 아까운 시간과 돈, 그리고 힘을 낭비합니다.

또한 경영학적으로는 성공하기를 원합니다. 성공, 물론 좋습니다.

하지만 이 또한 쉽지 않은 것이 사실입니다. 운 좋게 대기업에 입사했다 할지라도 성공이라 할 수 있는 임원 자리까지 올라갈 수 있는 사람은 잘해야 1~2%에 불과합니다. 사업을 시작했다 할지라도 안정적으로 자리 잡고, 성공했다 말할 수 있을 정도로 사업을 키울 수 있을 확률은 채 1%도 되지 않습니다.

퇴직 후 그나마 쉽게 도전할 수 있는 직종으로 알려져 있는 치킨, 피자 등 외식 체인점 프랜차이즈를 시작한 사람들 중 과연 얼마나 되는 사람들이 성공을 거뒀을까요? 아마도 대부분의 사람들은 간신히 생계를 유지할 정도에 그치고 있으며, 그러다 찾아온 고비를 못 넘기게 되면 마지막 보루였던 퇴직금까지 까먹은 채 결국 사업을 접게 됩니다. 핑크빛 희망이 회색빛 절망으로 퇴색되는 순간이라 할 수 있습니다.

몇 년 전까지 '힐링'이란 단어가 방송가와 출판계를 도배하다시피 한 적이 있습니다. 힐링이란 몸과 마음(영혼)의 치유를 의미하는데, 왜 사회적으로 그렇게 힐링이란 단어가 유행했을까요? 그만큼 삶이 힘들고 각박했기 때문이 아닐까요? 그러나 그토록 힐링이 유행했음에도 제가 보기에 제대로 힐링된 사람은 만나지 못했던 것 같습니다.

사실 힐링은 누가 해주는 것이 아닙니다. 누군가가 힘을 내라며 손을 잡아주고 등을 토닥여준다 할지라도, 결국 자기 스스로 해야 하는 것이 바로 힐링, 즉 스스로에 대한 위로, 격려, 북돋음이라 할 수 있습니다.

삶의 기쁨, 즐거움, 행복 또한 스스로 찾아내고 얻어내야 하는 겁니다.

그런 의미에서 인문학이란 학문은 우리에게 중요한 메시지를 던져

주고 있습니다. 우리가 저 멀리 어딘가에 있을 것이라 믿고 있는 행복을 찾아 헤매지 말라고 말합니다.

행복이란 파랑새는 저 멀리가 아닌 바로 우리 주변에 있다는 겁니다. 눈을 크게 뜨고, 온몸으로 느끼려는 열린 마음만 가지고 있다면 행복은 얼마든지 가질 수 있는 것이라고 말이죠.

아주 다행스러운 점은 인간의 뇌가 행복의 크고 작음을 가리지 못한다는 것입니다. 일생에 한 번 있을까 말까 한 큰 행복이든, 나른한 오후 향기 그윽한 커피 한잔을 누릴 수 있는 사소한 행복이든, 뇌는 다 똑같은 행복의 감정으로 느낍니다. 다만 우리가 삶에 큰 영향을 미치는 성공만 행복으로 정의하기 때문에 제대로 행복을 누리거나 느끼며 살지 못한다는 겁니다. 소위 행복을 옆에 두고도 '행복 불감증'에 빠져 있는 모습인 거죠.

지금의 힘든 현실에서 경제적으로 누구도 부럽지 않은 부자가 되고, 경영적으로 자신의 이름 석 자를 널리 알릴 수 있는 성공한 삶을 살며 그리고 인문적으로 자신을 포함한 가족까지 모두 행복한, 세 방면 모두에서의 완벽한 삶을 살기란 거의 불가능합니다. 하나도 얻기 어려운데 3가지 모두를 가지려는 건 그저 현실을 무시한 헛된 기대라고 볼 수밖에 없을 겁니다.

그렇다면 한 방면에만 올인하는 전략이 맞는 걸까요? 그것도 아닙니다. 사실 과거에는 가능했었습니다. 가능성이 높았기 때문이죠. 하지만 지금은 아닙니다. 시대가 더 복잡해지고 성공의 가능성이 훨씬 더 어려워졌기 때문입니다. 부자가 되기 위해 과감히 주식, 선물, 파생상품에 전 재산을 투자하거나, 사업의 성공만을 위해 모든 것을 쏟아 붓거나 그리고 현재의 행복만이 최고라며 경제적 상황은 등한시한 채 순간의 즐거움만을 위해 시간을 쓰는 것은 결국 있던 행복까지 사라지게 만들어 버리는 악수惡手 혹은 자충수自充手가 될 수도 있기 때문입니다.

현대는 투자의 시대라기보다는 리스크 관리risk management의 시대입니다. 먼저 자신이 가진 것을 지킬 수 있어야 합니다. 남의 떡은 내 것이 아닌 그저 남의 떡일 뿐입니다. 개울에 비친 자신의 모습을 보며 으르렁거리다가 입에 물었던 뼈다귀를 잃은 멍청한 개의 이야기를 그저 우스운 이야기라 치부해서는 안 된다는 말입니다. 리스크 관리를 위해서는 먼저 자신이 가지고 있는 유형, 무형의 재산, 재능, 능력을 제대로 인지하고 있어야 하며, 그 후에 자신의 능력을 최대한 발휘하여 성공의 가능성을 높여야만 합니다.

이때 한 가지 방면이 아닌 경제, 경영 그리고 인문학을 아우르는 현명함이 필요합니다. 즉 세 방면의 적절한 조화, 바로 밸런싱Banlacing, 균형이 필요하며, 더 나아가 자신에게 가장 잘 맞는 황금비율Golden Ratio을 찾아야만 합니다.

물론 자신이 뛰어난 재능을 가진 천재라든가, 스스로의 노력에 의해 얼마든 능력을 극대화시킬 수 있는 사람이라면, 당연히 한 방면에만 집중하셔도 됩니다. 하지만 그렇지 못한 그저 평범한 사람이라 한다면, 세 방면에 대한 균형 찾기를 목표로 삼고 꾸준히 노력하는 것이 리스크 관리 시대를 살아갈 수 있는 괜찮은 방법이 될 것입니다. 즉 하나에 올인할 것인가 아니면 포트폴리오 전략을 통해 리스크를 관리하며 작은 성공, 성취를 이룰 것인가 하는 선택의 문제라 할 수 있죠. 소위 3 Mix 전략을 통한 해법 찾기라 할 수 있습니다.

〈휴매노믹스〉는 인생 교과서

—

독일의 사회학자 페터 슈피켈이 쓴 〈휴머노믹스Humanomics〉란 책이 있습니다.

저자는 이 책을 통해 인간에게는 자신의 삶을 경영할 수 있는 능력이 있으며, 이 능력은 국가나 사회에서 교육을 통해 길러줄 수 있다고 주장합니다. 이를 통해 모든 사람은 '자신의 최고 잠재력을 경영할 수 있는' 능력을 갖추게 되고 자신의 능력을 가장 독립적이면서도 책임감 있게 경영할 수 있게 된다는 것이죠.

또한 이런 개인들이 많아질 때, 점점 더 부익부 빈익빈으로 인해 불평등이 심화되고 있는 자본주의 글로벌 사회가 비로소 조금씩 평등을 되찾게 되고, 더 나아가 모두가 잘살 수 있는 사회로 나아갈 수 있다는 겁니다. 저자는 이런 미래의 모습을 그리는 대안으로 인간을 우선시하는 경제학, 즉 '휴머노믹스'를 이야기하고 있습니다.

페터 슈피켈은 '휴머노믹스'가 제대로 정착하기 위해 국가나 사회가 발 벗고 나서서 개인들을 교육시킴으로써 그 능력을 키워줘야 한다고 주장합니다. 백 번, 천 번 맞는 말입니다.

하지만 독일과 대한민국의 차이를 고려하지 않을 수 없습니다.

독일은 정책적으로 국민들의 이러한 능력들을 키워주기 위한 육성 체계와 더불어 이런 시스템을 갖추기 위한 오픈 마인드가 이미 갖춰져 있다 할 수 있습니다. 하지만 한국의 상황은 많이 다릅니다.

대학 입학에만 초점이 맞추어져 있는 입시위주의 고등교육부터 시작하여, 개인의 적성이나 연구, 성장 위주가 아닌 취업을 위한 전진기지로 존재하는 대학교육, 그리고 어렵사리 취업한 후의 힘든 삶까지 이 모든 것을 스스로 알아서 판단하고 결정하며 살아가야 합니다. 즉 개인의 능력은 개인 스스로 알아서 키워야 한다는 겁니다.

한국 사회에서 개인은 철저히 혼자서 살아갈 수밖에 없습니다. 그렇기 때문에 산다는 것이 정말 만만치 않죠. 하지만 그럼에도 우리는 각자의 인생을 헤쳐 나가야 하고, 개인의 삶에 대한 경영 능력을 키워야 하며 거기에 덧붙여 '잘'살기까지 해야 합니다. 그렇다면 어떻게 살아야 '잘사는' 걸까요? 잘산다는 것은 경제적인 것만을 의미하지 않습니다. 자신의 삶에 대한 경영을 잘해 사회적 지위나 유명세를 얻을지라도 경제적 문제에 봉착하거나 혹은 부정적인 쪽으로 명성을 얻는다면 이 또한 잘사는 것은 아닐 것입니다.

물론 사회적 명성과 더불어 경제적인 부분까지 잘 해결할 수 있다면 좋은 삶이라 할 수도 있겠지만, 만약 여기에 가족 및 친인척 간, 친구 관계 등에 심각한 문제가 있다면 이 또한 만족스러운 삶이라 말하기 어려울 것입니다.

사실 인생이란 어떤 요건 하나의 충족 혹은 만족만으로 '좋다, 나쁘다.'를 구분 짓기는 어렵습니다. 그렇다면 한 가지 요건이 아닌, 좋은 삶에 필요한 요건들을 세분화하여 정리하고, 이 요건들이 적절히 잘 충족될 수 있도록 삶을 코디네이트하는 것이 필요하다 생각됩니다. 그런 의미에서 제가 이 책을 통해 이야기하려는 주제인 〈휴매노믹스〉는 경제, 경영 그리고 인문의 3요소를 추구하며, 이 요소들이 삶에 어떻게 적절히 배치되어 충분한 시너지를 낼 수 있도록 도와주는, 즉 개인에 맞는 경제, 경영, 인문의 황금비율Golden Ratio을 찾는 것이라 할 수 있습니다.

〈휴매노믹스〉란
'경제를 기초로, 제대로 된 삶의 경영을 추구하는 개인 인문학'
—

본격적으로 〈휴매노믹스〉에 대해 이야기하기 전에 먼저 단어의 표기와 정의부터 알아보겠습니다.

〈휴매노믹스〉는 영어로 'Hu·Ma·Nomics'로 표기하는데요. 이렇게 스펠링을 떼어서 쓰는 이유는 〈휴매노믹스〉가 인간을 의미하는 'Human', 경영을 의미하는 'Management' 그리고 경제학을 뜻하는 'Economics'의 합성어이기 때문입니다. 이 〈휴매노믹스〉를 한마디로 정의하면, '경제를 기초로, 제대로 된 삶의 경영을 추구하는 개인 인문학'이라 할 수 있습니다. 그림으로 보다 쉽게 풀이해보죠.

다음에 보시는 그림은 휴매노믹스의 개요도로 할 수 있습니다. 인간의 몸을 세 부분으로 구분하여 각각 인문, 경영 그리고 경제과 매칭시키고 있죠. 하나씩 이야기해 보겠습니다.

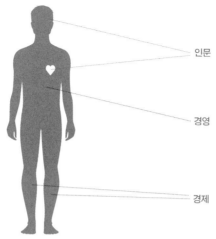

그림 3. 휴매노믹스 개요도

다리는 경제를 의미합니다. 다리는 인체의 가장 기초가 되는 부분이라 할 수 있는데요. 서 있을 뿐 아니라 이동을 위해서라도 가장 중요한 요소라 할 수 있죠. 다리처럼 경제는 삶의 가장 기초적 부분이라 할 수 있습니다. 경제가 흔들리면 삶 자체가 흔들릴 수밖에 없으며, 더 나아가 자신이 원하는 것, 하고 싶은 일 등을 할 수 없죠. 그런 의미에서 경제는 기초 중의 기초일 뿐 아니라 생존을 위한 가장 중요한 요소라 할 수 있습니다.

두 번째로 경영은 몸통 부분입니다. 몸통은 모든 내장기관들이 위치한 곳으로, 어느 것 하나 버릴 것 없을 정도로 몸의 모든 역할을 담당하고 있는 매우 중요한 파트라 할 수 있습니다. 그만큼 경영은 삶의 중심이 되는 곳이라 볼 수 있는데요. 우리는 경영을 통해 자신의 몸통, 즉 인생의 대부분을 만들어 갈 수 있습니다. 또한 몸통에는 팔이 위치해 있는데, 우리는 팔을 통해 각종 기술의 습득은 물론 자신의 재능을 펼쳐나갈 수 있기 때문에 자신이 하고자 하는 일, 되고자 하는 것 등 스스로가 바라고 원하는 대로의 삶을 만들 수 있느냐의 여부가 경영에 달려 있다 할 수 있겠습니다.

마지막으로 머리와 심장은 인문을 의미합니다. 경제적으로 튼튼하고, 경영적으로 자신이 하고 싶은 일을 하며 살지라도, 인문이 의미하는 행복의 본질을 제대로 모르고 산다면, 이는 맛있는 팥이 들어 있다 할지라도 간이 하나도 되어 있지 않은 찐빵을 맛보는 것과 같습니다. 겉보기는 완벽해 보일지라도 결정적으로 맛이 없는, 소위 맹탕을 먹는 것과 같죠.

인문은 소금, 설탕과 같은 조미료의 역할도 하지만, 재료 자체가 가지고 있는 본연의 맛을 의미하기도 합니다.

인문에 대해 제대로 모르고, 인문적인 삶을 누리지 못한다면 우리는 세상의 산해진미를 그저 때가 되어 끼니를 때우는 식으로 대하는 것과 같습니다. 그만큼 인문은 경제와 경영보다 한 단계 위에 서 있는 개념이라 봐야 합니다. 하지만 인문 또한 경제와 경영이 적절한 비율로 서로 지원해주지 못한다면 제대로 온전한 힘을 발휘하기 어려울 것입니다.

글로벌 금융위기 이후 탈출구가 보이지 않는 끔찍한 장기 불황의 연속선상에서도 우리는 살아가야 합니다. 그냥 사는 것이 아니라 잘살아야지요. 오로지 한 번 살다가는 인생이니까요.

삶에 있어 정답이란 있을 수 없습니다. 역사적으로 유명한 위인의 이야기도, 지금 성공가도를 달리고 있는 유명인의 이야기도 자신에게 맞춤형 해답이 될 수 없습니다. 자신의 삶에 꼭 들어맞는 정답은 본인이 스스로 만들어 가야 하기 때문입니다.

〈휴매노믹스〉는 인생을 잘살아가기 위한 수십 가지, 수백 가지 방법 중에서 괜찮은 한 가지가 될 것이라 생각합니다. 왜냐하면 경제, 경영, 인문의 균형을 통한 황금비율 찾기는 스스로 발견하고, 맞추어 나갈 수 있는 소위 DIY Do It Yourself형 모델이기 때문입니다. 또한 〈휴매노믹스〉가 평범한 사람들을 위한 인생 교과서가 될 것이라 믿습니다. 물론 완벽한 방법이라 말씀드리지는 못합니다. 하지만 그럼에도 이 정도라면 나쁘지 않은 삶이 될 것이라 자신합니다. 아니 오히려 이 정도 수준이라면 지금과 같은 장기불황, 불확실성의 시대에 안정적이며 소소한 행복을 누리며 살 수 있는 꽤나 괜찮은 방법이 될 것이라 생각합니다. 개인적인 바람이 있다면 〈휴매노믹스〉를 통해 힘들게 하루를 살아가는 평범한 사람들이 지금 보다 조금 더 나은 삶 그리고 보다 나은 미래를 바라보며 살아갈 수 있었으면 좋겠습니다.

자, 그러면 지금부터 본격적으로 인생 교과서 〈휴매노믹스〉를 공부하러 떠나보실까요?

2018년 뜨거운 여름, 용인에서

차칸양

Part 3

진짜 행복한 삶을 위해 : 행복인문학 & 최인복(최대한의 인문적 행복)

Part 4

그리고 인생 교과서 : 〈휴매노믹스〉

Golden Ratio = Hu·Ma·Nomics

PART 1

진짜
현실을
배운다

생존경제학
&
최경자(최소한의 경제적 자유)

불황의 시대? No, 지금은 저성장의 시대

　우리는 경기가 좋지 않을 때를 가리켜 '불황^{不況}'이라고 부릅니다. 불황이란 호황(好況)의 반대말로, 일반적으로 국가경제가 침체됨으로써 기업실적은 악화되고 실업률은 증가하며, 그에 따라 대다수의 국민들이 경제적으로 어렵고 힘든 생활을 할 수밖에 없는 상태를 말합니다. 1998년 한국을 비롯한 동남아에서 발생했던 외환위기가 대표적인 케이스죠.

　불황은 순환됩니다. 호황과 순서를 바꿔가며 반복 순환 구조를 이루죠. 불황의 기간 또한 그리 길지는 않습니다. 1929년 전 세계에 엄청난 충격을 몰고 왔던 대공황을 포함하여 1970년대의 석유파동, 각종 외환 및 국지적 경제위기도 대개 2~3년, 조금 더 길더라도 5년 이내에서 마무리되었죠. 그렇기 때문에 불황은 어떻게든 견디며 시간을 보내게 되면 극복되는 것이 일반적입니다. 대개 U자형 혹은 V자형의 그래프를 보여주는 것이 불황의 패턴이기 때문이죠.

　그렇다면 지금 우리가 힘들게 살아가고 있는 이 시기를 불황이라 부를 수 있을까요? 불황의 골이 깊더라도 단기간만 어떻게든 버티고 기다리다 보면 자연스럽게 다음 순서인 호황이 올 것이라 하는데, 과연 그 낙관을 믿어도 될까요? 글쎄요. 지금의 경제상황은 더 이상 불황이라 부르기 어려워 보입니다. 왜냐하면 각종 지표에서 여지까지 우리가 겪어왔던 과거 불황의 모습과는 현저히 다른 모습을 보여주고 있기 때문입니다. 잠시 아래 표를 보시죠.

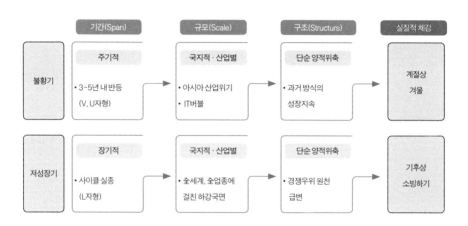

그림 4. 불황기/저성장기 비교(출처 : 삼성경제연구소)

삼성경제연구소의 자료에 의하면, 지금 우리가 살고 있는 이 시기는 '불황'이 아닌, '저성장'의 시대라 할 수 있습니다. 불황과 저성장기, 단어 자체의 어감만 보면 불황보다는 오히려 저성장기가 나은 듯 느껴지는데요. 하지만 단어 뒤에 숨겨진 의미를 알게 되면 저성장기가 불황에 비해 훨씬 더 안 좋다는 것을 알 수 있습니다. 예를 들어 불황을 계절상 겨울이라고 한다면, 저성장기는 소빙하기에 해당되기 때문이죠. 이는 불황이 단기적인 고통으로 한 손에는 인내와 다른 손에는 희망을 가질 수 있는데 반해, 저성장기는 언제 끝날지 모르는, 마치 숨통을 조여 오는 고통스러운 인내만을 요구하기 때문입니다.

앞의 그림 4에서는 불황과 저성장기를 기간, 규모, 구조 및 실질적 체감을 통해 대비하고 있는데요. 하나씩 살펴보겠습니다.

먼저 기간의 경우, 일반적인 불황은 3~5년으로 V자형 혹은 U자형 곡선을 그림으로써 단기간 내 탈출이 가능하지만, 저성장기는 L자형으로 언제 경기가 회복될지 알 수 없다고 합니다. 즉 한번 푹 꺼진 경기가 언제 회생될지 아무도 모른다는 겁니다. 끔찍한 일이 아닐 수 없죠.

두 번째, 규모의 경우로써 불황기가 1990년대 동남아에서 발생한 외환위기나 2000년대 초반의 벤처 거품처럼 일부 국가의 문제이거나 혹은 일부 산업군에서 발생된 현상이라고 본다면, 저성장기에는 전 세계, 전 업종에 걸친 경기의 하강이 발생함으로써 한꺼번에 침체의 늪에 빠진다는 겁니다. 실제적으로 전 세계 경기는 2008년 발생한 글로벌 금융위기를 시작으로 추락하기 시작했죠. 그리고 이제 약 10년의 시간이 흘렀는데요. 어떤가요? 그때에 비해 지금은 경기가 많이 나아진 것처럼 느껴지시나요?

미국의 경우는 일정 부분 그렇다고 볼 수 있을 것 같습니다. 역사상 최고점을 경신한 주식시장, 최저로 떨어진 실업률, 제조업의 부활, 무역수지의 호조 등 여러 가지 경제지표에서 미국은 최악을 벗어나 정상 궤도에 오르고 있는 것으로 보입니다. 하지만 이렇게 되기까지 미국이 사용한 방법은 정상적이라 할 수 없습니다. 양적완화라고 하는 비정상적인 정책을 통해 천문학적인 돈(달러)을 찍어냈고, 그 돈을 쓰러져가고 있던 여러 자국 기업과 산업에 회생자금 명목으로 투입함으로써 최악의 상황을 모면할 수 있었죠. 그리고 이제는 시중에 풀린 달러를 회수하겠다며 기준금리를 올리는 중입니다.

이는 무엇을 뜻할까요? 전 세계 다른 나라의 경제는 쑥밭이 되든 망하든 아랑곳하지 않고 그저 자신들의 국가경제만 챙기겠다는 겁니다.

2년 전부터 미국 금리가 인상되며 전 세계 투자자금이 미국으로 모여들기 시작했습니다. 아마도 금리 인상이 가속화되면 될수록 미국 경기는 더 나아지겠지만, 분명 선진국을 제외한 중진국과 후진국들의 경기는 더 위태로워지게 될 겁니다. 뭐 좋습니다. 한 국가가 자신들의 안위를 위해 자국 경기를 일으키겠다는 것이니까 말이죠.

하지만 글로벌 금융위기 이후 미국은 자신들의 화폐이자 국제 공용 화폐이기도 한 달러의 지위를 이용, 기존 다른 국가들의 경제적 여력을 빼앗아 옴으로써 현재의 호황을 만들어 가고 있다 할 수 있습니다. 여기에 더해 현 미국 대통령 도널드 트럼프가 시행하고 있는 자국 무역 보호정책은 조금이라도 더 남의 떡을 빼앗아 오겠다는 선언이라 할 수 있는데, 이건 자신의 먹을 것은 온전히 숨겨둔 채 남의 것을 강탈해 가려는 도둑의 심보와 전혀 다르지 않다 하겠습니다.

미국을 제외한 나머지 국가들은 국가에 따라 조금씩 차이는 있지만, 그래도 아직 완연한 회복세라 하기에는 어려워 보입니다. 그나마 독일과 프랑스를 필두로 한 유럽, 그리고 아시아의 중국과 일본은 미국과 마찬가지로 대규모의 양적완화 정책을 통해 차츰 정상궤도로 진입하는 것처럼 보이지만, 나머지 국가들은 아직도 저성장의 늪에서 헤어나기에는 상당한 시간이 필요할 것으로 보입니다.

세 번째로 주목해야 할 사항은 불황과 저성장에 대한 구조적 차이점입니다. 불황이 단순히 경제가 위축되는 현상임에 반해, 저성장은 구조적 전환기에 해당된다는 점입니다. 즉 글로벌 금융위기로 인해 경제구조 자체가 현저하게 바뀌었다는 겁니다. 불황기에는 경기가 위축됨으로써 국가 혹은 산업의 성장이 잠시 보류되었다고 볼 수 있지만, 저성장기에는 전 세계, 전 업종의 침체적 국면이 이어짐으로써 더 이상 성장의 문제가 아닌 생존의 문제로 패러다임의 변혁까지 발생되었다 할 수 있습니다.

예를 들어 IT 업계에 약 100여 개의 회사가 있다고 생각해보죠.

장기 불황이 올 경우, 자금사정을 견디지 못한 몇 개 회사는 도산할 수밖에 없겠지만, 대부분의 회사는 어떻게든 긴축을 통해 불황기를 넘길 수 있습니다. 하지만 저성장기에는 언제 다시 호황이 올 수 있을지 알 수 없기 때문에 구조조정이 필수일 수밖에 없으며, 그로 인해 수많은 회사가 도태될 수밖에 없습니다. 이럴 경우 경쟁력 있는 몇몇 회사들만 살아남게 되죠. 하지만 여기서 끝이 아닙니다. 산업 트렌드가 급격하게 변화됨에 따라 2~3개 산업 업종들의 통폐합이 일어남으로써, 어떤 상황에도 버틸 수 있는 그런(주로 자금력이 있는 대기업) 소수의 회사들만 살아남게 되는 거죠.

이렇듯 기간, 규모 그리고 구조적 문제로 인해 저성장기는 기후상 겨울이 아닌, 소빙하기에 해당된다고 볼 수 있습니다. 물론 미국을 비롯한 몇몇 선진국들은 이미 빙하기에서 탈출한 것처럼 보이지만, 선진국을 제외한 국가들이 과연 저성장에서 탈출할 수 있을지 그리고 더나아가 글로벌 경기가 과거와 같은 긴 호황 모드로 돌아갈 수 있을지는 여전히 의문이 아닐 수 없습니다.

△ 경제 패러다임의 전환이 필요하다

우리는 지금 불황을 넘어선 저성장의 시대, 다른 말로 표현하면 장기불황의 시대를 살아가고 있습니다. 장기불황으로 인해 기업은 물론 개인사업, 자영업을 하는 많은 사람들이 생활의 어려움을 겪고 있으며, 어서 빨리 경기가 좋아져야만 지금의 고통을 해소하거나 혹은 완화시킬 수 있을 것으로 생각하고 있죠.

맞습니다. 경기가 좋아진다면 우리의 살림살이도 조금 나아지겠죠. 하지만 과연 그럴까요? 수학공식처럼 A니까 당연히 B라는 답이 나올 수 있을까요? 아마 대부분의 사람들은 경기를 경제와 같은 동의어 혹은 유사어로 생각하고 있을 겁니다. 그렇기 때문에 경기가 좋아진다는 것은 경제가 성장한다고 하는 것과 같은 의미라고 생각하죠. 실제로 사전적 정의를 살펴봐도 경기가 좋아진다는 것은 가라앉아 있던 경제가 침체를 벗어남으로써 성장함을 의미하고 있고요.

그래서 국가 경제가 침체될 경우 각국의 정부에서는 경제성장을 도모하기 위해, 소위 경기부양을 위해 예산 증액, 소비촉진 그리고 각종 경기 활성화를 위한 다양한 정책들을 펼칩니다. 성장을 위해 사용할 수 있는 그리고 동원할 수 있는 자원들을 과감히 투입하는 겁니다.

이러한 방법들은 매번 불황일 때마다 시행되었으며, 이를 통해 국가 경제는 단기간 내 불황을 극복, 다시 회복의 길로 들어서곤 했죠. 이처럼 경제가 성장할 경우 국가의 경제지수는 좋아지고, 좋지 못했던 상황들은 개선되며, 더불어 개인들의 경제적 삶까지 나아진다는 것이 바로 우리가 알고 있는 일반적 경제 패러다임이라 할 수 있습니다.

여기서 질문 하나 드리겠습니다. 그렇다면 2018년 현재 대한민국 경제가 성장하면, 과거처럼 개인들 또한 큰 걱정 없이 어깨와 허리를 쭉 편 채 잘살 수 있을까요? 노후에 대한 걱정은 물론이고, 집이나 전세 혹은 월세에 대한 걱정 없이 마음껏 현재를 소비하며 사는 것이 가능할까요?

글쎄요, 안타깝게도 '예스!'라고 답하긴 어려워 보입니다. 왜 그럴까요? 그 이유는 바로 장기불황의 시대를 맞아 경제 패러다임이 변해 가고 있기 때문입니다. 그렇기 때문에 지금과 같은 장기불황의 시대에는 경제가 성장할지라도 반드시 일반 국민들의 삶까지 모두 나아지리라 보기는 어렵습니다. 왜냐고요? 지금부터 그 이유에 대해 차근차근 이야기해 보겠습니다.

경제성장이란

—

자, 이처럼 우리가 반드시 필요하고 또한 중요하다고 여기는 경제성장, 먼저 이 경제성장이란 키워드에 대해 다른 각도, 다른 관점으로 들여다보겠습니다.

먼저 경제성장의 정의에 대해 알아보죠. 대개 한 국가의 경제성장 여부는 '국내총생산GDP, Gross Domestic Product'으로 측정되는데, 이는 국적과 상관없이 국내에서 이루어진 모든 생산활동을 포괄하는 개념이라 할 수 있습니다. 이 GDP 수치를 전년도와 비교함으로써, 증가 혹은 감소된 비율을 우리는 '경제성장률'이라 부르죠. 즉 경제성장률이란 국내 총생산이 과거 대비 얼마나 증감되었는지를 알아보는 수치라 할 수 있으며, 이를 통해 경제가 얼마나 성장되었는지 혹은 역행하였는지를 알 수 있습니다.

또한 GDP를 총인구수로 나눌 경우 1인당 GDP가 되는데, 이 수치는 한 나라의 국민이 어느 정도 수준의 삶을 누리고 있는지 알아볼 수 있는 지표라 할 수 있습니다.

일반적으로 1인당 GDP가 약 4만 달러를 넘어서면 선진국 반열에 올라섰다 평가하기도 합니다. 다음의 표는 대한민국의 경제성장률과 1인당 GDP를 1970년부터 2015년까지 정리해 놓은 표인데요. 수치를 들여다보는 것만으로 대한민국 경제의 굴곡을 확연하게 느낄 수 있을 겁니다.

지난 40년간 대한민국의 경제성장률/1인당 GDP는 어떻게 변해왔을까?

먼저 경제성장률부터 살펴보죠.

연도	1970~80	1981~90	1991~97	1998	1999~07	2008~09	2010~15	2016
경제 성장률	9.4%	9.9%	8.0%	-5.5%	6.1%	1.8%	3.6%	2.8%
1인당 GDP(실질)	323만	686만	1,301만	1,463만	1,992만	2,413만	2,721만	2,943만

표 1. 대한민국 경제성장률 및 1인당 GDP 추이(출처 : e-나라지표)

　1970년부터 외환위기 바로 전년도인 1997년까지 28년 동안 대한민국의 경제성장률은 거의 두 자릿수에 육박했습니다. 실제로 11번은 두 자릿수 성장을 기록했고, 1973년에는 무려 14.8%라는, 지금으로서는 상상조차 하기 힘든 성장률을 달성하기도 했습니다. 하지만 1998년에는 -5.5%로 곤두박질치고 말았는데, 잘 아시는 바와 같이 IMF 외환위기 때문이었죠.

　당시 IMF에서는 고작 195억 달러(약 23.4조, 환율 1,200원 기준)를 빌려주는 대가로, 대한민국 경제에 대한 고강도 긴축 및 고금리 유지, 기업을 비롯한 금융권 구조조정 등 한 국가의 체질을 완전히 바꾸어 놓는 (부정적인) 지나친 사항들을 요구했었죠. 그 덕에 현재의 대한민국 경제가 많이 망가진 거고요. 여기에 대한 보다 자세한 내용이 궁금하시다면 참고 칼럼 〈외환위기, 그때 그랬더라면……〉을 읽어 보시기 바랍니다.

　2년 만에 IMF 외환위기를 극복한 이후 경제성장률은 다시 회복되기 시작합니다. 하지만 과거와 같은 고성장은 기록하기 힘들어졌는데, 이는 과거가 제조업에 의한 산업화 시대로 대부분의 산업분야가 고르고 빠르게 성장하는 사회였음에 반해, 2000년대부터는 IT와 같은 고집약적, 고부가가치의 전자, 인터넷, 금융 등의 산업들이 주로 성장하는 사회로 바뀌었기 때문입니다. 하지만 이 또한 2008년 글로벌 금융위기의 특대형 태풍이 전 세계를 강타하자, 성장률은 다시 바닥으로 주저앉게 됩니다.

2008년 2.9%, 2009년에는 0.7%로 간신히 마이너스 성장만 면하게 되죠. 그 이후부터는 3%대, 그리고 2016년에는 2.8%, 2017년은 3.1%로 약간 올라갔지만, 2018년은 다시 2.8%대에 머물 것으로 전망하고 있습니다.

이번에는 1인당 GDP를 살펴볼까요? 경제성장률과 비교하여 대한민국의 1인당 GDP도 비슷한 추이를 보이고 있습니다. 70년~97년까지 매년 7~8%대의 성장세를 보이다 외환위기였던 98년에는 전년도인 97년보다 96만 원 감소한 1,463만 원을 기록함으로써 마이너스를 기록했죠. 그리고 평균 4~5%대의 성장 후 금융위기에는 다시 08년 2.1%, 09년 0.2%로 성장이 정체되었습니다. 그리고 2010년 이후로 제대로 된 3%대의 성장을 하지 못함으로써, 정부에서 그토록 원하는 1인당 국민소득 3만 달러 시대는 아직도 열리지 않고 있죠.

우리는 대개 경제성장 여부와 더불어 그 진척도를 파악하기 위해 일반적으로 경제지표를 참고합니다. 앞에서 이야기한 경제성장률, 1인당 GDP, 물가지수, 실업률 등이 대표적인 경제지표라 할 수 있죠. 하지만 알고 계시나요? 경제수치에는 함정이 있다는 것을.

우리는 이런 함정까지 인지하고 경제지표를 바라볼 수 있어야 합니다. 예를 들어 정부나 언론에서 강조하는 것처럼 대한민국의 1인당 GDP가 4만 달러를 돌파함으로써 선진국의 반열에 들어섰다 가정해 보죠. 그럴 경우 경기가 좋아지고, 모든 국민이 다 잘살게 될까요? 그럴 수도 있지만, 그렇지 못할 가능성도 큽니다. 여기에는 성장도 중요하지만, 그에 못지않은 가치를 지닌 분배에 대한 이슈가 숨어 있기 때문입니다.

이렇게 생각해 보면 쉽습니다. 1인당 국민소득이 똑같이 5만 달러인 '선진국' A, B 두 나라가 있다 해보죠. A 나라에서는 국민들의 얼굴에 여유가 넘치는 반면에, B 나라에서는 너무나 살기 어렵다며 한숨만 계속 쏟아져 나옵니다. 그 이유를 알아보니 A 나라에서는 대부분의 국민들이 고루 5,000만 원 수준의 소득을 올리는 것에 비해, B 나라에서는 엄청난 자산을 소유한 갑부가 살고 있었던 겁니다. 그 사람 혼자 국민소득의 1/4에 해당되는 엄청난 소득을 올리다 보니, 다른 국민들은 거의 대부분 가난하게 살 수밖에 없었던 거죠. 이해되시죠?

놀랍게도!

위의 이야기와 거의 유사한 예를 가진 그런 나라가 이 지구상에 존재하고 있습니다. 바로 대한민국이란 이름의 나라입니다.

외환위기, 그때 그랬더라면……

1997년 12월 3일과 2001년 8월 23일, 그리고 195억 달러.

위의 날짜와 금액은 우리가 흔히 'IMF 사태'라고 부르는 '외환위기'와 관련된 숫자들입니다. 1997년 12월 3일, 당시 김영삼 정부는 IMFInternational Monetary Fund, 국제통화기금으로부터 195억 달러의 자금을 지원받는 양해각서를 작성했고, 그 이후 대기업, 중소기업들의 연쇄적 도산, 엄청난 실업, 금리인상, 주식시장 및 부동산 등 자산의 폭락, 최악의 경기침체 등 수많은 고통들이 이어졌습니다. 하지만 그럼에도 불구하고 국민들의 단합과 뼈를 깎는 듯한 노력으로 2년 후부터는 서서히 수렁에서 벗어나기 시작했고, 마침내 2001년 8월 23일, 195억 달러 전액을 상환함으로써 외환위기는 종결되었습니다.

외환위기가 우리에게 남긴 흔적들

1997년이면 지금으로부터 무려 21년 전의 일입니다. 꽤나 오래된 이야기이며, 이제는 역사 속에 묻힌 사건이라 할 수 있죠. 하지만 이 케케묵은(?) 이야기를 꺼내는 이유가 있습니다. 지금 우리가 당연시하고 있는 법정관리, 구조조정, 정리해고, 비정규직 등이 원래부터 있었던 것이 아니라 외환위기 때 비로소 생겨난 것이며, 우리의 의도와는 상관없이 그들의 비상식적이며, 매우 강압적 요구에 의해 생겨났음을 상기하기 위해서입니다.

잠시 당시 상황을 되짚어보겠습니다. 외환보유고 부족으로 인해 800원 후반 대이던 원달러 환율은 순식간에 무려 2배가 넘는 2,000원대까지 치솟았고, 양호했던 국가신용도는 절대 투자해서는 안 되는 정크(쓰레기) 등급까지 떨어졌으며, 그동안 대한민국 정부와 기업에 열심히 외화를 대출해주었던 미국 등의 국가들은 마치 기다리고 있었다는 듯 동시에 자신의 돈을 돌려달라며 달려들게 됩니다. 이런 심각한 상황으로 몰리자, 기업 운영상 문제가 있던 한보, 삼미, 대우, 진로, 한라, 대농, 쌍방울, 해태 등과 같은 많은 대기업들이 버티지 못한 채 줄줄이 추풍낙엽처럼 줄도산하며 역사의 뒤안길로 사라지고 말았죠.

왜 IMF는 '긴축'을 요구했을까?

경제사經濟史 관점에서 외환위기는 그저 스쳐가는 아픈 기억에 그치는 것이 아니라, 대한민국의 경제판도를 일순간에 180도 뒤바꿔 놓는 계기가 되었습니다. 여기에는 여러 이유가 있겠지만, 그중에서도 우리에게 급한 자금을 대출해 준 IMF의 역할이 지대했다 할 수 있습니다. 당시 IMF는 구제금융의 조건으로 사실 말도 되지 않는 사항들을 요구했고, 정부에서는 다른 방도가 없었기 때문에 무조건 그들의 요구를 따를 수밖에 없는 입장이었죠. 그렇다면 왜 IMF는 그러한 강압적 요구를 했을까요? 대한민국의 허약한 경제 체질을 보다 강하게 바꿔주려 그랬던 걸까요?

당시 IMF에서 대한민국에 요구한 사안들을 들여다보면 상당히 많고 복잡하지만, 곁가지 다 제하고 제일 중요한 키워드 하나만 뽑는다면, 바로 '긴축緊縮'이란 단어 하나로 요약할 수 있습니다.
IMF는 대출에 대한 조건으로 대한민국 경제의 긴축을 요구했습니다. 물가상승을 억제하기 위해서는 무엇보다 정부 재정과 금융에 대한 긴축이 우선이며, 더불어 고금리까지 허용해야 한다고 주장했죠. 물론 정부에서는 그대로 따랐고요. 긴축이 뭘까요? 기존보다 바짝 줄이거나 조이는 것, 즉 지출을 상당히 심하게 줄이는 것을 의미하죠. 자 여기서 한번 생각해 볼까요? 왜 그들은 우리에게 긴축을 요구했을까요? 쉽게 풀어보자면, 그들의 논리는 이랬습니다.

IMF "너희들 달러가 없어 이렇게 된 거지?"
YS 정부 "응."

IMF "그러면 달러를 사야겠네?"

YS 정부 "응."

IMF "달러는 원화로 사야겠지? 그런데 환율이 엄청 올랐으니 원화
가 상당히 많이 필요할 테고, 그러려면 이제부터라도 허리띠 꽉
졸라매고 살아야겠네?"

YS 정부 "응, 맞아. 진짜 허리띠 꽉 졸라매야겠다."

혹시 지금 이 글을 읽고 계신 독자분들께서도 '아, 맞네~' 하며 고
개를 끄덕이고 계신 건 아니겠죠? 자, 2008년 글로벌 금융위기를
생각해보죠.

미국을 비롯한 유럽의 국가들이 글로벌 금융위기에 빠졌을 때 그
들이 제일 먼저 시행한 정책은 무엇이었을까요? 긴축이었을까요?
절대 아닙니다. 긴축이 아니라 그 반대로 유동성 확대 정책QE : Quanti-
tative Easing, 양적완화을 통해 천문학적인 돈을 찍어댔고, 그 돈으로 미국
의 AIG나 Citi와 같은 거대 금융회사들을 구제해냈죠. 돈은 경제의
윤활유이기도 하지만, 혈액으로써의 역할이 더 큽니다. 만약 어떤
사고로 인해 부상을 입어 피가 모자라게 되면, 당연히 수혈을 해야
할 겁니다. 경제 또한 큰 상처를 입으면 수혈을 해야 합니다. 무엇
으로? 돈으로요. 글로벌 금융위기란 큰 경제위기가 닥쳐오자 그들
은 엄청난 돈으로 수혈을 한 겁니다. 안 그러면 경제가 죽을 수 있
으니까요.

자, 그렇다면 IMF는 왜 양적완화 정책이 아닌 긴축정책을 대한민국에 요구했을까요? 그 대답을 드리기 전에 조금 더 IMF의 요구사항을 훑고 가죠. 그들은 '긴축'과 더불어 금융권과 기업의 구조조정, 자본시장의 개방 그리고 노동시장의 규제완화까지 요구했습니다. 그 결과로 동화, 동남, 대동, 경기, 충청, 강원, 상업, 한일, 보람, 제일은행 등 많은 은행들이 통합되며 사라졌고 수많은 기업들이 도산되고 말았습니다. 또한 외국자본이 물밀 듯 들어오며 삼성전자, 포스코, KT&G, LG, SK, 신한금융지주, KB금융지주 등 대한민국의 대표기업의 지분은 물론 폭락한 각종 요지의 부동산, 빌딩들까지 아주 저렴한 가격에 쇼핑 잔치를 벌였습니다. 또한 그들은 노동법까지 건드림으로써 기업들이 필요하다 여긴다면 언제든 구조조정은 물론 직원에 대한 정리해고를 쉽게 할 수 있도록 그 제한을 완화시켜 놓았으며, 파견근로제라는 것을 만듦으로써 비정규직이란 새로운 용어를 탄생시켰죠.

이처럼 IMF의 구제금융으로 인해 대한민국 경제의 근간은 크게 흔들리게 되었고, 이 시기를 기회삼아 건너온 외국자본들은 대한민국의 대기업, 은행, 부동산, 빌딩 등 다양한 자산들을 아주 저렴한 가격에 싹쓸이하는 호사를 누렸습니다. 또한 외국에 대한 무역·금융·자본 자유화 및 노동시장 개방으로 인해 그동안 안정적으로 운영되던 대한민국 경제는 마치 촛불이 작은 미풍에도 심하게 흔들리듯, 언제든 외국자본의 입김에 좌지우지될 수밖에 없는 상황에 놓이게 되었습니다. 즉 외환위기에 의해 대한민국 경제 체질이 완전히 바뀌게 된 것이죠. 우리가 원치 않았음에도 불구하고, 그리고 미처 정신 차릴 새도 없이 시대가 변해버리고만 겁니다.

만약 외환위기가 없었다면, 설사 그렇다 할지라도 긴축이 아닌, 돈을 푸는 유동성 정책을 폈더라면, 우리가 기억하고 있는 'IMF 사태', 그리고 지금의 경제환경, 개인들의 삶은 상당히 달라지지 않았을까요?

△ 고성장과 풍요의 시대는 끝났다

대한민국 제1의 기업이자 글로벌 기업으로 완전히 자리 잡은 삼성전자.

지금은 1/50로 액면 분할함으로써 1주당 채 50,000원이 안되긴 하지만, 작년 11월 삼성전자의 주가는 사상 최고치인 1주당 2,876,000원을 기록했습니다. 그 기세가 조금 꺾이긴 했지만, 여전히 삼성전자 한 회사가 대한민국 주식시장에서 차지하는 비중은 대단합니다. 지난해 3월 기준으로 삼성전자의 코스피KOSPI 내 시가총액 비중은 약 21.3%였으며, 이는 전체 2위부터 12위까지인 SK하이닉스, 현대차, 삼성전자우, 한국전력, 네이버NAVER, 포스코POSCO, 삼성물산, 현대모비스, 신한지주, 삼성생명, KB금융의 시총을 모두 합한 것(21.6%)과 비슷한 수준입니다. 대단하죠?

주식시장에서뿐 아니라 대한민국 GDP에서 차지하는 비중 또한 만만치 않습니다.

대한민국의 2016년 GDP는 약 1,637조 정도 됩니다.

삼성전자의 2016년 매출은 약 202조 정도로, 삼성전자 한 회사가 대한민국 GDP에서 차지하는 비율은 무려 12.3%나 됩니다! 조금 범위를 넓혀 삼성그룹으로 볼까요?

삼성그룹의 작년 매출은 약 359조 원으로, GDP 대비로 보면 21.9%입니다. 엄청나지 않나요? 삼성이란 브랜드가 한국 경제의 22%, 조금 더 보태 1/4 가까이를 차지하고 있다는 겁니다. 이렇기 때문에 만에 하나 삼성이 무너지면 대한민국도 따라 쓰러지게 될 것이란 이야기가 나오는 것이며, 혹자는 이를 빗대 대한민국을 삼성공화국으로까지 부르고 있는 거죠.

그렇다면 삼성전자의 임직원 수는 얼마나 될까요?

2016년 9월 기준으로 약 95,000명 정도이며, 삼성그룹 전체로 보면 25만 4천 명 정도라 합니다. 이 임직원들이 삼성 브랜드의 어마어마한 매출과 이익에 대한 혜택을 받고 있다 볼 수 있을 겁니다.

한 가구당 가족 수를 4명이라 할 때 약 100만 명 정도라 할 수 있는데, 대한민국 총인구 수(약 5,100만 명)를 감안한다면 1.96%, 채 2%도 안 되는 인원이 그 혜택을 누리고 있다 하겠습니다.(물론 삼성의 협력업체 분들까지 감안한다면 그 숫자는 훨씬 더 커질 겁니다. 하지만 최근 트렌드로 볼 때 협력업체에 여유 있는 이익을 주며 거래하는 대기업은 결코 없다고 봐야 합니다.)

결코 삼성그룹을 질투하거나 혹은 공격하기 위해 이런 예를 드는 것은 아닙니다. 대한민국 경제에서 삼성이 차지하고 있는 비중이 워낙 크기 때문입니다.

이런 까닭에 다른 산업이나 기업이 조금 부진할지라도 삼성그룹이 잘 나가면 대한민국의 경제성장률은 쑥쑥 올라가게 됩니다. 그러면 정부나 언론에서는 이렇게 발표할 겁니다.

대한민국 경제는 과거에 비해 나아지고 있으며, 성장하고 있다고 말이죠. 절대 틀린 말은 아닙니다. 수치상으로는 틀림없는 사실이니까요. 하지만 대부분의 국민들이 느끼는 체감 경기는 어떨까요? 정부가 주장하는 것처럼 나아지거나, 좋아지고 있다 할 수 있을까요?

고성장과 풍요의 시대는 끝났다

—

이처럼 경제수치가 좋아진다고 해서 반드시 경제가 성장하고, 경기가 나아질 것이라 말하긴 어렵습니다. 삼성전자를 예로 든 것처럼, 경제지표에는 수치의 오류이자 착시현상이 숨어 있기 때문입니다. 그렇기 때문에 과거처럼 단순히 숫자만 보고 경기가 나아질 것이라 판단하는 것은 잘못된 생각일 수 있는 겁니다. 또한 대한민국의 경제사經濟史를 거슬러 산업의 변화까지 감안하여 바라본다면, 이제는 더 이상 경제성장률과 같은 단순 수치로만 경제성장을 판단하기는 어려운 시대가 되었다 할 수 있습니다. 여기에 더해 실질적 경제성장을 이룬다 할지라도, 그 성장의 혜택이 과거처럼 대부분의 국민에게 골고루 분배될 수 있느냐에 대한 문제까지 고려되어야만 합니다. 그래야만 진정으로 경기가 좋아졌다고 할 수 있기 때문이죠.

이처럼 경제성장과 경기가 좋아진다는 것, 그리고 분배에 대한 관계까지 이해하기 위해서는 다음의 2가지 경제사적 변화의 흐름을 머리에 두고 있어야 합니다.

첫째, 이제 고성장의 시대는 끝났다는 겁니다.

대한민국의 경제성장은 70~90년 중반까지 고성장을 기록했다가 외환위기를 거친 후 중간 성장 그리고 금융위기를 통과하며 이제는 저성장에 들어섰음을 확연히 확인할 수 있습니다. 사실 과거의 고성장은 70년대부터 시작된 신자유주의를 기반으로 한 국제무역이 활성화됨으로써 미국과 유럽이 선도하고, 나머지 국가들도 그에 발맞추어 시작된 것인데, 여기에는 중국의 역할이 지대했다고 볼 수 있습니다. 중국의 낮은 인건비가 전 세계 제품의 원가를 낮춤으로써 소비자본주의가 정착하는데 큰 몫을 했다 할 수 있죠.

하지만 중국의 인건비가 올라가자 베트남을 비롯한 말레이시아, 인도네시아, 미얀마, 라오스 등의 저비용 국가로 많은 글로벌 공장들이 이전하였으며, 현재도 옮겨가고 있습니다. 이마저도 부족해 이제는 아프리카 개발에 대한 이야기까지 나오고 있는 실정이죠. 만약 아프리카까지 개발된다면, 그 이후부터의 경제성장을 위해서는 달뿐 아니라 금성과 화성도 개발해야만 되는 것 아닐까요? 대체 성장의 끝은 어디까지 진행될 것이며, 그 와중에 발생할 수밖에 없는 수많은 환경파괴는 경제성장을 위한 어쩔 수 없는 선택이라고 봐야 하는 걸까요?

더군다나 최근의 글로벌 경제 흐름은 글로벌 경제 공동체를 목적으로 하는 것이 아닌, 미국을 필두로 한 자국 산업 보호가 그 트렌드라 할 수 있습니다. 소위 국가적 개인주의라 할 수 있는데, '다른 나라는 모르겠고 내 나라만 잘살면 된다.'는 생각이라 할 수 있습니다.

문제는 미국, 유럽, 일본과 같은 선진국들이 이런 흐름을 이끌고 있다는 겁니다. 국가경제는 자국 산업으로만 성장할 수 없습니다. 그렇기 때문에 이들 선진국들이 역점을 두고 있는 것이 바로 무역 규모를 늘리는 것, 그리고 이를 위해 시행하는 정책적, 전략적 조치가 바로 자국의 환율을 낮추는 겁니다. 환율을 낮게 만듦으로써 수출을 유리하게 만드는 거죠.

이러한 시도는 부의 이전을 가져오게 됩니다. 선진국을 상대로 무역을 하는 신흥중진국, 가난한 국가들의 자산들이 선진국으로 이동하게 되는 거죠. 그 결과로 선진국(최근의 미국처럼)들은 더 잘살게 되고, 상대 국가는 갈수록 어려워지게 되는 겁니다. 즉 글로벌 부의 균형이 깨지게 되는 거죠. 이렇다는 건 선진국은 과거보다 고성장을 이룰 가능성이 커지지만, 대한민국과 같은 신흥중진국은 계속해서 저성장, 장기불황에 머물 수밖에 없다는 겁니다. 소위 과거에 누릴 수 있었던 경제 고성장은 '굿바이'를 고할 수밖에 없는 거죠.

둘째, 만약 고성장이 다시 이루어진다 할지라도, 더 이상 과거와 같은 서민들을 위한 풍요의 시대가 오기는 어렵다고 봐야 합니다.

왜냐하면 전 세계적인 소득 불균형이 계속해서 심화되고 있기 때문이죠. 대한민국의 경우도 마찬가지입니다. 자료에 의하면 1974년 한국의 1인당 GDP는 290만 원이었지만, 약 40년이 흐른 2016년에는 2,943만 원을 기록했는데, 무려 10배를 넘는 성장입니다. 이 수치로 따진다면 모든 국민이 40년 전에 비해 10배는 더 윤택하게 살고 있어야 합니다. 하지만 현실은 어떤가요? 일부 성장의 혜택을 얻은 부분도 있지만, 오히려 어떤 면에서는 더 걱정 근심이 많아지고 삶도 팍팍해지지 않았나요? 과연 이것이 경제성장을 통해 우리가 얻게 된 선물이자, 1인당 GDP가 늘어난 만큼의 경제적 풍요라고 할 수 있을까요?

호주의 진보 경제학자 클라이브 해밀턴은 그의 저서 〈성장 숭배, 우리는 왜 경제성장의 노예가 되었는가〉에서 경제성장이란 단지 한 해에 생산되는 재화와 서비스의 양이 얼마나 늘었는지에 대한 극히 평범한 개념임에도 불구하고, 대부분의 사람들이 이를 마치 영험한 마력이 있는 것으로 착각하고 있다 주장합니다.

> 성장에 대한 우리의 강박관념은 사람들이 영험한 마력이 있다고 믿는 주물呪物을 받들고 모시는 집착이나 애착처럼 보인다. 소득 증대는 세상 사람들이 갈구하고 궁리하는 인생의 목표 그 자체가 되었지만, 과연 우리들은 40년 혹은 50년 전에 비해 지금 더 행복하다고 말할 수 있는가? 경제성장이라는 관념은 이제 사람들을 홀리는 망상으로 둔갑해 경제는 물론, 정치, 사회, 문화 그리고 개인의 심리에 이르기까지 사회 전체를 조직하고 시스템과 이데올로기를 재생산하는 망상 체계(체계화된 망상)로 진화했다.

클라이브 해밀턴은 더 이상 경제성장이 우리 삶의 해법이 될 것이란 생각을 버리라고 말합니다. 왜냐하면 경제성장을 통해 지금보다 소득 수준이 높아질지라도, 과거에 비해 더 행복해지기란 어려울 것이라 보기 때문이죠. 즉 지금과 같은 장기불황의 시대에서는 성장에만 초점을 맞추는 것이 아닌, 분배에도 관심을 가짐으로써 그 비중을 늘려야 하며, 그래야만 모두가 다 잘살 수 있다고 강조하고 있는 겁니다.

프랑스 경제학자 토마 피케티 또한 비슷한 논조의 주장을 하고 있습니다. 그는 자신의 저서 〈21세기 자본〉에서 이렇게 말하고 있습니다.

현 글로벌 경제의 문제점은 불평등에 기인하고 있으며, 이를 해결하기 위해서는 엄청난 자본수익을 얻고 있는 글로벌 자본가들로부터 자본세 등의 세금을 거둬야 한다고요. 그리고 그렇게 걷은 세금을 고루 분배함으로써 더 심화되어 가고 있는 불평등을 줄이는 데 써야 한다고 말이죠. 하지만 과연 그렇게 될 수 있을까요? 글로벌 자본가, 거대 국가들이 분배를 위해 순순히 자본세를 받아들일까요?

🔺 경제적 생존이 절실한 이유

이제 우리는 경제 성장에 대한 패러다임을 바꿔야만 합니다. 성장만이 전부가 아니며, 설사 국가적 경제성장이 이루어진다 할지라도 모든 개인에게까지 그 열매가 골고루 배분되기는 어렵다는 사실을 인지하고 있어야 합니다.

과거에 많이 쓰이던 경제 용어 중에 '트리클 다운 효과Trickle-down Effect'란 것이 있습니다. 우리말로 번역하면 '낙수효과' 또는 '하방 침투 효과'라고 불리는데, 이는 '넘쳐흐르는 물이 바닥까지 적신다.'란 의미를 가지고 있습니다.

이 용어는 흔히 정부가 경제성장을 위한 대기업 우선 정책을 펼 때 많이 사용되는데, 대기업의 매출과 이익이 늘어날 경우 자연스레 그 하부에 위치한 중소기업과 저소득층에게도 혜택이 골고루 돌아가게 된다는 겁니다. 그로 인해 총체적으로 경기가 활성화된다는 이론이죠.

과거 이명박, 박근혜 정부 시절 적극적으로 활용했던 경제 정책이 바로 대기업 우선 정책이었습니다. 대기업에 각종 혜택을 줌으로써 경기를 부양한다는 명목이었죠. 하지만 결과는 완전 실패였습니다. 물론 대기업의 상황은 과거보다 더 좋아졌죠. 그러나 중소기업과 서민들의 형편은 그야말로 더 힘들어지는 상황을 초래하고 말았습니다.

그럴 수밖에 없는 이유가 있습니다. 낙수효과가 제대로 된 효과를 나타내려면, 대기업의 부가 중소기업과 서민들에게로 흘러 들어가야 하는데, 실제 대기업에서는 전혀 그런 움직임을 보이지 않았다는 겁니다. 오히려 막대한 이익을 주주들을 위한 배당금으로, 고위직들의 엄청난 연봉과 성과급으로 그리고 심지어는 중소기업과 자영업의 생계까지 위협하는 소 아이템 개발과 골목상권 장악을 위한 대한 투자금으로 사용되었던 겁니다. 그러니 당연히 낙수효과란 것이 발생될 수 없었죠.

IMF International Monetary Fund, 국제통화기금는 지난 2015년 발표한 '소득 불균형의 원인 및 결과'라는 보고서에서 이 낙수효과라는 것이 얼마나 의미 없는 것인지를 잘 설명하고 있습니다. 자료에 의하면 한 국가의 상위 20% 계층의 소득이 1% 포인트 증가할 경우, 향후 5년의 GDP(국내총생산) 성장률은 0.08% 감소한다고 합니다. 반면에 하위 20% 계층의 소득이 1% 포인트 늘어나게 되면, 같은 기간의 GDP 성장률은 연평균 0.38% 포인트 높아지는 것으로 나타났다고 하네요.

이는 무엇을 뜻할까요? 낙수효과라는 것이 정확히 반대의 효과를 가져온다고 하는 겁니다. 즉 대기업이 잘되면 잘될수록, 중소기업과 서민들은 갈수록 어려워진다는 겁니다. 왜 그럴까요? 앞에서 삼성그룹의 예를 든 것과 같은 맥락이라 할 수 있습니다.

삼성그룹이 대한민국 경제의 1/4을 차지하고 있음에도 그 혜택을 보는 것은 약 100만 명에 불과하다고 했습니다. 게다가 삼성그룹 지분의 약 50%는 외국인들이 보유하고 있습니다. 그렇기 때문에 삼성그룹 배당금의 반은 매년 외국으로 빠져나갑니다. 이렇게 본다면 삼성그룹과 같은 대기업만 잘된다는 것은 전체 국민이 아닌 극히 일부의 사람들, 그리고 외국 투자자들의 배만 불리는 그런 일이 되고 마는 겁니다.

월 소득구간별 일자리 분포 [자료: 통계청(2015년 1,500만 개 일자리 세전기준 소득. 단위%)]

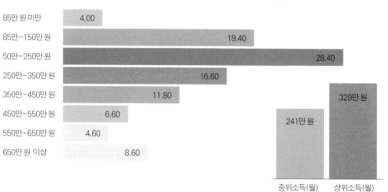

표 2. 2015년 중위소득 / 평균소득 분포도

만약 정부에서 대기업에 지원했던 막대한 지원금을 중소기업에 투자했더라면, 더 많은 사람들이 혜택을 받았을 겁니다. 그리고 늘어난 수입으로 인해 더 사용된 지출은 서민경제에 환원됨으로써 상호 간 보탬이 되는 선순환을 만들어 냈을 거고요. 그로 인해 경기 또한 조금씩 나아지는 결과를 만들어냈을 겁니다.

개인경제는 결국 스스로 구축해야만 한다

—

현재 당신이 직장인이라면, 매월 얼마 정도의 금액을 월급으로 받고 계신가요? 200만 원? 300만 원, 아니면 400만 원 이상? 만약 300만 원이라고 한다면 연봉 기준으로 3,600만 원 정도라 할 수 있는데, 이 정도 금액이라면 대한민국에서 중산층에 속한다고 자신 있게 말할 수 있을까요?

표 2는 2017년 통계청에서 1,500만 개의 일자리 분석을 통해 발표한 2015년 기준의 '대한민국 중위소득/평균소득 금액과 금액별 분포도'입니다. 여기서 중위소득이란 '전체 가구에서 소득을 기준으로 50%에 해당하는 가구의 소득'을 말합니다. 즉 가구를 소득 기준으로 일렬로 줄 세웠을 때 중간에 위치하는 가구의 소득이라 할 수 있죠. 이에 반해 평균(중간) 소득이란 '국민 전체의 소득을 합산하고 그것을 다시 인구수로 나눈 금액'이라 할 수 있습니다.

소득 통계를 분석할 때는 반드시 이 두 용어, 중위소득과 평균소득의 차이에 대해 잘 알고 있어야 합니다. 기준점을 평균소득으로만 잡을 경우 오류가 발생될 수 있기 때문이죠.

평균소득은 전체 소득을 인구수로 나눈 것이기 때문에, 금액의 평균일 뿐 실제 중간에 위치한 사람의 소득 수준을 대변해 주지 못합니다. 즉, 많이 버는 사람들에 의해 실제로 중간에 위치한 사람들의 소득 또한 올라간 것처럼 보이기 때문이죠. 그래서 실제 소득을 알기 위해서는 조사하려는 사람들을 일렬로 세운 후 그 중간에 위치한 사람의 소득을 분석하는 중위소득을 체크해야만 합니다. 그래야만 대한민국 가장 중간에 위치한 사람의 소득을 제대로 분석할 수 있습니다.

표에 의하면 대한민국 국민 중 가장 가운데 위치한 사람이 벌어들이는 소득, 즉 중위소득은 월 241만 원, 연간으로는 2,892만 원으로 채 3,000만 원이 되지 않습니다. 하지만 전체 소득을 인구수로 나눈 평균소득은 월 329만 원, 연 3,948만 원으로, 중위소득 대비 월 88만 원, 연 1,056만 원 정도가 더 많죠. 바로 이 차이가 평균의 오류라 할 수 있습니다. 즉 대한민국 국민 절반의 소득은 월 240만 원, 연간 2,900만 원을 넘지 못한다는 겁니다. 실제 표를 봐도 확인할 수 있습니다. 월 250만 원 이상의 소득을 올리지 못하는 사람이 전체의 51.8%를 차지하고 있으며, 150만 원이 되지 못하는 사람 또한 23.4%에 달합니다.

문제는 여기서 그치지 않습니다. 자, 이번에는 다른 표를 하나 보시죠. 2003년부터 2014년까지의 평균소득과 중위소득의 추이를 확인할 수 있는데, 특히 두 소득 간의 격차를 보면 시간이 지날수록 더 벌어지고 있음을 알 수 있습니다. 실제로 2003년에 265만 원이던 격차가 2014년에는 872만 원까지 벌어졌으며, 위에서 보신 것처럼 2015년에는 1,056만 원으로 더 격차를 벌려가고 있습니다.

이는 무엇을 뜻할까요? 두 가지를 알 수 있는데, 하나는 평균소득이 중위소득보다 더 가파르게 상승한다는 것이며, 다른 하나는 평균 이상의 고소득자들, 즉 부자들이 더 많은 돈을 벌고 있다는 것을 의미합니다. 즉 부익부 빈익빈이 갈수록 심화되고 있음을 증명해주는 수치라 할 수 있습니다.

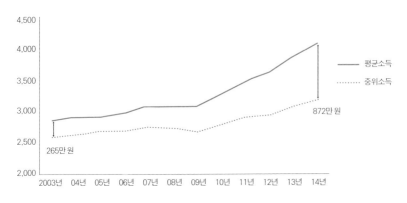

표 3. 평균 / 중위소득 추이(2003년~2014년)

혹시 왜 이런 현상이 나타나는 건지 알고 계신가요? 정부의 정책 오류 때문일까요? 아니면 부자들의 윤리의식이라 할 수 있는 '노블레스 오블리주'가 잘 실천되지 않고 있기 때문인 걸까요?

물론 그럴 수도 있습니다. 하지만 근본적 원인은 바로 '자본주의' 그 자체에 있습니다. 자본주의란 철저히 자본, 즉 돈에 의해 움직이는 경제체제라 할 수 있습니다. 돈에 의해 작동되기 때문에 자본주의는 필히 자본의 불평등을 초래하도록 구조화되어 있습니다. 생각해 보시죠. 부자가 더 큰 부자 되는 게 쉬울까요. 아니면 가난한 사람이 부자 되는 게 쉬울까요? 영화나 드라마에서 신데렐라 이야기가 자주 등장하는 이유는, 그것이 매우 드문 그리고 현실에서 거의 발생되기 어려운 일이기 때문 아닐까요?

분명한 건 가진 것이 별로 없는 평범한 사람들인 서민들에게 앞으로의 시대는 더 힘들고 어려울 것이란 점입니다. 부익부 빈익빈이 심해지며 상대적 소득은 더 작아질 수밖에 없으며, 그나마 지금의 소득도 구조조정이나 불경기로 인해 언제든 위태로워질 수 있죠. 더군다나 고령화 사회로 가는 입구에서 청년들의 실업문제는 향후 더 큰 사회적 문제를 야기하게 될 것입니다. 이런 추세가 계속 이어짐으로써 부자는 더 부자가 되고, 가난한 사람은 더 가난해지는, 그래서 앞으로의 사회는 과거와 같은 중산층이 점점 사라지는, 중산층 몰락의 시대가 될 것입니다.

정리하자면, 앞으로의 경제문제는 생존의 문제가 될 수밖에 없습니다. 제대로 살기 위해서는 스스로 준비해야만 합니다. 정부도, 기업도, 그 누구도 자신의 경제를 책임져주지 못합니다.

자신의 소득을 지키고, 잘 관리해서 스스로 살아나갈 수 있는 기반을 만들어야만 합니다. 그것이 바로 개인 경제의 목표이자 가야 할 길이라 할 수 있습니다.

지금까지는 미래를 보다 편안히 살기 위해 자산을 축적했고, 꼭 그렇지 않더라도 그냥 어느 정도 인생을 살 수 있었다면, 앞으로의 미래는 경제적 문제로 인해 삶이 피폐해지고, 고통받을 수밖에 없다는 점, 결코 잊어서는 안 됩니다.

△ 최경자(최소한의 경제적 자유)를 추구해야 하는 이유

많은 사람들이 돈이 많았으면, 그래서 부자가 되었으면 합니다. 이는 돈의 효용을 아는 어린아이서부터 사회생활을 하는 어른들까지 모두 공통되는 희망이자 바람이라 할 수 있죠. 한편으로 이것은 희망이 아니라 마치 본능처럼 보이기도 하는데요. 어쩌면 사람의 몸 안에 그런 DNA가 있는 것 아닐까 하는 생각까지 들기도 합니다.

아마도 이 글을 읽는 독자분들 또한 부자 되기를 원하실 텐데요. 그렇다면 여기서 질문 하나 드리죠. 대한민국에서 부자라 불릴 정도가 되려면 대체 어느 정도의 자산을 가지고 있어야 하는 걸까요? 30억? 50억? 그도 아니라면 100억? 만약 10억 정도의 자산이 있다면 어떨까요? 부자라 할 수 있을까요?

KB금융지주연구소에서 발표한 '2017 한국 부자 보고서'에 따르면 우리나라 총인구 대비 0.47%인 24만 명 정도만이 부자의 기준에 들었다고 하는데요. 여기서 활용된 기준이 금융자산 10억이었다고 합니다. 즉 금융자산 10억만 있어도 부자의 기준 안에 그리고 대한민국 상위 0.47% 안에 포함될 수 있다는 겁니다. 물론 이들에게는 금융자산 외에 부동산 자산도 있었는데, 이를 포함할 경우 이들의 총자산은 평균 약 22억 8천 정도였다 하네요. 어떤가요, 예상보다 그렇게 많지는 않죠?

금융자산 10억, 그리고 아파트와 같은 부동산을 합쳐 약 20억을 부자의 기준이라 할 때, 평범한 직장인이 그 정도 금액을 벌 수 있을까요? 물론 대기업의 대표나 임원이라면, 그리고 그 자리를 오래 보전할 수 있다면 충분히 가능할 수도 있을 겁니다. 하지만 일반적으로는 불가능하죠. 왜냐고요? 계산을 해보면 쉽게 알 수 있습니다.

예를 들어 35년(26세~60세) 동안 직장생활을 한다고 가정해 보죠. 평균 연봉을 조금 높은 6천만 원이라 감안했을 때, 평생직장 생활하는 동안 벌어들일 수 있는 총금액은 약 21억(6천만 원/년 × 35년) 정도가 됩니다.

35년간 1억 정도만 생활비로 사용하고, 나머지를 모두 모았을 때 20억이란 돈을 보유할 수 있습니다. 어떤가요, 이론적으로만 가능할 뿐 실제로는 불가능하다고 봐야 하지 않을까요? 물론 여기에 주식이나 부동산 투자와 같은 재테크를 통해 자산을 불릴 수도 있을 겁니다.

하지만 재테크라는 것이 정말 만만치 않습니다. 사실 수익을 얻을 수 있는 가장 확실한 방법은 시중은행의 예금이나 적금을 활용하는 건데, 안전하긴 하지만 이런 방법을 통해서는 자산을 불리기 어렵죠. 수익률 자체가 워낙 낮으니까요.

보다 높은 수익을 얻기 위해서는 리스크가 있는 상품에 투자를 해야 하는데, 문제는 수익도 수익이지만 잘못될 경우 원금 손실까지 볼 수 있다는 겁니다. 이는 우리가 믿고 있는 '재테크'에 치명적인 테크니컬 오류가 발생되는 것이라 하겠습니다.

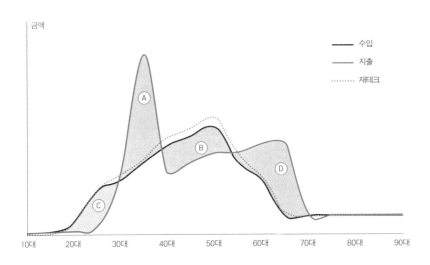

금액

수입
지출
재테크

Ⓐ
Ⓑ
Ⓓ
Ⓒ

10대 　 20대 　 30대 　 40대 　 50대 　 60대 　 70대 　 80대 　 90대

그림 5. 직장인의 경제적 라이프 사이클

직장인의 경제적 삶은 '마이너스'다

—

 이처럼 부자 되기란, 특히나 평범한 직장인의 입장에서 부자가 된다
는 것은 거의 불가능에 가까운 일이라 할 수 있습니다. 오히려 정말 열
심히 절약하고 저축해 모으지 않는다면 경제적 삶 자체가 힘들어질 수
있다는 사실을 인지해야만 합니다. 왜냐하면 직장인의 경제적 라이프
사이클 자체가 상당히 위험하게 구조화되어 있기 때문이죠. 최근 직장
인의 경제적 라이프 사이클을 분석해 보면, 대충 봐도 '플러스'가 아닌
'마이너스'가 될 것으로 예측됩니다.

 위 그래프는 저의 졸저 〈불황을 이기는 월급의 경제학〉에서 사용했던 것으로, 평범한 직장인의 연령 추이에 따른 수입과 지출을 평균적으로 분석해 놓은 것입니다. 검은 선은 수입을, 별색 선은 지출을 표시하는데, 먼저 수입부터 살펴볼까요?

수입은 20대부터 조금씩 증가하기 시작하여 직장에 취직을 함으로써 본격적으로 늘어납니다. 30대, 40대 그리고 50대 초반까지 꾸준히 증가하죠. 하지만 이후 자의든 타의든 퇴사하게 됨으로써 수입은 감소되기 시작하고, 점점 줄어들다가 60대 중반 이후부터는 거의 고정됩니다. 바로 이때가 연금수입이 시작되는 시점이기 때문이죠.

이번에는 지출 선을 쫓아가 보겠습니다. 지출은 20대 중반부터 늘기 시작하여 30대 중반에 급격하게 커집니다. 사람에 따라 편차가 있긴 하겠지만 대개 이때가 결혼하여 전세 혹은 집을 구입하는 시점이기 때문입니다. 그리고 꾸준히 늘다가 60대 중반 정도에 다시 큰 지출을 하게 되는데 이때는 자식의 결혼자금 지출이라고 보면 됩니다. 물론 지원할 생각이 없다거나 혹은 그럴 형편이 안 된다면 이 지출은 무시해도 됩니다.

이후 60대 중반 이후부터는 지출과 수입이 같아지게 되는데, 이때부터는 들어오는 연금만큼밖에 소비할 수 없기 때문입니다. 그리고 수입과 지출선 중간에 파란 점선은 재테크를 통한 수입 증가인데, 이로 인해 자산의 증가를 이룰 수도 있겠지만 평범한 직장인의 경우 쉽지 않기 때문에 여기서는 반영하지 않겠습니다.

이번에는 수입과 지출의 교차 영역에 대해 살펴보죠. 앞의 그래프에서 A와 B는 수입보다 지출이 많은 영역으로 경제적으로 (-)가 되는 시기입니다. 이와 반대로 C와 D는 수입이 지출을 초과하는 영역으로 (+)가 되는 시기죠. 앞의 그래프는 평범한 직장인의 경제적 라이프 사이클이라 말씀드렸죠?

자, 그렇다면 한번 비교해 보겠습니다. 경제적 (-)가 되는 A+B와 반대로 (+)가 되는 C+D, 어느 쪽의 영역이 더 클까요? 대충 딱 봐도 감이 오시죠. 앞의 그래프를 아래와 같은 공식으로 표현하면 이렇게 됩니다.

$$A+B \quad > \quad C+D$$
$$(-) \quad\quad\quad\quad (+)$$

위의 공식이 의미하는 바는 이렇습니다.

일생을 살면서 버는 돈보다 쓰는 돈이 많다는 겁니다. 이것을 다른 말로 바꾸면 일반 직장인의 경제적 삶은 '플러스'가 아닌 '마이너스'의 삶이 될 수밖에 없다는 겁니다. 안타깝지 않나요? 부자를 꿈꾸며 경제적으로 윤택하게 살길 바라는데, 실질적으로 현실의 삶은 '마이너스'라는 게 말이죠. 그야말로 안타까운 일이 아닐 수 없습니다.

경제적 마이너스 삶의 반전, "최경자"

—

하지만 여기서 좌절해서는 안 됩니다. 현재 당신이 40대라면, 혹은 30대, 20대라면 아직 자신의 경제적 라이프 사이클을 변화시킬 수 있는 충분한 시간을 가지고 있기 때문이죠. 그렇다면 어떻게 바꾸면 될까요? 오래 고민할 필요 없습니다. 이렇게 바꾸면 됩니다.

$$A+B \;(-) \;\; \overset{<}{=} \;\; C+D \;(+)$$

어떤가요, 쉽죠? 저는 이 공식을 '최경자(를 이루기 위한) 공식'이라 부릅니다. 여기서 '최경자'란 사람의 이름이 아니라 '최소한의 경제적 자유(이하 최경자)'의 줄임말로써, 이 '최경자 공식'이 의미하는 바는 경제적 라이프 사이클을 '마이너스'가 아닌 '플러스'로 만들어 가기 위한 최소한의 기준을 갖춘다는 것입니다.

'최경자'가 의미 있는 이유는 부자라고 하는 허황되고 신기루와도 같은 꿈을 꾸는 것이 아니라, 자신의 현실에 맞는 '최소한의 경제적 수준'을 준비한다는 데 있으며 더 나아가 경제적 자유까지 누린다는 데 그 목적이 있기 때문입니다.

다다익선多多益善이란 사자성어가 있습니다. 많은 사람들이 돈에 대해 그렇게 생각합니다. 많으면 많을수록 좋다고 말이죠. 하지만 과연 그럴까요? 많은 경우 돈은 더 과한 탐욕을 부릅니다. 부자가 더 큰 부자가 되기 위해 끝없는 욕심을 부리는 것을 우리는 종종 목격하게 됩니다. 부자뿐이 아닙니다. 평범한 사람들도 마찬가지입니다. 1억만 있어도 소원이 없겠다 생각한 사람이 그 돈이 생기게 되면 무슨 생각을 하게 될까요? 2억 혹은 3억이 있으면 좋겠다고 생각하지 않을까요?

돈에 대한 관점을 바꿀 필요가 있습니다.

무조건 부자가 되는 것을 목표로 하는 것이 아니라, 마이너스의 삶을 개선하는 것이 우선적 목표가 되어야만 합니다. 사실 일반인이 부자가 되기란 거의 불가능하다고 봐야 합니다. 그렇다면 어떻게 해야 할까요? 무엇보다 먼저 나의 삶이 돈으로 인해 휘둘리지 않을 정도의 경제적 준비를 해 놓아야 하지 않을까요?

'최경자'는 경제적 삶을 살아가는 데 있어 가장 기초적이며 기본적인 기준이며, 더 나아가 생존과도 연계되는 매우 중요한 키워드라 할 수 있습니다.

'최경자'를 달성하게 되면 우리는 마이너스 인생으로 인해 고생하지 않게 될 뿐만 아니라, 돈의 억압이나 구속에서 자유로워질 수 있는 기반을 마련하게 됩니다. 그런 의미에서 '최경자'는 '최대한'이 아닌 '최소한'의 경제적 자유를 추구하는 것이며, 이는 평범한 직장인도 얼마든지 스스로의 노력 여하에 따라 만들어 갈 수 있는, 그리고 충분히 도전해볼 만한 가치가 있는 프로젝트라 할 것입니다.

생존경제 시스템 구축법 (1)

개인이 경제적 생존을 하기 위해서는 여러 가지를 생각해 볼 수 있습니다. 주식시장, 부동산과 같은 투자를 통해 돈을 더 벌 수도 있고, 사업이나 장사를 통해 자산을 축적할 수도 있습니다. 하지만 여기에는 반드시 위험이 따릅니다. 리스크 없는 투자는 없기 때문이죠. 그렇기 때문에 경제적 생존을 위한 가장 첫 우선순위는 리스크 관리가 되어야 합니다. 먼저 관리가 되어야만 중심이 흔들리지 않기 때문이죠.

관리를 위한 가장 좋은 방법은 그것을 시스템화하는 것입니다. 개인 경제 시스템을 구축할 수 있다면 리스크 관리는 물론, 보다 쉽게 경제적 생존이 가능해질 수 있습니다. 저는 이것을 '생존경제 시스템'이라 이름 붙여 보았는데요. 조금 더 구체적으로 얘기하자면 생존경제 시스템이란 어떠한 환경에도 살아남기 위한 경제적 체계를 갖추는 것이라 할 수 있습니다.

이 체계가 우리에게 주는 2가지 큰 의미가 있습니다.

하나는 가장 기초적인 것부터 정리하고 분석하여, 낭비를 줄이고 저축 또는 투자를 늘려 미래를 대비하는 것을 의미합니다. 사실 일반인들, 특히나 직장인의 수입은 뻔하다고 볼 수 있습니다. 부업이나 아르바이트를 통해 수입을 늘릴 수도 있겠지만, 일시적일 수밖에 없죠. 또한 예전에는 주식, 부동산 등의 재테크를 통해 수익을 얻음으로써 개인 자산을 늘릴 기회가 있었지만 지금은 사실 그 방법도 굉장히 어렵다고 봐야 합니다. 그렇다면 방법은 하나, 지출을 잘 조절하고 관리하는 방법밖에는 없습니다. 지출을 잘 분석하여 낭비 요소를 찾아 줄이고, 그렇게 아낀 금액을 안정적인 투자로 전환하여 꾸준히 목돈을 만들어 가는 것이 바로 생존 경제시스템의 핵심이라 할 수 있습니다.

다른 하나는 생존 경제시스템을 통해 '최경자'를 갖추는 데 있습니다. '최경자'란 부유하진 않지만, 경제적으로 심각하게 쪼들리지 않으며, 그로써 어느 정도 자신이 하고 싶은 일을 하며 살 수 있는 단계를 의미합니다. 즉 부자에 대한 강박증 혹은 욕심만 버린다면, 어느 정도 살아가는 데 큰 문제가 없는 수준이라 할 수 있습니다.

이제부터 말씀드릴 생존 경제시스템 구축을 위한 4단계 과정은 '최경자'를 만들어가기 위한 기초 및 실행 방법이라 할 수 있습니다. 사실 개인 경제는 기초가 가장 중요합니다. 기둥이 없이 세워지는 집이 없듯이, 개인 경제 또한 기초가 튼튼해야 흔들리지 않고 오래갈 수 있기 때문입니다. 여기에서 한 가지 당부드리고 싶은 것은 반드시 다음에 나오는 예시에 맞추어 실제로 해보셔야 한다는 겁니다. 기초가 정리되지 않으면 외부의 풍파에 의해 언제 무너질지 모릅니다. 그러니 꼭 실행해 보시기 바랍니다.

생존경제 시스템 구축법은 다음과 같은 4단계로 이루어져 있습니다.

    Step 1. 나의 자산 분석하기

    Step 2. 수입/지출 내역 분석하기

    Step 3. 1년 부자 프로젝트

    Step 4. 10년 장기 경제 플랜 수립하기

각 단계별로는 샘플로 사용할 수 있는 표와 실제 예시가 병행되어 있으니 잘 읽어 보신 후 그대로 따라 하시면 됩니다. 자, 그렇다면 지금부터 본격적으로 시작해 보겠습니다.

STEP 1. 나의 자산 분석하기

—

생존 경제시스템 구축을 위해 제일 먼저 할 일은 자신이 가진 자산을 분석해 보는 일입니다. 그래서 1단계인 '나의 자산 분석하기'에서는 자신이 가진 자산이 얼마나 되는지 실제 '수치'를 눈으로 확인하는 단계라 할 수 있습니다. 다음 표 4는 40대 초반의 직장인 A 씨의 개인 재무상태표로써, 이 표를 위주로 설명드리겠습니다.

자 산					부 채				
구분	기관	상품	금액	비율	구분	기관	상품	금액	비율
유동자산	삼성증권	주식형펀드	531	2.2%	유동부채	회사	직원대출	1,300	16.2%
		연금펀드	1,013	4.2%					
		CMA	832	3.5%		신한은행	마이너스 대출	985	12.3%
	신한은행	청약저축	480	2.0%					
		보통예금	107	0.4%					
	국민은행	정기예금	500	2.1%	유동부채 소계			2,285	28.4%
	산업은행	적금	471	2.0%					
유동자산 소계			3,934	16.4%	고정부채	신한은행	전세대출	5,747	71.6%
고정자산	부동산	전세금	20,000	83.6%					
고정자산 소계			20,000	83.6%	고정부채 소계			5,747	71.6%
자산계			23,934	100.0%	부채계			8,032	100.0%
순유동자산(유동자산 - 총부채)			-4,098		부채비율A(총부채/유동자산*100)				204.2%
총 보유자산(총자산 - 총부채)			15,902		부채비율B(총부채/총자산*100)				33.6%

표 4. 직장인 A 씨(40대 초반)의 개인 재무상태표

표의 왼쪽은 자산내역이며 오른쪽은 부채입니다. 자산은 유동자산
과 고정자산으로 나뉘는데, 유동자산은 금융자산, 고정자산은 부동산
이라 생각하시면 됩니다. 부채는 유동부채와 고정부채로 나눠지는데,

그 기준은 1년 안에 갚아야 하는 부채일 경우 유동부채, 1년을 넘어 장기적으로 갚아 나갈 수 있는 부채는 고정부채로 보시면 됩니다.

직장인 A 씨는 42세의 기혼으로 5살과 3살의 자녀 둘을 두고 있으며, 중견기업 과장으로 연봉은 약 5,500만 원 정도, 그리고 외벌이 상태입니다. 서울 외곽의 아파트에서 2억짜리 전세를 살고 있으며, 전세금을 포함한 총자산은 약 2.4억 정도입니다. 부채는 전세대출 5천 7백만 원을 포함한 약 8천만 원 수준이며, 부채를 제외한 총 보유자산은 약 1.6억입니다.

조금 더 구체적으로 들여다보죠.

먼저 자산입니다. 직장인 A 씨의 총 보유자산은 약 2.4억 정도로, 그 중에서 유동자산은 약 4천만 원, 빌라의 전세보증금은 2억인데, 그중에서 8,000만 원은 전세자금 대출 금액이기 때문에 실제 자신의 전세금은 약 1.2억이라 할 수 있습니다.

유동자산 내역을 살펴보면 직장인 A 씨는 은행의 정기예금과 적금뿐 아니라 주식형 펀드까지 운용하고 있는 것으로 봐서 평소 재테크에도 신경을 쓰는 타입으로 보이네요.

이번에는 부채를 보죠. 총 8천여만 원의 부채를 가지고 있는데, 회사직원 대출로 1,300만 원, 은행 마이너스 대출로 약 1천만 원, 그리고 전세금 마련을 위한 전세대출이 원래는 8천만 원이었는데 일부 갚고 현재는 약 5.7천만 원 정도 남아 있는 상태입니다. 대출이 있다는 것은 은행 등에 매월 대출이자를 납입하고 있다는 의미인데요. A 씨의 경우 대략 3%의 금리로 이자를 낸다고 가정할 경우 연 240만 원, 월 20만 원가량의 이자를 내고 있는 것으로 추정됩니다. 이자만 보면 그리 큰 부담은 아닌 것처럼 보이지만, 만약 원금까지 같이 상환하고 있다면 가계에 제법 큰 부담이 되고 있을 겁니다.

자, 마지막으로 전체를 들여다볼까요?

A 씨의 유동자산에서 총부채를 뺀 순 유동자산은 마이너스 4천만 원 정도입니다. 이 말은 곧 전세를 유지한 상태에서 가지고 있는 유동 자산으로 부채를 갚는다 할지라도 마이너스 4천만 원의 빚이 남는다는 의미죠. 그렇다면 전세보증금을 빼서 빚을 갚는다면 어떻게 될까요? 그것이 바로 아래에 있는 총 보유자산으로 그럴 경우, A 씨에게는 약 1.6억 원의 자산이 남게 됩니다. 이 자산으로 다시 전세 또는 월세를 구해야 되는데 만만치 않겠죠?

한번 판단해 보시기 바랍니다. 직장인 A 씨의 수준은 어느 정도일까요? 경제적으로 무난해 보이나요? 아니면 조금 또는 많이 부족한가요?

사실 A 씨는 전반적으로 위험한 상태라고 봐야 합니다. 왜냐하면 유동자산, 즉 전세금을 제외한 유동자산에서 부채를 뺀 금액이 마이너스를 기록하고 있을 뿐 아니라 규모도 4천만 원을 넘기고 있기 때문이죠.

물론 전세금을 포함하면 약 1.6억 원의 플러스가 되긴 하지만, 전세든 자가든 간에 가족이 함께 살아야 할 집은 반드시 필요하기 때문에 여기서 전세금은 빼고 생각해야만 합니다.

이렇게 볼 때 A 씨는 8천만 원에 이르는 총부채를 얼마나 빨리 갚느냐가 관건입니다. 만약 이 부채를 줄이지 못한 채 시간이 흘러가게 된다면, 여기에 더해 현 직장의 일자리라도 삐끗하게 된다면 A 씨 가족의 경제상황은 최악의 국면을 맞게 될 수도 있기 때문입니다.

이 자산분석에서 가장 좋은 케이스는 부채가 없거나 혹은 부채가 있더라도 유동자산으로 부채를 모두 갚을 수 있는 경우라 할 수 있습니다. 더 나아가 순 유동자산이 플러스로, 여유가 생기기 시작하면 지속적인 투자를 통해 자산을 계속 불릴 수 있는 선순환이 만들어지게 될 것입니다. 그것을 목표로 가보시죠. 다음 2단계인 '월수입/지출 내역 분석하기'를 통해 그 방법을 알아보겠습니다.

단위 : 만 원

입출	구분 항목	구분 성격	금액	비중	내용
수입	급여		4,113,333	89%	
	상여		0	0%	
	기타수입		515,625	11%	
	소계		4,628,958	100%	
지출	적금	신한	100,000	2%	투자율 16%
	펀드	미래에셋	200,000	4%	
	개인연금	신한	200,000	4%	
	대출상환	회사등	300,000	6%	
	대출이자	회사등	257,383	5%	
	대출이자	삼성	149,580	3%	종신보험
		삼성	303,830	6%	암보험+교육보험 등
		교보	86,500	2%	실비보험
	통신료	인터넷등	253,000	5%	핸드폰비 포함
	회비	가족모임	150,000	3%	
	빌라 관리비	전기/수도세	184,300	4%	
	경조사비		109,660	2%	
	A씨 용돈		250,000	5%	
	부모님 용돈		400,000	8%	양가 모두
	식비	일반식비	681,320	14%	외식비 포함
	생활비		332,700	7%	의류비/문화비 포함
	차량유지비	대박카센터	143,500	3%	차량보험료 포함
	육아비		759,250	16%	의료비/소모품비 포함
	소계		4,861,023	100%	
	잔액		232,065		

표 5. 직장인 A 씨(40대 초반)의 월평균 수입/지출 내역

STEP 2. 수입/지출 내역 분석하기

—

　2단계에서는 직장인 A 씨의 월평균 수입과 지출내역을 보겠습니다. 월수입은 약 463만 원, 지출은 486만 원으로 매달 23만 원 정도 마이너스가 되고 있네요. 이는 직장인들이 대부분 가지고 있는 마이너스 통장 잔고의 마이너스 규모가 점점 커지고 있다는 의미입니다. 실제로 A 씨의 마이너스 통장은 -985만 원을 기록하고 있으며, 이 추세로 간다면 조만간 -1,000만 원을 넘게 될 것으로 보입니다.

　조금 자세히 볼까요? 먼저 저축 쪽을 살펴보죠. 적금 10만 원, 펀드 20만 원, 개인연금 20만 원으로 매달 50만 원가량 저축하고 있네요. 대출원금은 30만 원, 대출이자는 25만 원으로 매월 55만 원을 대출상환으로 지출하고 있습니다. 대출이자를 제외하고 저축(50만 원)과 대출원금 상환액(30만 원)을 합친 80만 원을 투자라고 본다면, A 씨의 총지출 대비 투자율은 16% 정도 됩니다. 어떤가요? 무난한 편인가요? 판단하기 쉽지 않죠?

조금 더 보겠습니다. 아이들 교육보험을 포함한 총 보험료가 54만 원(11%), 핸드폰, 인터넷, TV 등의 통신료가 25만 원(5%), 양가 부모님 용돈이 40만 원(8%), 식비와 생활비로 101만 원(21%) 그리고 육아비가 76만 원(16%)으로 지출의 큰 부분을 차지하고 있습니다. 보험료, 식비, 육아비 정도가 조금 높은 것을 제외하고는 전반적으로 그렇게 과소비를 하며 사는 가정은 아니라고 보입니다. 하지만 허리띠를 졸라매며 억척스럽게 사는 것 같아 보이지도 않습니다.

자, 어떻게 해야 개선이 가능할까요? 일단 A 씨의 가장 큰 급선무는 8,000만 원에 이르는 부채를 줄이는 겁니다. 매달 30만 원씩 대출원금 상환을 하고 있지만, 너무 적다고 할 수 있습니다. 만약 지금처럼 대출 상환을 한다면 A 씨의 총 대출금 8,000만 원은 무려 22년이나 걸려서야 갚을 수 있게 됩니다. 그야말로 빚에 쫓겨 사는 삶이 될 수밖에 없습니다. 이런 삶을 바꾸기 위해서는 상환 금액을 키워야 함은 물론이고 현재 수입과 지출의 언밸런스로 발생되는 마이너스까지 플러스로 전환시켜야만 합니다. 이렇게 할 수 있는 방법은 딱 하나, 절약을 통해 지출을 줄이고 그 금액을 저축과 부채 상환에 써야만 합니다. 당장이라도 지출 다이어트가 필요합니다.

4,000만 원 연봉으로 1억을 만드는 가장 빠른 방법은

다음 단계로 넘어가기에 앞서 질문 하나 드리겠습니다. 연봉 4,000만

경과년수	금액 (원금+수익)	수익금액	수익금액산식
1년	20,000,000		
2년	26,000,000	6,000,000	20,000,000 × 30%
3년	33,800,000	7,800,000	26,000,000 × 30%
4년	43,940,000	10,140,000	33,800,000 × 30%
5년	57,122,000	13,182,000	43,940,000 × 30%
6년	74,258,600	17,136,600	57,122,000 × 30%
7년	96,536,180	22,277,580	74,258,600 × 30%
8년	125,497,034	28,960,854	96,536,180 × 30%

표 6. 재테크를 통한 1억 만들기(연 수익률 30% 기준)

원을 버는 직장인이 1억 원을 만들 수 있는 가장 빠른 방법은 무엇일까
요? 이 문제를 드리면 흔히 이렇게들 생각합니다. 일단 1, 2천만 원의
종잣돈Seed Money을 만든 후, 높은 수익을 거둘 수 있는 상품에 투자해야
한다고요. 물론 그럴 수 있습니다. 그렇다면 이런 재테크 방법으로 1억
을 만들기 위해서는 얼마 정도의 시간이 필요할까요? 한번 계산해 보죠.

일단 2,000만 원의 종잣돈을 만드는 데 1년이 걸렸다고 가정하겠습
니다. 그리고 주식투자 혹은 펀드 투자를 통해 연 30%의 수익률을 거
뒀다고 생각해보죠. 그러면 1억을 만드는 데 위의 표와 같이 8년(정확
히는 7년 2개월, 복리기준)이란 시간이 걸리게 됩니다.

물론 30%보다 높은 수익률을 올릴 수 있다면, 그 기간이 더 단축될

수 있습니다. 50%의 수익률로 계산할 경우에는 그 기간이 6년으로, 약 2년 정도 단축되네요. 그런데 여기서 한번 생각해보죠. 50%의 수익률……. 사실 30%도 대단한 수익률인데 50%라면 더 말할 필요조차 없겠죠? 게다가 6년 연속해서 50%의 수익률을 거둔다는 것은 아마도 로또 1.5등 정도의 당첨 확률과 비슷하지 않을까 하는 생각이 드는데요. 이는 거의 불가능에 가까운 일이라 봐야 할 겁니다.

하지만 그럼에도 저는 5년의 시간이면 충분히 1억을 만들 수 있다 자신 있게 말씀드릴 수 있습니다. 어떻게 그럴 수 있을까 궁금하신가요? 바로 답을 알려 드리죠.

수익률 계산도 필요 없을 정도로 아주, 아주 간단합니다. 재테크도 필요 없이 오로지 원금만으로 가능한 방법인데요.

매년 연봉의 50%(수익률이 아닙니다.)를 저축하는 겁니다. 이렇게 하면 1년에 2,000만 원씩, 딱 5년이면 아주 깔끔하게 1억이 만들어집니다. 어떤가요? 아주 간단하고 쉽죠? 이 이야기를 드리면 대부분의 사람들이 이렇게 말합니다. 어떻게 연봉의 50%를 모을 수 있냐고요. 돈 들어갈 곳이 얼마나 많은데 하면서요. 그러면 저는 이렇게 묻죠. 실제로 해본 적이 있느냐고요. 처음부터 월급의 50%를 아예 떼어놓고 나머지 금액으로 생활해 본 적 있느냐고 말이죠.

돈을 모으기 위해서는 생각의 전환이 필요합니다. 우리는 언제부턴가 재테크라고 하는 테크닉(어쩌면 판타지라 불러야 할)에 현혹됨으로써 저축이라는 기본기를 잃어버린 채 살고 있습니다. 재테크만 잘 터득하면 내 자산을 2배, 3배 늘릴 수 있다는 환상을 가지게 되었죠. 하지만 큰 착각입니다. 기본은 저축이고, 재테크는 단지 옵션일 뿐입니다. 저축이 기본이 되지 않으면 자산을 늘리거나 빚을 갚는 일은 아주 어려울 수밖에 없습니다. 왜냐하면 저축은 무조건 플러스를 보장하지만, 재테크는 상황에 따른 원금손실까지 겪게 될 수 있기 때문이죠. 또한 최근과 같은 시장환경이라면 상황은 더 안 좋을 수밖에 없고요. 이처럼 자신의 월급에서 지출을 줄여 최대한 저축을 하는 것이 가장 빨리 1억을 모으는, 혹은 자산을 증식시킬 수 있는 방법이라 할 수 있습니다.

STEP 3. 1년 부자 프로젝트

—

이번 3단계는 '1년 부자 프로젝트'입니다. '1년 부자 프로젝트'란 자신의 월수입/지출 내역을 분석하여 낭비요소를 줄이고, 그 줄인 금액을 투자로 전환함으로써 1년 동안 최대한 자신의 자산을 늘리는 것입니다. 소위 기업의 1년 매출 목표를 세우는 것과 같다고 보시면 됩니다. 즉 평범한 직장인이 일반적으로 생각하는 거액의 부자가 되는 것은 어려운 일이지만, 자신의 월수입/지출을 개선하고 투자를 늘림으로써 1년 후 자신이 세운 자산 목표를 달성하게 되면 1년 부자가 된다는 개념이라 할 수 있습니다.

만약 1년 부자가 달성되면, 2년 부자, 3년 부자, 더 나아가 5년 부자, 10년 부자도 가능해집니다. 생각해 보시죠. 10년 부자가 되었을 때 자신의 자산은 얼마나 늘게 될까요? 매년 특별한 경제 계획 없이 지낸 사람과 이처럼 매년 노력하여 10년 부자가 된 사람의 간극은 엄청 크지 않을까요?

우리는 이 3단계에서 직장인 A 씨의 1년 부자 프로젝트를 통해 월수입/지출 내역이 어떻게 개선되는지, 그리고 더 나아가 4단계에서는 A 씨의 향후 10년간의 경제 계획까지 보게 될 겁니다. 이를 통해 자신의 월수입/지출 내역 또한 비교해 본 후 개선해 보시기 바랍니다.

직장인 A씨의 수입/지출 내역이 이렇게 달라졌어요

—

8,000만 원에 이르는 대출과 매달 평균 23만 원씩의 마이너스가 기록되는 수입/지출의 불균형을 가진 직장인 A 씨. 그는 어떻게 해야만 지금의 어려운 상황을 극복하고 조금씩 마이너스를 줄여 나갈 수 있을까요?

A 씨는 비슷한 고민을 가진 직장인들 간의 경제·경영·인문의 균형 찾기 프로그램인 에코라이후 프로그램(http://cafe.naver.com/ecolifuu)을 통해 서로의 수입/지출 내역을 공유하고 각 항목별 비교를 통해 어떻게 지출 금액들을 낮출 수 있는지 심도 깊게 토론하였습니다. 그 결과 다음과 같은 표를 도출해 낼 수 있었죠.

일단 결과부터 살펴보자면, 매달 23만 원의 마이너스를 기록하던 잔액이 7만 원의 플러스로 돌아섰음을 확인할 수 있습니다. 이것만으로도 조금 희망이 보이죠? 세부 항목 중 일단 저축부터 살펴보겠습니다.

적금 10만 원→20만 원, 펀드 20만 원→30만 원으로 각 10만 원씩 불입금액이 늘어났습니다. 이번에는 대출 상환액을 보죠. 오~ 기존 30

입출	구 분		개선전		개선후		비고
	항목	성격	금액	비중	금액	비중	
수입	급여		4,113,333	89%	4,113,333	89%	
	상여		0	0%	0	0%	
	기타수입		515,625	11%	515,625	11%	
	소계		4,628,958	100%	4,628,958	100%	
지출	적금	신한	100,000	2%	200,000	4%	투자율 16%→39%
	펀드	미래에셋	200,000	4%	300,000	7%	
	개인연금	신한	200,000	4%	200,000	4%	
	대출상환	회사등	300,000	6%	1,110,000	24%	
	대출이자	회사등	257,383	5%	257,383	6%	
	대출이자	삼성	149,580	3%	74,790	2%	1/2로 감액
		삼성	303,830	6%	101,277	2%	1/3로 감액
		교보	86,500	2%	86,500	2%	
	통신료	인터넷등	253,000	5%	63,250	1%	1/4로 축소
	회비	가족모임	150,000	3%	150,000	3%	
	빌라 관리비	전기/수도세	184,300	4%	184,300	4%	
	경조사비		109,660	2%	109,660	2%	
	A씨 용돈		250,000	5%	200,000	4%	5만 원 축소
	부모님 용돈		400,000	8%	200,000	4%	20만 원 축소
	식비	일반식비	681,320	14%	340,660	7%	1/2로 축소
	생활비		332,700	7%	232,700	5%	10만 원 축소
	차량유지비	대박카센터	143,500	3%	143,500	3%	
	육아비		759,250	16%	609,250	13%	10만 원 축소
	소계		4,861,023		4,553,270	100%	
잔액			- 232,065		75,688		

표 7. 직장인 A 씨(42세)의 월평균 수입/지출 개전전후 비교

만 원에서 110만 원으로 무려 80만 원을 증액시켰습니다. 규모로 본다면 저축에서 총 100만 원을 더 늘린 겁니다. 대단하지 않나요? 이로써 지출 대비 투자율은 16%에서 39%로 23% 증가했는데, 이는 수입을 100이라 했을 때 거의 40 가까이를 저축할 수 있게 되었다는 말입니다. 좋지요? 하지만 꼭 그렇지만은 않습니다. 이는 수입이 고정되어 있는 상황에서 지출을 그만큼 줄였다는 것이고, 더불어 여기에 따른 큰 어려움과 고통이 반드시 뒤따라온다는 것을 의미하기 때문입니다.

저는 이 지출에 대한 개선 작업을 하기 전 직장인 A 씨에게 다음과 같은 2가지 사항을 요구했습니다.

1. 투자율은 최소 40% 이상으로 맞출 것. 향후 50%까지 증가시킬 것
2. 선투자 후 나머지 금액에 맞춰 살 수 있도록 소비패턴을 조정할 것

직장인 A 씨는 자신의 투자율을 40%(최종적으로는 50%로 증가)로 올리기 위해 지출 항목들을 조정하기 시작했습니다. 아내와 협의하여 자신의 용돈, 식비, 생활비 그리고 육아비까지 낮췄죠. 힘들겠지만 한번 해 보자며, 그리고 이렇게 하지 않으면 절대 빚을 줄이지 못한다는 위기 의식이 지출 절감을 가능하게 만들었습니다. 그리고 양가 부모님께 20만 원씩 드리던 용돈도 죄송하단 말과 함께 상황이 나아지면 반드시 다시 올려드리겠다 양해를 구한 후 10만 원으로 조정했습니다. 다행히 양가 부모님들도 기꺼이 동의해 주셨고요.

보험료에 대해서도 다이어트를 시행했습니다. 먼저 15만 원씩 불입하던 종신보험을 1/2로 감액했습니다. 해지를 하면 좋겠지만, 그럴 경우 그동안 불입 원금의 절반밖에 수령하지 못하기 때문에 일단 보장금액을 반으로 줄임으로써 월 부담을 줄이기로 했습니다.

다음으로 30만 원씩 나가던 암보험과 교육보험은 교육보험 불입용 10만 원만 남겨두고 해지하기로 했습니다. 해지로 인해 어쩔 수 없는 원금 손실을 보긴 하지만, 보장에 대해서는 실손보험이 있기 때문에 그것으로 대체하기로 했습니다. 이렇게 보험 다이어트를 실시한 결과 약 54만 원씩 내던 보험료를 26만 원 정도로 축소시킴으로써 매월 28만 원을 저축으로 돌릴 수 있는 여력이 생기게 되었습니다.

통신료 또한 1/4로 줄였는데요. 먼저 케이블 TV부터 끊었습니다. 불필요한 TV 시청 대신 앞으로는 아이들과 함께 책을 읽기로 했는데요. 이 습관이 정착되면 기꺼이 TV를 없애겠다는 의지까지 보이고 있습니다. 그리고 핸드폰 요금을 줄이기로 했는데, 자신과 아내 모두 기존에 쓰던 비싼 요금의 데이터 요금제를 과감히 해지하고 기본 요금제로 전환하기로 했습니다. 조금 불편하긴 하겠지만, 최근엔 무료 와이파이를 쓸 수 있는 곳이 많아 조금만 신경 쓰면 충분히 데이터 요금을 절약할 수 있기 때문입니다.

또한 급하지 않다면 굳이 데이터를 쓸 이유도 없고요. 그 결과 25만 원대이던 통신료를 6만 원대 수준으로 낮출 수 있게 되었습니다. 무려 19만 원을 세이브 한 셈입니다. 통신료에서만 월 19만 원, 대단하지 않나요?

이렇게 개선을 할 경우 1년 후 직장인 A 씨의 자산내역은 이렇게 바뀔 것입니다. 소위 직장인 A 씨의 '1년 부자 프로젝트'라 할 수 있습니다. 보시죠.

단위 : 만 원

자 산					부 채				
구분	기관	상품	금액	비율	구분	기관	상품	금액	비율
유동자산	삼성증권	주식형펀드	891	3.7%	유동부채	회사	직원대출	1,180	19.0%
		연금펀드	1,253	5.2%		신한은행	마이너스대출	-0	0.0%
		CMA	832	3.4					
	신한은행	청약저축	600	2.5%					
		보통예금	107	0.4%					
		적금	591	2..4%					
유동자산 소계			4,274	17.6%	유동자산 소계			1,180	19.0%
고정자산	부동산	전세금	20,000	82.4%	고정부채	신한은행	전세대출	5,032	81.0%
고정자산 소계			20,000	82.4%	고정부채 소계			5,032	81.0%
자산계			24,274	100.0%	부채계			6,212	100.0%
순유동자산(유동자산 – 총부채)				1,938	부채비율A(총부채/유동자산*100)				145.3%
총 보유자산(총자산 – 총부채)				18.062	부채비율B(총부채/총자산*100)				25.6%

표 8. 직장인 A 씨(40대 초반)의 개인 재무상태표(1년 부자 프로젝트)

일단 8천만 원이던 총부채가 6.2천만 원으로 약 1.8천만 원 감소합니다. 금리가 제일 높았던 마이너스 대출 985만 원을 모두 상환하여 제로로 만들었고, 회사 대출과 전세대출을 일정 부분 갚음으로써 부채 폭을 줄였습니다.

부채가 줄자 유동자산에서 부채를 제외한 순 유동자산이 1년 전 마이너스 4천만 원에서 지금은 마이너스 1.9천만 원 정도로 약 2.1천만 원 정도로 늘었습니다. 그 결과 총 보유자산 또한 1.6억 원에서 1.8억으로 늘어났습니다. 큰 변화는 아니지만, 변화를 시도하게 될 첫 해치고는 꽤 의미 있는 성과를 거둘 것으로 보입니다.

앞의 표에서 가장 주목할 만한 사안은 무엇보다 쉽게 줄지 않던 부채가 6천만 원 수준으로 낮춰짐으로써, 허리띠를 졸라매고 노력하면 지긋지긋한 빚의 부담에서 벗어나리란 기대를 가질 수 있게 된 것이라할 수 있습니다.

비로소 희망이 보이기 시작하다

—

직장인 A 씨는 위와 같은 지출 개선 작업을 통해 3가지 변화를 맞이하게 될 것입니다. 첫째는 대출 상환액이 30만 원에서 110만 원으로 증가함에 따라 빚이 줄어드는 속도가 빨라지기 시작하고, 더불어 최종 상환시기가 앞당겨질 것이라는 점입니다.

A 씨의 경우 총 대출액은 8,000만 원으로 기존과 같이 월 30만 원(연 360만 원)씩 상환할 경우 무려 22년이란 시간이 걸릴 수밖에 없었습니다. 하지만 110만 원(연 1,320만 원)으로 증액시키고 나서는 5년이면 충분히 빚을 청산할 수 있게 되죠. 빚 갚는 데만 22년의 시간이 걸린다면, 정말 아찔하지 않나요? 하지만 그래도 5년이라면 한번 해보자며 더욱

기운을 낼 수 있지 않을까요?

둘째로 대출액수가 줄어듦에 따라 내야 하는 이자금액 또한 줄어들게 된다는 겁니다. 현재 A 씨는 월 25만 원 정도의 이자 부담을 안고 있습니다. 하지만 매월 110만 원씩 대출 원금을 상환하게 되면, 이에 맞춰 이자 금액도 줄어들게 되어 있습니다.

3년 후에는 25만 원이 약 12만 원 정도로 절반가량 줄어들게 될 겁니다. 그렇다는 건 이 12만 원을 다시 대출원금 상환에 보탬으로써, 더 빨리 대출 금액을 갚아나갈 수 있다는 말과도 같습니다. 빚 증가의 악순환이 아닌, 대출상환의 선순환이 이뤄지는 셈이죠.

마지막 변화는 적응이라 할 수 있습니다. 지출을 줄여 살아보면 처음엔 그야말로 정신적 고통이 심할 수밖에 없습니다. 당연한 수순입니다. 저 또한 마찬가지였고, 많이 힘들었죠. 하지만 생각을 바꾸면 지출하지 못하는 고통을 줄일 수 있음은 물론 다른 재미로 바꿀 수 있습니다.

예를 들어 많은 집에서 주중이나 주말 밤, 심심하거나 출출하면 치킨이나 피자, 족발과 같은 야식을 시켜먹곤 합니다. 야식이라는 것이 건강에는 좋지 않지만, 사실 맛있기는 하죠. 이럴 때 야식을 시키는 대신, 요리를 자주 해보지 않은 아빠가 나서보는 겁니다. 시중에 나와 있는 야식 요리책을 보고 간단한 요리에 도전해 보는 거죠. 그리고 가족들은 그 요리에 대한 시식과 함께 품평회를 열고요.

어떤가요, 생각만 해도 재밌겠죠? 이런 식으로 생각을 바꾸면 행동이 달라집니다. 이런 변화가 가정경제에도 큰 영향을 미치게 되는 거고요.

행복이란 측면에서 보았을 때, 돈으로 얻을 수 있는 행복도 있지만 대부분의 행복은 돈과 관련이 없습니다. 그렇기 때문에 우리는 돈 없이, 혹은 적은 돈으로도 얻을 수 있는 행복의 가치에 대해 많은 생각을 할 필요가 있습니다. 이는 우리의 삶을 더 풍요롭고 행복하게 바꾸어 줄 수 있기 때문입니다.

STEP 4. 10년 장기 경제 플랜 수립하기

—

마지막으로 4단계는 10년 장기 경제 플랜을 수립해 보는 것입니다. 아마 10년이라고 하면 먼저 난감하다는 생각부터 들 겁니다. 그럴 수밖에 없죠. 당장 1주일 뒤, 한 달 일도 예상하기 어려운데 10년이라니 말이죠. 그러나 어렵게 생각할 필요 없습니다. 1년 부자 프로젝트를 10번 한다고 생각하면 조금 쉽게 생각될 수도 있을 겁니다.

이 10년 경제 플랜은 더도 말고 딱 한 번만 작성해보면 되는데, 그 한 번이 정말 중요합니다. 왜냐하면 이것을 한 번이라도 작성한 사람과 안 해본 사람의 차이가 엄청나게 크기 때문입니다.

10년 장기 플랜을 세우게 될 경우, 향후 자신의 유동자산, 부동산 규모뿐 아니라 부채와 그 상환시기까지 머릿속에 둘 수 있습니다. 이는 자신의 미래에 대한 경제 플랜을 스스로의 관리하에 두고 생활할 수 있다는 이야기가 됩니다.

그렇기 때문에 이러한 장기플랜을 가진 사람과 그렇지 못한 사람의 차이는 엄청나게 클 수밖에 없습니다. 또한 시간이 흐를수록 그 차이는 더 커지게 되어 있습니다. 왜 기업들이 매년마다 사업계획을 세우는 데 심혈을 기울이고, 더불어 중장기 플랜까지 고심할까요? 계획이 있는 것과 없는 것의 차이가 그만큼 크기 때문입니다. 기업의 이런 행동을 개인들도 따라 할 필요가 있습니다. 그래야 개인 경제가 어느 방향으로, 또 얼마만큼이나 진행되었는지 계속해서 확인하며 나아갈 수 있을 테니까요.

다음의 표는 직장인 A 씨의 10년 장기 경제 플랜입니다.

2018년(43세)부터 2027년(52세)까지의 계획으로, 수입/지출 내역은 물론 그에 따른 자산과 부채의 변화까지 한눈에 볼 수 있도록 잘 정리되어 있습니다. 이 표를 작성하기 위해서는 먼저 자신의 인생 시나리오를 개략적이나마 고민해야 합니다.

A 씨의 경우는 향후 10년간 현 직장에 계속 다니며 차장, 부장까지 승진하는 시나리오를 작성했습니다. 또한 2021년에는 현재 가지고 있는 8,000만 원의 빚을 다 청산할 계획을 가지고 있으며, 그 다음 해에는 가족들과 함께 그 기념으로 해외여행을 갈 예정입니다. 꽤 즐거운 여행이 되겠지요?

그리고 드디어 2023년에는 자신의 보금자리를 장만할 계획까지 세워 놓았는데요. 아마도 이때가 A 씨 가족에게는 결코 잊지 못할 한 해가 될 겁니다.

자, 그러면 지금부터 조금 자세히 A 씨의 10년 장기 경제 플랜을 살펴보겠습니다. 다음 표를 보시죠.

구분			2018년(Y1) 43세	2019년(Y2) 44세	2020년(Y3) 45세	2021년(Y4) 46세	2022년(Y5) 47세	2023년(Y6) 48세	2024년(Y7) 49세	2025년(Y8) 50세	2026년(Y9) 51세	2027년(Y10) 52세
			과장	과장		차장				부장	부장	
						빛샷원칸료	해외여행	내집마련		빛샷원 여행		해외여행
수입	급여		5,055	5,182	5,700	5,842	5,988	6,138	6,752	6,921	7,094	7,271
	기타수입		618	624	640	646	653	659	676	683	689	696
	소계		5,673	5,806	6,340	6,489	6,641	6,797	7,428	7,603	7,783	7,967
지출	적금	200,000	240	240	240	240	720	720	-0	1,800	1,800	1,800
	펀드	300,000	360	360	360	360	2,160	2,160	-0	1,600	2,300	2,300
	개인연금	200,000	240	240	240	240	240	360	360	360	360	360
	대출상환	1,100,000	1,320	1,560	2,220	2,432	-0	-0	3,800	200	-0	-0
	대출이자	257,383	309	247	185	124	-0	-0	120	5	-0	-0
	보험료	74,790	316	316	316	316	316	316	316	316	316	316
	통신료	63,250	76	76	76	76	76	76	76	76	76	76
	회비	150,000	180	180	180	180	180	180	180	180	180	180
	아파트관리비	184,300	221	221	221	221	221	221	221	221	221	221
	경조사비	109,660	132	132	132	132	132	132	132	132	132	132
	A씨용돈	200,000	240	240	240	240	240	240	240	240	240	240
	부모님용돈	200,000	240	240	240	240	240	240	240	240	240	240
	식비	340,660	409	409	409	409	409	409	409	409	409	409
	생활비	232,700	279	279	279	279	679	779	379	879	579	779
	자동유지비	143,500	172	172	172	172	172	172	172	172	172	172
	육아비(교육비)	609,250	731	731	731	731	731	731	731	731	731	731
	소계		5,465	5,643	6,241	6,392	6,516	6,736	7,376	7,561	7,756	7,956
	잔액		209	163	98	97	125	61	52	42	27	11

구분		2018년(Y1)	2019년(Y2)	2020년(Y3)	2021년(Y4)	2022년(Y5)	2023년(Y6)	2024년(Y7)	2025년(Y8)	2026년(Y9)	2027년(Y10)
		43세	44세	45세	46세	47세	48세	49세	50세	51세	52세
		과장			차장		부장				
				빚상환완료		해외여행	내집마련		빚상환.여행		해외여행
유동자산	펀드	891	2,151	2,529	3,000	5,225		-0	1,848	4,203	6,630
	연금펀드	1,253	1,493	1,733	1,973	2,213	2,573	2,933	3,293	3,653	4,013
	CMA	832	232	234	236	438	-0	100	-0	-0	-0
	청약저축	600	720	840	960	1,320	-0	-0	-0	-0	-0
	보통예금	107	16	115	113	39	101	154	96	123	135
	적금	591	711	831	951	1,311	-0	-0	1,800	3,600	5,400
	소계	4,274	5,323	6,282	7,233	10,546	2,674	3,187	7,037	11,580	16,177
	전세금	20,000	20,000	20,000	20,000	20,000	-0	-0	-0	-0	-0
고정자산	아파트	20,000	20,000	20,000	20,000	20,000	35,000	35,000	35,000	35,000	35,000
	소계	20,000	20,000	20,000	20,000	20,000	35,000	35,000	35,000	35,000	35,000
자산총계		24,274	25,323	26,282	27,233	30,546	37,674	38,187	42,037	46,580	51,177
부채											
유동부채	직원대출	1,180	820	460	-0				-0		
고정부채	전세대출	5,032	3,832	1,972	-0		4,000	200			
내집마련대출											
부채총계		6,212	4,652	2,432	-0	-0	4,000	200	-0	-0	-0
순유동자산		(1,938)	671	3,850	7,233	10,546	(1,326)	2,987	7,037	11,580	16,177
총보유자산		18,062	20,671	23,850	27,233	30,546	33,674	37,987	42,037	46,580	51,177

표 9. 직장인 A 씨(40대 초반)의 10년 장기 경제 플랜

2018년 43세가 된 A 씨는 2017년 말부터 시작된 1년 부자 프로젝트를 충실히 실행함으로써, 18년 말 기준으로 그의 자산은 약 2.4억으로, 그리고 부채는 6.2천만 원으로 줄게 됩니다. 그리고 2년 후인 2020년 과장에서 차장으로 승진함으로써 수입이 전년대비 5백만 원 늘어난 6.3천만 원이 됩니다.

여기서 중요한 건 A 씨가 수입이 늘어났다고 해서 지출을 늘리는 대신, 그 금액을 대출상환에 더 얹음으로써 상환시기를 앞당기기 위해 썼다는 겁니다. 그리하여 2019년 1,560만 원이던 상환액이 2020년에는 2,220만 원으로 늘어났음을 확인할 수 있습니다. 그 결과 2021년에 모든 대출을 상환하며 마침내 빚의 늪에서 탈출하는 데 성공하게 됩니다.

빚 청산 기념으로 A 씨는 2022년 가족과 함께 500만 원의 예산으로 동남아 여행을 계획하고 있습니다. 꽤나 즐거운 여행이 될 것으로 기대하고 있죠. 그리고 그 다음 해인 2023년 드디어 보금자리를 마련할 계획을 세웠습니다.

약 3.5억 정도를 들여 소형 아파트를 구매하려고 하는데, 그동안 모은 청약저축 통장을 적극 활용하거나, 아니면 직접 지금 살고 있는 주변의 아파트를 염두에 두고 있습니다. 이때 대출은 약 4,000만 원 정도를 생각하고 있습니다. 물론 부채규모를 조금 더 키워 보다 넓은 아파트를 살 수도 있겠지만, 그보다는 대출액을 줄여 빨리 갚는 게 좋겠다는 생각을 가지고 있습니다. 4,000만 원 정도라면 1년 정도라면 갚을 수 있겠다고 판단하고 있습니다. 만약 계획대로만 실행된다면 2025년부터는 빚 없는 완벽한 집주인이 될 수 있을 겁니다.

최종적으로 10년이 지난 시점인 2027년 A 씨의 자산은 약 5.1억으로 불어나게 될 겁니다. 고정자산인 아파트를 제외하더라도 유동자산이 1.6억 정도 되기 때문에, 혹여나 직장에 문제가 생기더라도 당장 돈 문제로 고생을 하진 않을 겁니다. 대출이 제로이기 때문이죠. 어떤가요? 처음에 불안했던 개인 경제가 10년 후에는 상당히 안정적이 되어 있지 않나요? A 씨 또한 이런 계획이 가장 현실적일 수 있다며, 매년 최선을 다해 생활하겠다며 의지를 다지고 있습니다.

저는 A 씨에게 매년 1년 부자 프로젝트가 끝나면, 동시에 이 10년 장기플랜 또한 업데이트하라고 이야기해 두었습니다. 그리고 계획한 것과 실제를 비교하며 무엇이 잘되었고, 또 어떤 것에 문제가 있었는지를 분석해 보라고 했습니다. 그렇게 하면 잘못된 부분을 개선함으로써, 다음 해에는 보다 나은 관리가 가능해지기 때문입니다.

다음의 표는 앞의 표를 간단하게 재정리한 요약본입니다. 아래의 요약본을 인쇄하여 잘 보이는 곳에 붙여 놓거나 혹은 다이어리에 넣어 가지고 다니시기 바랍니다. 항상 스스로를 자극할 수 있어야 노력하게 되어 있으니까요.

표 10. 직장인 A 씨(40대 초반)의 10년 장기 경제 플랜(요약본)

구분	2018년(Y1) 43세	2019년(Y2) 44세	2020년(Y3) 45세	2021년(Y4) 46세	2022년(Y5) 47세	2023년(Y6) 48세	2024년(Y7) 49세	2025년(Y8) 50세	2026년(Y9) 51세	2027년(Y10) 52세
과정	과장			차장				부장		
			빛상환완료		해외여행	내집마련		빛상환,여행		해외여행
수입	5,673	5,806	6,340	6,489	6,641	6,797	7,428	7,603	7,783	7,967
지출	5,465	5,643	6,241	6,392	6,516	6,736	7,376	7,561	7,756	7,956
잔액	209	163	98	97	125	61	52	42	27	11
유동자산	4,274	5,323	6,282	7,233	10,546	2,674	3,187	7,037	11,580	16,177
고정자산	20,000	20,000	20,000	20,000	20,000	35,000	35,000	35,000	35,000	35,000
자산총계	24,274	25,323	26,282	27,233	30,546	37,674	38,187	42,037	46,580	51,177
부채										
유동부채	1,180	820	460	-						
고정부채	5,032	3,832	1,972	-	-	4,000	200	-0	-0	-0
부채총계	6,212	4,652	2,432	-	-0	4,000	200	-0	-0	-0
순유동자산	(1,938)	671	3,850	7,233	10,546	(1,326)	2,987	7,037	11,580	16,177
총보유자산	18,062	20,671	23,850	27,233	30,546	33,674	37,987	42,037	46,580	51,177

지금까지 생존 경제 시스템을 구축하기 위한 4단계 방법에 대해 알아보았는데요. 간단히 다시 정리하면 다음과 같습니다.

Step 1. 나의 자산 분석하기

Step 2. 수입/지출 내역 분석하기

Step 3. 1년 부자 프로젝트

Step 4. 10년 장기 경제 플랜 수립하기

마지막으로 다시 한번 당부말씀을 드리자면, 직장인 A 씨가 한 것처럼 반드시 1~4단계를 따라 해 보시기 바랍니다. 처음이라 어려울 수도 있습니다. 하지만 이것은 제목처럼 그야말로 '생존'을 위한 경제 시스템을 구축하는 것입니다. 어느 누구도 책임져 주지 못하는 개인 경제, 결국 스스로가 지키지 않으면 누가 해 주겠습니까? 그러니 힘들어도 꼼꼼하게 아내와 혹은 남편과 같이 머리를 맞대고 계획을 세워보시기 바랍니다. 딱 한 번만, 한 번만 해보시면 됩니다. 그 다음부터는 쉽습니다. 그러니 오늘이라도 당장 실행해 보시기 바랍니다. 결국 승자는 실천하는 사람이 되는 것입니다.

Golden Ratio = Hu·Ma·Nomics

PART 2

진짜
나의
성공이란

자기 경영학
&
최경성(최소한의 경영적 성공)

⊚ 당신이 직장을 다니는 이유

당신 앞에 다음과 같은 2가지 명제가 있습니다.

- 인생이란 화려한 것이다.
- 인생이란 끔찍한 것이다.

둘 중에 하나를 고르라고 한다면 당신은 어떤 것을 선택하겠습니까? 화려? 끔찍? 선택하기가 쉽진 않죠? 아마도 많은 사람들은 인생이란 화려와 끔찍의 그 중간쯤 위치하지 않을까 생각할 것입니다. 우리에게 〈해리와 샐리가 만났을 때〉란 영화로 잘 알려진 미국 영화감독 우디 알렌Woody Allen은 이런 선택하기 쉽지 않은 인생에 대해 이렇게 말합니다.

"인생은 끔찍하거나 비참하거나 둘 중 하나다!"

인생이 끔찍하든 화려하든, 비참하든 수려하든 간에 우리는 한번 태어났으면 주어진 인생을 살아가야 합니다. 이것은 의무이자 책임이며, 권리라 할 수 있습니다. 하지만 의무나 책임이란 측면에서만 보면 인생은 그리 즐거워 보이지 않습니다. 하기 싫어도 해야만 하는 강제성이 들어가 있기 때문이죠. 그러나 권리란 면에서 들여다보면 인생은 누릴 수 있는 것이며, 오롯이 나의 의지와 감정에 의해 선택이 가능한 자유의 영역이라 할 수 있습니다. 그래서 권리란 좋은 것입니다. 이익을 누릴 수 있는 권한이 바로 권리니까 말이죠.

그러나 권리의 측면이라 할지라도 족쇄처럼 우리를 옭아매는 것이 하나 있습니다. 바로 돈이란 놈입니다. 자본주의 시대의 핵심은 바로 돈이죠. 돈은 종교가 다원화된 이 시대에 하나의 신적인 존재처럼 어마어마한 힘을 가지고 있습니다. 인간의 온몸을 혈액이 돌 듯, 모든 시스템 자체가 돈에 의해 돌아가는 것이 바로 자본주의의 구조라 할 수 있죠. 이러한 자본주의 시대를 살아감에 있어 가진 돈이 없다는 것은 육체는 있지만 그 몸을 지탱할 만한 피가 모자란다는 뜻과 상통합니다. 제대로 된 호흡조차 하기 버거울 정도로 삶이 어려울 수밖에 없다는 뜻이기도 하고요.

직장인이 직장을 다니는 이유는

이제 우리 직장인의 이야기를 해 보죠. 돈이 최우선인 자본주의 시대에, 직장인이 직장을 다니는 이유는 무엇일까요? 일의 보람과 의미를 찾기 위해? 개인적 성장을 이루고 사회의 일원으로 보탬이 되기 위해? No, No! 좀 솔직해질까요? 어떤 말로 포장한다 할지라도 결국엔 돈 때문이 아닐까요? 돈을 벌기 위해 싫어도 어쩔 수 없이 졸린 눈을 비비며, 피로에 찌든 몸을 억지로 일어 세우며 직장으로 향하는 것 아닐까요?

다른 한편으로 직장인이 직장인으로 사는 또 다른 이유는 스스로 돈을 벌 수 있는 특별한 기술이나 방법이 없기 때문이라고도 할 수 있습니다. 물론 반론이 있을 수도 있죠. 직장인이지만 분명 전문적 기술을 가지고 있는 사람들이 많기 때문입니다. 특히나 공장의 경우 장인 혹은 명인이라 불릴 정도로 고도의 전문성을 지닌 분들이 분명 있습니다. 하지만 '스스로'란 단어에 주목해야 합니다. 그러한 전문기술을 갖고 있다 할지라도, 자신이 사업을 통해 '스스로' 수입을 벌어들이지 못한다면, 기술 유무를 떠나 그 사람은 월급으로 생활하는 직장인일 수밖에 없습니다.

사무직 또한 마찬가지라 할 수 있죠. 엑셀, 한글, 파워포인트 등 컴퓨터 소프트웨어를 다루는 기술이나 지식이나 어학에 대한 온갖 자격증 등을 갖추고 있다 할지라도, 직장에서 주는 월급이 자신의 밥줄이라면 그 사람은 뼛속까지 직장인일 수밖에 없습니다.

이렇게 볼 때 직장인의 가장 중요한 포인트는 사업을 하고 있는 주체인 고용주 다른 말로는 자본가에 의해 고용된 존재란 점입니다.

직장인은 한마디로 고용된 사람을 말하며, 이는 시작부터 능동적이 아닌 수동적인 입장이 전제되어 있다는 것이죠.

일반적으로 생각할 때 능동적, 적극적 행동을 통해 취직이 되었기 때문에, 직장인이 된다는 것은 능동적 행위라 생각할 수 있을 것입니다. 그러나 고용의 주체가 누구인가 하는 점, 더 나아가 자신의 밥줄인 돈의 출처가 어디냐 하는 점에서 본다면, 직장인은 영원한 수동적 존재일 수밖에 없습니다. 종합해볼 때 결국 직장인이 직장을 다니는 이유는 여러 다양한 전문기술을 보유했다 할지라도 스스로 돈을 만들어 낼 수 있는 생산성과 사업성이 없기 때문이라 할 수 있으며, 그렇기 때문에 자신이 보유한 기술과 시간을 사업가에게 제공함으로써, 그 대가로 돈을 받아 생활을 영위해가는 존재라 할 수 있습니다.

이처럼 직장인은 돈의 관점으로 보았을 때 식물처럼 광합성을 통해 스스로 양분을 만들어 낼 수 있는 자가 생산력Self-Productive forces을 가진 존재가 아닙니다. 사냥이나 수확을 통해 먹이를 구해야 하는 동물이라 할 수 있으며, 이미 만들어져 있는 사냥 조직에 고용됨으로써 자신의 노동력과 시간을 제공하고 그에 상응하는 먹이를 얻어 살아가는 한 마리의 외로운 동물이라 할 수 있을 것입니다.

◎ 직장인은 시간제 노예다

몇 년 전 늦은 퇴근길에 있었던 일입니다.

직장에서 야근을 하고 밤 10시를 넘긴 시간, 강남역 버스정류장에서 줄을 선 채 용인으로 가는 좌석버스를 기다리고 있었습니다. 그때 갑자기 비가 내리기 시작했고, 다행히 저는 우산을 가지고 있었지만 그렇지 못한 사람들은 그저 내리는 비를 맞을 수밖에 없었죠. 그렇게 서 있던 중, 갑자기 옆에서 한 여자분의 목소리가 들렸습니다.

"여기 용인 가는 버스 줄 맞나요?"

고개 돌려 바라보니 50대 초중반 정도로 보이는 반정장 스타일의 여자분이 저를 쳐다보고 있었습니다.

"네." 하고 짧게 대답하는데 이 여자분, 갑자기 제 우산 속으로 무찔러 들어오며 말을 잇습니다.

"어휴~ 비가 제법 오네. 줄이 짧은 걸 보니 버스가 떠난 지 얼마 되지 않았나 봐요? 잠시 우산 같이 써도 되죠?"

순간적으로 많이 당황스러웠습니다. 아무리 저보다 조금 더 연배가 있어 보인다 할지라도(액면가로는 저도 만만치 않습니다만) 머리털 나고 그런 경험은 처음이었거든요. 당황스러움에 대답조차 못 하고 주저하는 사이, 그분은 이미 제 우산 안에 자리 잡고 있었습니다. 그리고는 잠시 어색한 침묵이 흘렀습니다. 그 침묵을 깨고자 아주 평범한 질문을 하나 드렸습니다.

"저, 혹시 무슨 일 하시는지요?"

"아, 조그만 사업 하나 해요."

"아, 네. 요즘 경기가 너무 안 좋아 많이 힘들지 않으세요?"

그 질문을 한 후 당연히 '아, 정말 경기가 안 좋다 보니 많이 힘드네요. 언제쯤이나 경기가 좋아지려는지.' 하는 대답이 나올 것으로 생각했었습니다. 하지만 나온 답변은 제 예상을 완전히 벗어났습니다.

"사람들이 경기가 안 좋아 사업도, 장사도 안 된다고 말하는데, 저는 그렇게 생각하지 않아요. 사업은 경기와는 상관없어요. 정말 열심히 최선을 다해 일하는 사람들은 아무리 경기가 안 좋아도 잘할 수 있어요."

그 대답을 듣자 갑자기 흥미가 솟았습니다. 무슨 노하우가 있기에 이렇듯 자신 있게 말씀하시는 건지 말이죠. 그때 마침 버스가 왔고, 이번에는 제가 요청을 드렸습니다. 같이 앉아 이야기를 나누며 가도 되겠느냐고 말이죠. 괜찮다고 하시기에 같은 좌석에 앉아 이런저런 이야기를 나눌 수 있었고, 그분에 대한 이야기를 들을 수 있었습니다.

그녀가 들려준 이야기

—

대학을 졸업한 후 중소기업에 취직했고, 3년 정도 정말 열심히 일을 했답니다. 그러면서 나만의 사업을 해보고 싶다는 생각이 들더랍니다. 그래서 당시 사장님께 현재 자신이 하고 있는 일을 달라고 했답니다. 아웃소싱으로 키워보겠다고 말이죠. 그녀에 대한 신뢰 때문인지 사장님은 허락을 했고, 그녀는 아웃소싱 회사를 설립함과 동시에 그때부터 지금까지 쭉 사업을 하고 있다 하시더군요. 현재는 결혼 관련 사업을 하고 있고, 여성 CEO로써 몇 권의 책도 출간했으며 신문에 칼럼 연재와 더불어 종종 강연도 다니고 있다 했습니다.

들다 보니 경력이 대단하시더군요. 신기했습니다. 이런 분을 우연히 (게다가 우산 속에서) 만나 이렇게 버스에 앉아 이야기까지 나누게 되다니 말이죠. 이야기 도중 그녀가 제 직업에 대해 물어보았습니다. 20년이 넘게 평범한 직장생활을 하고 있다고 대답하니 얼굴 표정이 약간 흔들리며 얼마 전 자신이 겪었던 이야기를 꺼냈습니다.

욕실의 타일이 깨져 수리하시는 분을 불렀답니다. 기술자 2명이 와서 고치는데, 그중 한 명이 아무리 봐도 고등학생 정도밖에 되어 보이지 않더랍니다. 궁금증이 발동하여 학교는 어떻게 하고 이렇듯 평일에 일을 하느냐 물어보았더니, 공부에는 전혀 관심이 없어 학교는 자퇴했고, 현재는 아버지를 따라 기술을 배우고 있다고 하더랍니다. 그러면 나중에 후회하지 않겠냐고 물으니, 고등학교는 검정고시를 볼 것이고, 열심히 기술을 배워 자격증을 딴 후에는 호주로 가서 기술학교를 다니며 일을 할 예정이며, 현재는 기술 유학을 위해 영어공부만큼은 열심히 하고 있다네요. 어리지만 자신의 미래에 대해서만큼은 아주 탄탄한 청사진을 가지고 있더랍니다. 그녀는 감탄하여 공사가 끝난 후, 그 아버지와 아들에게 진심 어린 식사를 대접했다고 합니다. 덕분에 많이 배웠다고 말이죠.

그녀는 직장인들이 누구보다 불쌍한 사람들이라고 말하더군요. 자신이 3년이란 짧은 기간 동안만 직장인으로 일하고, 그 후부터 지금까지 계속해서 사업을 하고 있는 이유는 직장인으로 돈을 벌기도 어렵지만, 스스로 자신의 제대로 된 인생을 만들며 살아갈 수 없다는 이유 때문이었다고 말이죠.

그런 의미에서 아버지를 따라 기술을 배우는 아이가 너무 기특했다는 겁니다. 어차피 공부도 못 하고 관심도 거의 없는데 거기에 시간을 쏟을 바에야 빨리 자신이 하고 싶고, 할 수 있는 일을 찾아 집중하는 게 미래를 위해서도 훨씬 낫다는 거죠. 공부 잘해서 좋은 대학 들어가고 졸업 후 대기업에 취직해봤자 결국 다 똑같은 직장인 아니겠느냐는 겁니다. 그러면서 그녀는 조심스럽게 말을 덧붙였습니다. 사실 직장인이란 '고용주에 의해 고용된 노예' 아니겠느냐고요.

'노예'란 단어를 듣자 미국 대학교수인 조안 B. 시울라Joan B. Siula가 떠올랐습니다. 노동철학을 연구한 조안 시울라 교수는 자신의 저서인 〈일의 발견〉에서 '고용이란 자유와 기회로 이어지게 될 일시적인 노예 상태를 의미한다.'라고 말하고 있습니다.

자본주의 사회에서 피고용인이 된다는 것은 돈을 벌기 위해 혹은 다른 목적을 위해 스스로를 자발적 노예로 만드는 것이라 정의하고 있죠. 더 나아가 우리는 고용주에게 자신의 능력이나 재능 그리고 여러

가지 일을 위한 적합한 조건들을 돈과의 교환수단으로 활용하여 거래한다고 생각하지만, 실제로는 고용주에게 기꺼이 자신의 소중한 시간을 맡기는 것이며, 그 시간을 돈과 맞바꾸는 것이 바로 직장인의 기본 플롯이라 할 수 있습니다. 시간과 돈이라는 고착화된 관계 때문에 시울라 교수는 노동자들을 '시간제 노예'라고 주장하는 겁니다.

현대 경영의 괴짜라 불리는 톰 피터스 또한 직장인에 대해 '무자비한 조직의 포로'이자 '노예에서 벗어날 생각이 없는 집단'이라 표현하고 있습니다. 그는 대부분의 직장인이 자본주의의 꽃인 돈의 위력에 굴복하여 스스로 조직의 포로가 되었으며, 그 생활에 만족함으로써 지속적으로 노예생활을 원하는 존재로 남고자 한다고 강조합니다.

태어날 때부터 직장인인 사람은 없겠죠. 하지만 사회 구성원 중 거의 70%에 이르는 사람들이 직장인으로의 삶을 살아가고 있다는 이야기는 그만큼 스스로 자급자족할 수 있는 기술도 능력도 없기 때문이 아닐까 하는 생각이 듭니다. 그렇기 때문에 노예라는 인식조차 하지 못한 채 돈을 벌기 위한 자발적 피고용인으로 살아가는 것이겠죠.

물론 우리 사회의 교육이 사업이나 기술 그리고 개인 고유의 능력을 키우는 데 초점을 맞추고 있다기보다는 그저 직장에 필요한 맞춤형 직장인을 양산하는 쪽으로 구조화되어 있기 때문이라는 이유도 있을 겁니다.

하지만 직장에서 제공하는 월급, 이 마약과도 같은 꿀물에 우리의 사고는 점점 경직화되고 닫혀 가는지도 모르겠습니다. 또한 우리가 각자 가슴에 품고 있는 위대한 잠재력 또한 잊어버린 채 살아가는 건지도 모르겠습니다.

우연한 계기로 만들어진 그녀와의 만남과 이야기는 제가 내릴 시간이 되어 이쯤에서 마무리되었습니다. 직장인이 '노예'라는 표현에 대해서는 알고는 있었지만, 막상 사업가의 입을 통해 직접 듣고 나니 마음이 착잡해졌습니다. 하지만 어쩌겠습니까. 노예생활을 당장 그만두기는 어려우니 말이죠. 그러나 그녀와의 우연한 만남을 통해 2가지는 얻을 수 있었습니다.

가능한 한 노예생활을 빨리 벗어나 스스로 살아갈 수 있는 기반을 만들어야만 하겠다는 결심과 더불어 제 아이들만큼은 처음부터 노예가 아닌 본인만의 삶을 살아갈 수 있도록 미래 플랜을 세우고 그에 따라 철저한 준비를 하도록 열심히 지원해야겠다는 생각 말이죠.

덧붙임

제가 우연히 만난 그녀는 결혼정보회사 두리모아의 CEO인 강규남 대표였습니다. 많이 늦었지만 이 지면을 빌어 좋은 말씀해주신 강 대표님께 감사의 인사를 드립니다.

ⓙ Stop 자기계발, Start 자기경영

　2017년 12월, 저는 오랫동안 다녔던 회사를 나와 혼자만의 길을 걷기 시작했습니다. 자의만으로 내린 결정은 아니었죠. 그래도 큰 아쉬움은 없습니다. 왜냐하면 제 생각보다 오래, 그리고 비록 임원의 자리까지 오르진 못했지만 재무부서의 부장으로서 제법 오랜 시간, 그리고 충분한 경험을 할 수 있었기 때문이었죠.

　제가 다니던 곳은 누구나 알만한 식품회사인 대기업이었습니다. 1995년 입사해 작년까지 무려 23년간을 한 회사에서 근무했는데 제가 입사하던 해에 100명에 가까운 사람들이 공채로 입사했죠. 게다가 당시는 회사가 성장하던 시기라 신입사원들을 많이 뽑기도 했고요.

　대기업의 특성을 하나 꼽으라면 경쟁이 만만치 않다는 겁니다. 제가 나올 즈음 같은 해에 입사한 100명 중 남아 있던 사람은 불과 10명밖에 되지 않았는데, 그렇게 본다면 저는 꽤 오랫동안 잘 버틴 셈이라 할 수 있죠.

　돌이켜 보면 의외라는 생각이 들기도 합니다. 왜냐하면 능력이나 일에 대한 열정 그리고 사내외 인적 네트워크 형성은 물론, 적극적 마인드까지 여러 면에서 많이 부족했거든요. 게다가 내성적 성향에 술까지 잘 마시지 못하다 보니 아무래도 소극적일 수밖에 없었고요.

그럼에도 불구하고 오랫동안 회사에서 살아남을 수 있었던 이유는, 게다가 부서장이란 직함까지 달 수 있었던 이유는 아마도 '자기계발'에 대한 노력 때문이 아닐까 생각합니다. 입사 이래 계속해서 어학과 독서와 같은 자기계발 활동은 놓지 않았었거든요. 특히 어학의 경우, 새벽시간을 활용하여 영어는 물론이고 일본어, 중국어, 러시아어까지 공부했었으니까요.

아마도 셀러던트Saladent라는 단어에 대해 들어보신 적 있을 겁니다. 급여 생활자를 뜻하는 'Salary man'과 학생인 'Student'를 합성한 조어로, 직장에 있으면서 여러 가지 이유로 공부를 병행하는 사람들을 일컫는 단어죠.

한마디로 자기계발을 위해 힘쓰는 직장인이라 하겠습니다.

통계에 의하면 우리나라 직장인 중 무려 93.3%가 자기계발 계획을 가지고 있으며, 실제적으로는 69.2%가 자기계발을 위한 비용과 시간을 쓰고 있다 합니다.

이들은 어학공부, 자격증 취득, 인터넷 학습, 대학원 및 야간 MBA 진학 등에 매진하고 있다고 하는데요. 덕분에 직장인들을 대상으로 한 교육 시장은 '제2의 사교육 시장'이라 불리며, 규모 또한 무려 연간 2조원 이상의 '산업'으로 발전하고 있다네요.

여러분은 어떠신가요? 자기계발 열심히 하고 계신가요?

사실 최근의 직장인들은 자기계발을 위한 시간 쪼개기도 쉽지 않습니다. 업무강도가 예전에 비해 현저히 높아졌기 때문이고, 이로 인해 시간도 체력도 방전 직전인 사람들이 많으니까요.

하지만 그럼에도 불구하고 많은 직장인들이 졸린 눈을 비비며 새벽에, 밤에 그리고 주말에 교육을 받거나 공부를 하러 어딘가로 지친 발걸음을 옮기고 있죠. 이들이 이렇게 자기계발을 하는 이유는 직장 내 경쟁에서 뒤처지지 않기 위함이며, 자신의 몸값을 올림으로써 더 높은 직급으로 올라서기 위한 처절한 몸부림이라 할 수 있을 것입니다.

자기계발, 중요합니다.

하지만 이보다 더 중요한 것이 있습니다. 바로 '자기경영'입니다. 자기계발과 자기경영, 어찌 보면 뉘앙스가 비슷한 이 두 단어 사이에는 중대한 차이점 한 가지가 존재합니다. 스스로를 계발시키느냐 혹은 경영하느냐의 차이죠.

계발이란 자신의 문제점이나 부족한 점에 대해 깨우치고, 이를 개선하고자 노력하는 것을 의미합니다. 이에 반해 경영이란 자기 자신이 가진 자원이나 재능을 바탕으로 계획을 세운 후, 정해진 목표를 달성해 나가는 것을 말합니다. 계발이 미시적 관점이라면, 경영은 거시적 관점이라 볼 수 있죠.

직장인의 관점으로 자기계발과 자기경영을 적용해볼까요?

직장인에게 자기계발이란 직장을 다니는 동안 필요한 기술과 전문성을 의미합니다. 경쟁, 진급, 연봉, 생존, 자격증, 단기성, 학벌 등이 자기계발과 연관성 있는 단어이며, 직장을 떠나 지금 하고 있는 일을 그만두게 될 경우 필요성이 급격히 떨어지거나 아예 효용가치가 없어지는 것들이 대부분이죠.

이는 바꾸어 생각해보면, 직장에서 암묵적으로 갖추기를 요구하는, 스펙과 같은 것들이라 할 수 있습니다.

직장인들은 이러한 활동을 스스로를 개발한다는 생각에, 더 나아가 자신을 성장시킨다는 생각에 온 힘을 기울여 매진하는 것이고요. 어찌 보면 단기적이며, 거시적 관점에서 보았을 땐 상당히 비효율적이라 볼 수도 있을 것입니다.

하지만 자기경영은 다릅니다. 자기경영이란 직장이란 범위를 초월하여 자신의 모든 인생을, 자신이 진정한 주인이 되어 계획을 세우고, 목표를 정해 여정을 떠나는 것을 의미합니다.

회사에 비유하자면, 자신이 회사 그 자체가 되고, 스스로 대표이사가 되어 고난과 어려움으로 가득 찬 거친 바다를 헤치며, 최종 목적지까지 가고자 하는 것을 말합니다. 생각해보시죠. 어떤 회사가 계획과 목표도 없이 그리고 그것을 실행, 달성하기 위한 전략도 없이 그저 단순한 계발만 거듭하며 거친 파도 속으로 뛰어들까요? 자기경영에는 반드시 자신의 인생과 미래가 담겨 있어야 합니다. 그렇지 않다면 그것은 자기계발에 불과할 뿐입니다.

변화경영사상가 구본형(1954~2013)은 자기경영에 대해 다음과 같이 강조하고 있습니다. 그는 자기경영을 스스로를 빛나게 하기 위한 셀프 리더십이라 정의하며, 더 나아가 자신의 삶이란 책에서 스스로를 가장 특별한 별이 되게 만드는 것이라 말하고 있습니다.

> 자기경영이란 평범한 개인이 자신을 비범함의 자리, 위대한 자리로 스
> 스로 이끄는 리더십이다. 타인을 위한 리더십이기 이전에 먼저 자신을
> 이끄는 리더십Self-Leadership이다. 자신을 탄생시킬 수 있는 사람만이
> 자기 자신이 되어 스스로 빛날 수 있다. 이때 그 사람은 자신의 시詩 속
> 에 등장하는 그 유일하고 특별한 별이 된다.
>
> 〈나는 이렇게 될 것이다〉 중에서

누구도 아닌 나 자신으로 살기 원하시나요? 그렇다면 당장 우선순위
를 자기계발에서 자기경영으로 바꿔야만 합니다. 같이 힘주어 외쳐보
시죠.

Stop 자기계발, Start 자기경영!

⑥ 자기경영의 시작은 내적 차별화

예전부터 회사에서 직원들에게 강조하는 단어 중의 하나가 바로 '전문성'專門性, expertise입니다. 누구도 모방하지 못할 기술적 깊이인 전문성을 보유했느냐 여부가 본인의 경쟁력, 나아가 기업의 경쟁력이 될 수 있기 때문이죠. 하지만 최근에는 여기에 한 가지 형용사가 더 붙습니다. 바로 '차별적差別的'이란 단어죠. 즉 차별적 전문성을 가져야만 비로소 제대로 된 전문성을 가졌다고 볼 수 있는 겁니다.

'차별差別'이란 무엇일까요? 먼저 '차별' 하면, 인종차별 혹은 정의롭거나 공평하지 못한 부정적 느낌이 먼저 떠올려지는데요. 사전적 의미로는 '둘 이상의 대상을 각각 등급이나 수준 따위의 차이를 두어 구별하는 것'을 말합니다. 즉 차별이란 둘 이상의 대상이 있을 때만 가능한 것으로써, 그 대상을 비교하되 주로 평가자의 주관적 기준으로 판단하는 행위를 의미하는 것이죠.

조금 더 나가보죠.

차별이란 단어에서 차별화差別化란 말이 파생됩니다. 차별화란 '차별된 상태로 만드는 것'을 의미하죠. 즉 차별이 '불공평한 구별'에 가깝다면, 차별화란 '차별을 차별답게 만들어 내는 것'을 말합니다. 자, 이제부터가 더 중요합니다.

차별화란 차이에 대한 비교를 기본으로 하기 때문에, 경쟁이 필수적으로 따라오게 됩니다. 여기서 경쟁이란 동일한 또는 유사한 목표를 가진 싸움에서 이기고자 하는 것을 의미하며, 이 경쟁에서의 패배는 비교우위에서 뒤처지는 것, 다른 말로 차별화에 실패했음을 뜻하는 거죠.

차별화의 두 가지 관점, 내적/외적 차별화

차별화는 경쟁을 바라보는 관점을 기준으로 하여 2가지로 나눌 수 있습니다. 경쟁의 상대가 외부에 있는 경우와 내부에 있는 경우로써, 외부의 경우 '외적外的 차별화'라 부를 수 있습니다. '외적'이란 표현은 '내부적인 나를 제외'한 관점이며, 실제로 여기에는 수많은 타인들이 경쟁상대로 포함됩니다. 모든 타인과의 경쟁구도가 형성되는 것이죠.

조직을 예로 들어보겠습니다.

대기업에 입사했다고 가정했을 때, 동일한 출발선상에는 같은 목표를 가진 수십, 혹은 수백 명의 입사동기들이 나란히 경주를 시작하게 됩니다. 그러나 몇 년이 지나고 나서부터는 동기뿐 아니라 선배, 후배까지도 경쟁상대가 되죠. 조금 더 시간이 흐르게 되면 사실 입사 시기는 중요하지 않게 됩니다. 죽느냐 살아남느냐의 치열한 경쟁만이 남게 되니까요.

조직의 인사체계는 의자놀이와 같습니다. 올라가면 올라갈수록 사람들이 앉을 수 있는 의자의 수는 현격하게 줄어들게 되죠. 조직이 요구하는 차별화의 미덕을 갖춘 사람, 그리고 경쟁에서 이긴 사람의 교집합만이 줄어든 의자에 앉을 수 있는 자격이 주어지게 됩니다. 이 말은 곧 본인만의 차별성을 가지고 있다 할지라도 경쟁에서 이길 수 있는, 철저히 조직의 입맛에 꼭 들어맞는 맞춤형 차별성이 요구된다는 겁니다. 즉 조직에서 중요시하는 차별성, 더 나아가 성과와 연결되는 차별성이 아니라면 별 의미가 없다는 결론에 도달하게 됩니다.

그렇게 치열한 경쟁에서 이길지라도, 승리의 달콤함은 오래가지 못합니다. 왜냐하면 차별화란 트렌드에 따라 계속해서 변화하기 때문이죠.

조직이란 살아 움직이는 유기체로서, 시대의 흐름과 요구에 따라 계속적으로 변화하기 때문에 개인의 차별성 또한 이에 발맞추어 혹은 미리 선제적으로 변화하지 않으면 별 소용이 없어지게 됩니다. 즉 네버엔딩 스토리처럼 계속해서 그리고 트렌드에 맞추어 변화해야 하는 것이며, 이는 곧 끝없는 경쟁을 의미합니다.

다시 말해, 외적 차별화란 결코 멈출 수 없는 폭주 기관차가 되어야 한다는 것이며, 모든 촉각을 곤두세운 채 차별화의 트렌드를 쉬지 않고 쫓아가야 함을 의미합니다.

이상과 같은 조직에서의 차별화가 바로 외적 차별화의 대표적인 예라 할 수 있습니다. 다시 정리하자면, 차별화란 차이를 의미하며 이것은 비교의 관점에서부터 출발합니다. 하지만 사실 엄밀한 관점의 대등한 비교란 존재하지 않습니다. 비교에는 주관적 요소가 가미되기 때문이며, 전체보다는 부분, 본질보다는 표면을 바라보기 쉽기 때문이죠. 그러므로 차별화를 위해서는 타인 또는 타인이 지닌 무엇과 비교하는 것보다는 오롯이 자기 자신을 기준으로 하는 것이 보다 더 정확한 차별화의 포인트가 될 수 있습니다. 이러한 관점에서 외적 차별화와 반대 개념인 내적 차별화가 대두됩니다.

나와의 경쟁이 곧 내적 차별화

—

내적 차별화는 경쟁상대가 내부에 있습니다. 즉 나와의 경쟁이 바로 내적 차별화라 할 수 있죠. 사실 내적 차별화는 외적 차별화와 비교할 수 없을 정도로 훨씬 더 어려운 과정이기도 합니다. 외적 차별화는 자신의 내면을 일정 부분 속여가면서도 만들어 갈 수 있지만('페르소나(가면)'를 활용함으로써 가능하죠.), 내적 차별화는 그럴 수 없습니다. 결코 자기 자신을 속일 수 없기 때문이죠.

이탈리아의 천재 예술가인 미켈란젤로는 교황 율리우스 2세의 요청에 따라 1508년부터 시스티나 성당에 〈천지창조〉로 대변되는 천장화 작업을 시작했습니다.

그는 천장화를 그리는 동안 자는 시간을 제외한 나머지 대부분의 시간을 투자하였고, 4년 만인 1512년에 이 불후의 명작을 완성할 수 있었죠. 그 고생의 결과로 한쪽 눈과 목, 그리고 몸에 이상이 올 정도였다고 하네요. 그는 이 대작에 혼을 불살랐습니다. 그렇기 때문에 한시도

시간을 낭비하거나 게으름조차 피울 수 없었고, 작품 구석구석까지 최선을 다했죠. 그런 그를 보던 친구가 물었다고 합니다.

"누가 안다고 그런 구석까지 세세하게 그리나?"

미켈란젤로의 대답은 지극히 간단명료했습니다.

"내가 알지."

미켈란젤로 이야기처럼 내적 차별화는 나를 속이지 않는 것에서부터 시작됩니다. 바로 나 자신과 진검승부를 겨뤄야만 합니다. 외부와의 경쟁은 내가 이기고 상대가 패배하는 2차원적 승리를 의미하지만, 자신과의 경쟁은 극기克己를 지향합니다. 승리하는 것이 아니라 나 자신을 넘어서는 것이죠.

극기란, 나를 내 자신이 원하는 긍정적인 방향으로 변화시키는 것이며, 더 나아가 진화시키는 것입니다. 내적 차별화에는 결코 '외부인'이 개입되어서는 안 됩니다. 오롯이 나 자신이 기준이 되어야 하며, 그 대상은 바로 '과거의 나'와 '지금의 나'가 되어야 합니다.

구본형변화경영연구소의 캐치 프레이즈는 "우리는 어제보다 아름다워지려는 사람들을 돕습니다."입니다.

여기에서 제일 중요한 단어는 "어제보다"로써, 위 문장을 바꾸면 어제보다 아름다워지려는(나아지려는) 노력을 하지 않는 사람들은 도울 수 없다는 의미가 되죠. 즉 어제의 자신과 경쟁하는 곧 내적 차별화를 위해 노력하지 않는 사람은 도움을 줄 수 없다는 뜻이며, 이는 곧 내적 차별화가 매우 중요하다는 의미입니다.

'어제의 나'가 변함없이 '오늘의 나'가 되고, '오늘의 나'가 곧 '미래의 나'로서 존재하길 바라는 사람에게 도움은 간섭일 수밖에 없습니다. 그냥 그렇게 살면 됩니다.

'어제의 나'에게 만족하지 않고, 바로 오늘 더 나아지려 고민하고 땀 흘려 노력하는 사람에게만 '미래의 나'는 변화된 모습으로 다가올 수 있습니다. 즉 기꺼이 과거의 자신과 경쟁하고자 오늘이란 시간을 투자하는 사람에게만 미래는 변화를 허락하는 것이죠.

미래未來는 아직 오지 않았다는 시간적 의미에서의 未來이기도 하지만, 미래美來이기도 합니다. 아름다움美이 자신을 찾아올 것이란 희망과 확신이 미래의 다른 표현이기도 하죠.

아름다움이란 무엇일까요? 성공회대학교 석좌교수인 신영복 교수의 〈강의〉란 책에 나오는 '미美'에 대한 이야기를 읽어보죠.

> 미美는 글자 그대로 양羊자와 대大자의 회의會意문자입니다. 양이 큰 것이 아름다움이라는 것입니다. 한마디로 양은 물질적 토대 그 자체입니다. 그러한 양이 무럭무럭 크는 것을 바라볼 때의 심정이 바로 아름다움입니다. 그 흐뭇한 마음, 안도의 마음이 바로 미의 본질이라 할 수 있습니다. '아름다움'이란 우리말의 뜻은 '알 만하다'는 숙지성熟知性을 의미한다는 사실입니다. '모름다움'의 반대가 '아름다움'입니다. 오래되고, 잘 아는 것이 아름답다는 뜻입니다.

우리가 이야기하는 아름다움이란 무지無知를 깨닫는 것이자, 내적 차별화라는 사실을 인지하는 것입니다.

　내적 차별화는 아름다움을 추구합니다. 사람은 아름다워져 달라 보이는 것이 아니라, 변화하기 때문에 아름답게 보이는 것입니다.

　외모적 아름다움은 그저 얼굴에서만 느껴지지만, 내적 아름다움은 온몸의 향기로 퍼져 나갑니다. 내적 차별화를 위해서는 먼저 자신의 독자성, 정체성, 가치관을 기준으로 잡아야 하며 그 깊이와 넓이를 끊임없이 확충해야만 합니다. 왕도는 없습니다. 과거의 나를 거울삼아 반성하고, 더 아름다워지려는 욕망을 목마른 자처럼 갈구하며, 절실함과 절박함으로 공부하고 매진할 때만이 내적 차별화는 꽃으로 피워나게 됩니다. 그것이 바로 '나 자신'을 찾는 길이며, '나 자신'으로 살아가는 최우선적 방법이 될 것입니다.

　자기경영의 시작은 내적 차별화로부터 한 걸음씩 나아가는 것입니다.

⑥ 자기경영, 목표가 아니라 시스템이다

　40대 초반에 들어선 후배 하나가 어느 날 굳은 결심을 합니다. 건강을 위해 규칙적으로 운동을 하겠다고요. 갈수록 범위를 확장해 가고 있는 뱃살들, 그에 비례해 중력의 힘을 더욱 강하게 느끼게 하는 몸무게, 건강검진 기록지에 어김없이 등장하는 '비만'이란 단어. 안아달란 아이의 요구를 외면해야만 하는 유리 허리 등. 내 몸이지만, 내 몸 아니었으면 하는 육체는 그야말로 총체적 부실 그 자체가 되고 말았습니다.

　피나는 운동을 통해 몸짱까진 아니더라도 날렵한 몸매를 만들겠노라, 그래서 집 앞 헬스장 3개월권을 끊었노라 후배는 선언을 했습니다.

　3개월이 흐른 지금, 그는 여전히 일관된 삶을 살고 있습니다. 아, 한 가지는 추가되었군요. 이번에도 실패를 했다는 아쉬움 하나.

　그에게 물었습니다, 왜 잘 안 되는지를. 자신도 잘 모르겠다고 하네요.

　처음 몇 번은 살 빠진 모습을 상상하며 즐거운 마음과 굳은 의지로 다녔지만, 어느 순간 급한 일이 생겨 어쩔 수 없이 한두 번 빠지게 되었다 합니다. 그런 일이 불가피하게 두어 번 더 생기고 나서는 조금씩 운동하러 가는 것이 싫어졌고, 그 마음이 조금씩 자라나는가 싶더니 결국 원래의 자리로 돌아오게 되었다고요.

사실 이런 경험은 웬만한 사람들이 다 가지고 있을 텐데요, 과연 무엇이 문제일까요? 그리고 어떻게 해야만 이 문제를 해결할 수 있을까요?

성공을 위해서는 흔히 2가지가 강조됩니다.

첫째, 구체적인 목표를 세우고, 둘째, 목표 달성을 위해 최선의 노력을 경주해라, 그러면 성공하게 될 것이다라고요.

하지만 성공하는 사람은 손에 꼽을 정도에 그칩니다. 그렇다면 이는 좋은 방법일 수는 있겠지만, 많은 사람들을 위한 적절한 방법은 아니라 해야 할 겁니다.

방법을 바꿔 이렇게 조언하는 사람도 있습니다. 먼저 큰 목표를 세우고, 그 하단으로 조금만 노력하면 달성할 수 있을 정도의 작은 목표들을 세워라. 그 작은 목표의 달성을 작은 성공이라 정의하고, 그런 작은 성공이 계속 쌓이게 되면 결국 목표로 했던 큰 성공을 이루게 될 것이라고요. 도식으로 표현하면 아래와 같습니다.

목표(大) = 목표(小) +… = 성공(小) + 성공(小) +… = 성공(大)

예를 들자면 이런 겁니다. 6개월 동안 10Kg 감량을 큰 목표로 했다면, 작은 목표는 1개월에 1.5Kg씩 감량하는 게 되겠죠. 조금 더 세부적으로 본다면, 첫 번째 달에는 트레드밀(러닝머신)에서 빠른 걷기로 10분, 스트레칭 10분, 근력운동 10분 정도로 잡고, 두 번째 달에는 20분,

20분, 20분으로 점차 늘려가는 것이고요. 그리고 식단도 조절하여 한 끼 식사는 닭가슴살로 대체하고요. 이렇게 꾸준히만 할 수 있다면, 즉 1개월 단위의 작은 성공을 달성할 수 있다면, 결국 큰 목표 또한 이루게 될 것이라고요.

하지만 현실에서는 작은 성공조차 이뤄내지 못합니다. 왜일까요? 의지박약이기 때문일까요? 거의 불치병이라 할 수 있는 '선천성 중증 게으름 바이러스' 보유자이기 때문일까요?

의지와 게으름 여부를 떠나 우리는 운동뿐 아니라 많은 부분에서 성공보다 훨씬 더 많은 실패를 경험합니다. 그만큼 목표 달성이 어렵기 때문입니다.

자, 제가 자신 있게 말씀드리겠습니다.

목표 달성 못 해도 괜찮습니다. 사실 목표, 성공, 필달, 자기계발 등과 같은 단어들은 그저 평범한 단어들이라 할 수 없습니다. 만약 진짜로 평범하다면, 여기에 관련된 많은 이야기들이 쏟아져 나오지 않을 테니까요. 평범하지 않으니까 자꾸 거론되고, 성취하기 어려우니까 그에 대해 위로하려 하며 자기계발이란 테마로 회자되고 있는 겁니다.

조금 위안이 되시나요? 그럼에도 뭔가 찜찜한 구석은 남아 있죠. 어쨌든 후배의 경우 건강을 위해 어느 정도의 살은 빼야 할 테니까요. 그렇다면 어떻게 해야 할까요? 만화 〈딜버트〉로 유명한 미국의 만화가이자 작가 스콧 애덤스가 자신의 저서 〈열정은 쓰레기다〉를 통해 새로운 방법을 제안하고 있는데요. 그의 주장을 같이 한번 들어보시죠.

자기경영은 '목표'가 아닌 '시스템'이다

—

그는 대부분의 사람들이 실패하는 이유가 '목표'에 있다고 말합니다. 제대로 된 본질은 보지 못한 채, 구체적이며 수치화된 '목표'의 달성 여부에만 그 초점을 맞추고 있기 때문에 실패할 수밖에 없다고 단언합니다. 대신 그는 '시스템'을 갖춰야만 한다고 힘주어 강조하죠. 목표 대신 시스템? 일단 그의 말을 주의 깊게 들어보시죠.

> '목표'는 미래의 어느 시점에 달성할 수도, 달성하지 못할 수도 있는 구체적인 주제이다. '시스템'은 장기적으로 행복해질 수 있는 가능성을 높이기 위해 정기적으로 하는 행위다. 미래의 어느 날 달성되기를 바라며 기다리는 것은 '목표'다. 매일 어떤 일을 한다면 이는 '시스템'이다.

이해되시나요? 조금 더 들어보죠.

> 시스템 모델과 목표 모델은 어느 분야든 적용될 수 있다. 다이어트에서 '10Kg 감량하기'는 목표지만 '올바르게 먹기'는 시스템이다. 운동에서 '4시간 안에 마라톤 완주하기'는 목표지만 '매일 운동하기'는 시스템이다. 사업에서 '100만 달러 벌기'는 목표지만 '계속해서 창업하기'는 시스템이다.

구분이 되시죠? 그는 '목표'란 달성하면 끝나는 것이지만, 달성하기 전까지는 즉, 성공하기 전까지는 성공 이전의 애매모호한 상태에 있는 것이며, 만약 최선의 노력을 기울였음에도 불구하고 제대로 일이 풀리지 않을 경우에는 쓰라린 실패를 경험할 수밖에 없다고 말합니다.

다르게 표현하자면, 목표를 추구하는 사람들은 시도할 때마다 좌절감과 맞서 싸워야 한다는 이야기죠. 성공하면 다행이라 할 수 있겠지만, 실패할 경우 돌아오는 좌절감과 패배의식은 스스로에게 부정적 영향을 미치게 된다는 겁니다.

하지만 '시스템'은 다릅니다. '시스템'이란 차근차근해나가면 더 좋은 위치에 도달할 수 있다는 합리적인 판단하에 정기적으로 하는 일을 의미합니다. 정기적으로 하는 일이기 때문에 정해진 기일이 없고, 당연히 시간에 쫓길 일도 없는 거죠. 이런 '시스템'을 활용하는 사람들은 '시스템'에 따라 행동할 때마다 기분이 좋아지며, 그로 인해 에너지까지 얻을 수 있습니다.

다시 후배의 이야기로 돌아오죠. 스콧 애덤스는 후배 같은 사람들을 위해 이렇게 조언합니다.

나는 운동해야 한다고 생각하면서도 활동적으로 몸을 움직이기 힘들고 피곤해서 축 늘어져 있는 경우, 할 수 없다고 생각되는 일들보다는 '할 수 있는 일들'을 한다. (중략) 운동복을 입고 운동화를 신기만 하면 재미있는 일이 벌어진다. 운동복을 입어서 생기는 물리적인 느낌이 뇌에서 '헬스클럽으로 가'라는 명령을 하는 것이다. 그러면 에너지가 솟구치기 시작한다. 파블로프의 개를 생각하면 된다. 운동복이 운동에 대한 긍정적인 생각을 불러내고, 그러면서 에너지가 높아지는 것이다.

'목표'를 10Kg 감량으로 정했다면, 목표를 완수하기 전까지 끊임없는 심적 고통을 가질 수밖에 없을 겁니다. 하지만 '시스템'을 갖추게 되면, 즉 운동복 입기, 헬스장 가기, 바깥바람 쐬기, 즐거운 마음으로 운동하기, 헬스장에서 신곡 따라 하기, 헬스장 친구 사귀기, 아침 샤워의 상쾌함 느끼기, 흐르는 땀 감상하기 등을 '시스템' 항목으로 두고 매일 꾸준히 하게 되면, 의도적인 10Kg 감량을 목표로 하지 않더라도, 즐겁고 재밌게 그리고 에너지틱하게 운동을 할 수 있게 될 겁니다.

한마디로 '시스템'으로 놀다 보니, 저절로 '목표'가 달성되는 효과가 얻어질 수 있다는 겁니다. 소위 웩 더 독Wag the Dog, 꼬리가 몸통을 흔드는 현상이 일어나게 되는 것이죠. 또한 '시스템'으로 얻어진 효과는 '요요현상'까지 물리칠 수 있는 강력한 힘도 비축해 줄 수 있는데요. '요요현상'이 단기간에 억지로 시도한 것에 대한 역효과란 점을 생각해 본다면, '시스템'은 '요요현상'을 자연스럽게 극복해 낼 수 있는 비책 중의 하나가 될 것입니다.

자, 지금까지 실패만 경험하셨던 평범한 분들에게 제안드립니다. 이제부터 '목표'를 '시스템'으로 대체해 보세요. 그리고 꼭 기억하세요. '목표'가 아닌 '시스템'입니다.

자기경영 또한 마찬가지입니다. 목표를 목표로 하는 자기경영은 실패할 가능성이 큽니다. 그렇기 때문에 자기경영은 반드시 시스템이 기반이 되어야 합니다. 제대로 된 시스템을 갖춘 자기경영은 어떤 환경적 변화나 장애물에도 쉽게 쓰러지지 않으며, 오래갈 수 있습니다. 즐겁고 재미있게 그리고 보람과 의미를 느끼면서 할 수 있기 때문입니다.

ⓖ 성공이란(1) _존 우든의 성공론

성공成功이란 무엇일까요?

자신이 오랫동안 바라던 바를 이루는 것? 소위 갑부가 되어 사고 싶은 것, 갖고 싶은 것, 가고 싶은 곳 등 돈에 구애받지 않고 마음대로 쓰며 살 수 있는 것? 사회에서 누구나 우러러보는 그런 자리에 오르는 것? 또는 자신의 이름 석자만 대면 웬만한 사람들이 다 알 수 있을 정도로 유명해지는 것? 그도 아니라면 별문제 없이 평범하고 소박하게 살다 가는 것?

아마도 성공에 대해 말해달라고 요청했을 때 개인들마다 조금씩 그 정의가 다를 것입니다. 이는 사람들마다의 사고나 가치관이 다르기 때문이겠죠.

사실 성공에 대해 정의하기는 쉽지 않은데요. 하지만 요즘 초등학생들은 어떤 사람이 성공했는지의 여부를 쉽게 알 수 있는 방법이 있다고 합니다. 특히나 자신의 부모가 성공한 사람인지 아닌지 알아볼 때 이 방법을 쓴다고 하는데요. 바로 인터넷 포털 사이트에서 자신의 부모 이름을 검색하는 겁니다. 이때 검색이 가능하면 성공한 것이고, 그렇지 않다면 성공하지 못한 것으로 판단한다고 하네요. 특히나 인물 프로필이나 뉴스 분야에서까지 검색이 가능하다면 그 부모는 틀림없이 성공한 사람이라 생각할 수 있다는 거죠. 어떤가요, 성공 여부 판단하기 참 쉽죠? 조금은 씁쓸하지만, 인터넷 세대다운 발상이란 생각이 듭니다.

자, 성공에 대해서는 여러 가지 의미로 해석할 수 있겠지만 먼저 한자漢字로 접근해 볼까요? 한자로 성공이란, '이룰 성成'과 '공 공功'으로 이루어져 있으므로 '공을 이루다.'란 의미로 해석할 수 있겠네요. 그렇다면 '공을 이루다.'에서 '공功'이란 무엇일까요? 그 의미를 찾아보면 공功이란 공로功勞, 공적功績, 일, 사업事業, 보람, 업적業績, 성적成績 등을 뜻하는데, 이는 대체적으로 어떠한 목적을 가지고 행동했던 것에 대한 결과를 말한다고 볼 수 있습니다.

여기서 특히 공이란 글자의 구성을 눈여겨볼 필요가 있는데요. 공功은 '장인 공工'과 '힘 력力'으로 이루어져 있다는 겁니다. 즉 장인이 되기 위해 또는 장인에 버금가는 수준에 오르기까지 온 힘을 다한다는 것으로, 이는 노력 또는 흘린 땀에 비례한 만큼의 결실을 얻을 수 있다는 의미입니다. 바로 이렇게 얻어지는 것이 공功이며 공적, 업적이라는 것이죠.

이번에는 국어사전을 살펴볼까요? 여기에는 꽤나 단순하게 나와 있는데요. 성공이란 '목적한 바를 이루는 것'이라 정의하고 있네요. 영어사전도 별 다르진 않습니다. 영영사전의 정의를 보면 'Success is the achievement of something that you have been trying to do.'(성공이란 노력해왔던 것에 대한 성취이다.) 또는 'Success is the achievement of a high position in a particular field, for example in business or politics.'(성공이란 사업이나 정치와 같은 특정 분야에서 높은 지위에 오르는 것이다.)라고 기록되어 있네요. 즉 성공이란 노력한 것에 대한 결과, 성취, 입신, 출세 등을 말하는 것이라 볼 수 있겠습니다.

성공의 정의에서 살펴본 것처럼 성공은 과정이라기보다는 결과에 해당되는 것처럼 보입니다. 눈에 띄는, 스스로 정했던 수준을 뛰어넘는, 혹은 사회적 기준이 만들어 놓은 커트라인을 넘어서야만 비로소 성공은 성공으로 인정받고 빛을 발하게 됩니다. 그리고 우리는 그 기준에 못 미친 상태를 실패라 정의하죠.

결과만 놓고 보았을 때 실패는 나쁜 것이고, 성공은 좋은 것입니다. 실패는 하면 안 되는 것이고, 성공은 반드시 이뤄 내야만 하는 것이죠. 또한 실패는 스스로에 대한 나약함과 무능함을 드러내는 것이고, 성공은 탁월함과 재능을 발휘하는 것입니다. 이것이 지금 우리 사회가 가지고 있는 '성공론成功論'이라 할 수 있습니다.

인간은 자신의 인생에서 성공이 함께 하기를 바라며, 최종적으로는 나와 타인 모두가 인정하는 성공적인 삶을 살아가기를 원합니다. 이는 성공이 욕망慾望에 관한 것이며, 욕망은 본능에 충실한 감정이기 때문입니다.

욕망이란 부족함을 느껴 무언가를 소유하려 하거나 그것을 누리고

자 하는 마음을 의미합니다. 이러한 욕망에는 여러 가지 종류가 있습니다. 예를 들어 부자가 되고자 하는 욕망은 돈을 통해 자신의 마음껏 물건을 소유하고자 하는 바람에서 비롯되는 것이라 할 수 있는데, 우리는 이를 물욕物慾, 소유욕所有慾이라 부르죠.

정치가들의 경우에는 높은 자리에 올라 일반인들을 통치하고자 하는 욕망을 가지고 있는데, 이를 권력욕權力慾이라 할 수 있습니다.

대부분의 사람들이 원하고 성취하기를 바라는 이 성공을 들여다보면, 성공은 목표와 행동이라는 2단계로 이루어져 있음을 알 수 있습니다.

첫 번째 단계인 목표에 대해 알아보면, 성공을 위해서는 먼저 성취하기 위한 기준 혹은 도달점이 있어야 하는데, 우리는 그것을 목표라 부르죠.

목표는 관점에 따라 주관적 목표와 객관적 목표 2가지로 나눌 수 있습니다.

주관적 목표는 온전히 자신이 정한 기준입니다. 타인의 요구나 주장에 흔들리지 않고 온전히 자신 내면의 소리에 귀 기울여 설정한 것입니다. 비록 주변의 여러 이야기를 참고할 수도 있겠지만, 최종 결정은 자신의 소신과 원칙에 따라 한 것이 바로 주관적 목표입니다.

미국 UCLA 대학에서 1948년부터 1975년까지 28년이나 감독으로 재임했던 존 우든John R. Wooden, 1910~2010 감독. 그는 전국 미국 대학 농구선수권 대회NCAA에서 UCLA 대학을 10회나 우승시킨 명장입니다.

28년 동안 10회 우승이라 하면 그저 상당히 잘한 수준이라 생각할 수도 있겠지만, 미국 대학의 농구팀 수만 약 6천 개에 달합니다. 게다가 그 경쟁은 미국 프로농구 이상으로 치열하다는 것을 감안하면 이 10회 우승은 그야말로 대단한 기록이 아닐 수 없습니다. 이뿐만이 아닙니다. 그에게는 10회 우승보다 더한 불멸의 기록이 따라다니는데, 12년 동안 세운 88연승이 그것입니다. 정말 엄청난 기록이지요? 물론 뛰어난 선수들이 한꺼번에 팀에 들어왔을 때 팀이 연승을 기록할 수도 있습니다. 하지만 그들은 4년 후에는 졸업을 해야 하고, 또 다른 선수들로 채워질 수밖에 없죠.

12년이란 기간은 단순히 UCLA가 몇몇 뛰어난 선수들로만 운영되던 팀이 아니란 사실을 보여줌과 동시에 존 우든 감독의 뛰어난 리더십을 증명하는 사례라 할 수 있습니다.

후에 명예의 전당에 헌액된 존 우든 감독은 성공의 비결을 묻는 언론과의 인터뷰에서 외형적으로 보이는 결과가 중요한 것이 아니라 스스로에게 만족할 수 있는지가 더 중요하다고 말합니다.

그는 어렸을 때부터 스스로를 타인과 비교하거나 혹은 타인과 경쟁하여 이기는 것이 곧 승리나 성공이 아니라는 것을 아버지로부터 배웠다고 합니다. 그는 성공을 위해서는 자신이 통제할 수 있는 것에만 집중해야만 하며, 그래야만 자신이 잘할 수 있는 것에 더욱 몰입할 수 있다고 강조합니다.

그가 위대한 업적을 세울 수 있었던 것은 자신을 더욱 발전시키기 위한 노력의 결과로써 따라온 것이지, 처음부터 타인과의 경쟁에서 승리하거나 어떠한 외형적 목표를 달성하기 위해 뛰었기 때문은 아니라고 말합니다. 그는 이 세상에서 경쟁은 단 한 명, 오로지 자신과 하는 것이며, 이 승부에서 이겼을 때 한 단계 더 성장할 수 있다 조언하고 있습니다.

존 우든 감독의 성공은 철저히 자신에게 맞춰져 있습니다. 그는 자신과의 승부에서 이기는 것을 목표로 세웠으며, 이는 자신의 통제권 내에 있는 것에만 집중하고 몰입할 것임을 선언한 것이라 할 수 있습니다.

이처럼 타인과의 비교를 통해서나 이미 정해져 있는 사회적 기준상의 목표가 아닌, 스스로를 돌아봄으로써 세우는 목표를 주관적 목표라 할 수 있을 것입니다.

반면에 객관적 목표는 목표의 관점이 자신이 아닌 타인 혹은 외부에 있는 것이며, 결정의 주체 또한 내가 아닌 타인 혹은 사회적으로 이미 만들어져 있는 것이라 볼 수 있습니다. 예를 들면, 서울 (소재) 대학교에 입학하는 것, 남들이 알아주는 대기업에 취직하는 것, 회사의 임원으로 승진하는 것 등이 있겠죠.

이는 주관적 목표와 겹칠 수도 있겠지만, 거의 모든 사람들이 예외 없이 설정하는 일반적이며 사회적인 목표이기 때문에 객관적 목표라 할 수 있겠습니다.

1단계인 목표가 정해지면 그것을 이루기 위한 두 번째 단계인 행동이 필요하게 됩니다. 이때 행동에는 반드시 필요한 한 가지 요소가 추가되어야만 합니다.

바로 지속적, 부단함, 포기하지 않음과 같은 노력, 즉 땀이 들어가야만 합니다. 앞에서 공功이란 장인이 되기 위해 또는 장인에 버금가는 수준에 오르기까지 온 힘을 다해 노력한다는 것을 의미한다고 했습니다. 목표를 이루기 위한 행동에는 장인이 되기 위해서처럼 온 힘을 다한 노력, 멈추지 않는 땀이 흐를 정도의 정성이 들어가야만 한다는 것입니다.

성공을 위해 가는 여정 중에 이 행동이 가장 어려울 것입니다. 작심삼일作心三日이란 사자성어가 사라지지 않고 항상 우리 옆에 나란히 서서 계속 회자되는 이유는 이 행동이란 것이 얼마나 하기 어려운 것인지를 잘 대변해 주고 있다 하겠습니다.

행동을 실천하기 어려운 이유는 행동이란 단어 그 자체에서도 알 수 있습니다.

행동行動은 '다닐 행行'과 '움직일 동動'이란 글자로 이루어져 있으며, '(몸을) 움직여 행하거나 어떤 일을 하다.'란 뜻을 가지고 있습니다.

여기서 '움직이다.'란 의미의 동動이란 글자를 뜯어보면 '무거울 중重'과 '힘 력力'으로 이루어져 있음을 알 수 있습니다. 이는 '무거운 것을 힘을 써서 움직인다.'란 뜻이죠. 즉 행동이란 단어 자체에 무겁다는 의미가 기본 전제화되어 있다는 겁니다.

무겁다는 것을 다른 표현으로 바꾸면 쉽지 않고 어렵다는 의미와도 일맥상통하죠. 그러니 생각을 행동으로 옮긴다는 것은 무겁거나 어려운 것을 대상으로 하는 것이고, 그것을 매우 힘들게 움직여야만 하는 것이니 처음부터 쉽지 않을 수밖에 없다는 겁니다. 그러니 머리로는 수십, 수백 번 생각할지라도 한 번의 행동과 실천이 더 어려울 수밖에 없다는 것입니다.

⊙ 성공이란(2) _ 아인슈타인의 성공법칙

그렇다면 성공을 위한 공식이란 것이 존재할까요? 수학공식처럼 성공도 공식이 있다면 보다 성공할 확률이 커질 테니까 말이죠. 재밌게도 천재 물리학자이자 상대성 이론으로 유명한 앨버트 아인슈타인Albert Einstein, 1879~1955 박사가 제시한 성공 공식이 있습니다. 그는 물리학에 대한 공식뿐 아니라 인생에 있어서의 성공 공식 또한 우리에게 제시하고 있는데요. 그의 성공 공식은 이렇습니다.

"If 'a' is a success in life, then 'a' equals 'x' plus 'y' plus 'z'.
Work is 'x'; 'y' is play; and 'z' is keeping your mouth shut."
"만약 a가 인생에 있어 성공이라고 한다면, a(성공) = x(일) + y(놀이) + z(침묵)이다."

아인슈타인은 자신이 하는 일에 대한 자부심과 열정을 통해 1921년 노벨 물리학상을 수상했죠. 일(x)만 놓고 본다면 그는 이 세상 누구보다도 완전하며 대단한 성공을 거두었다고 보아도 무방할 겁니다.

아무리 세상 물정 모르는 사람이라 할지라도, 물리학자로서 그의 이름 다섯 글자(아. 인. 슈. 타. 인)를 모를 리는 없을 테니까요. 하지만 그는 인생의 성공을 논함에 있어 일 외에도 다른 2가지를 더 추가했습니다. 바로 y(놀이)와 z(침묵)이 그것이죠. 꽤나 의외죠? 놀이와 침묵이라니 말입니다. 자, 그러면 이 2가지 중 조금 더 의외라 말할 수 있는 침묵부터 살펴볼까요?

아인슈타인은 z를 'keeping your mouth shut'이라 표현했습니다. 입을 닫고 지낼 것, 즉 침묵하라고 말했는데요. 이것은 무슨 의미일까요? 수다 떨지 말고 매사에 진지하고 진중하게 행동하라는 뜻이었을까요? 아닙니다.

여기에는 보다 더 중요한 의미가 내포되어 있다 할 수 있는데, 여기에서 침묵은 '말을 하지 마라.'는 의미보다는 '생각하라.'는 의미로 해석하는 것이 맞습니다. 즉 어떠한 행동과 선택을 할 때 아무런 생각 없이 그저 본능적으로 행하는 것이 아니라, (입을 닫은 채) 심사숙고하여 판단하라는 겁니다. 또한 작은 일이라 할지라도 계획을 세워 착실하게 준비하여 행하라는 것이죠.

사실 우리 주위를 둘러보면 귀찮거나 힘들다는 이유로 무계획적으로 혹은 별 생각도 없이 일을 행하거나, 때로는 실제 행동은 하지 않은 채 그저 말만 앞세우는 경우가 많습니다. 그렇기 때문에 프랑스의 소설가 폴 부르제Paul bourget, 1852~1935는 "생각대로 살지 않으면 사는 대로 생각하게 된다."는 촌철살인의 문장을 남긴 거고요. 아인슈타인 또한 이것을 경계하였고, 침묵이라 표현하였으며, 성공을 위해 반드시 고려해야만 할 한 가지 요소로 넣은 겁니다.

두 번째로 y(놀이)는 말 그대로 노는 것을 말합니다. 인간이 가장 집중력을 발휘하는 시간은 바로 놀 때라고 합니다. 한번 생각해 보시죠. 어렸을 때, 지금 돌이켜보면 그야말로 별것 아닌 놀이였음에도 친구들과 어울려 땀까지 흘려가며 그야말로 정신없이 놀던 시간들. 기억나시죠? 노느라 시간 가는 줄도 모르고, 해가 져 어둠이 깔려졌음에도 불구하고 결국엔 기다리던 엄마가 찾아와 손을 잡아끌고 갈 때까지 뛰어놀던 그 기억 말이죠. 그때 우리의 표정은 어떠했을까요? 비록 얼굴과 온몸이 먼지와 흙으로 뒤덮여 더러워져 있을지라도 마냥 행복하지 않았을까요?

하지만 어른이 된 지금, 우리는 놀이에 대해 어떻게 생각하고 있나요? 놀이는 그저 어린아이들의 유희에 불과한 것이라 생각하진 않나요? 〈호모 루덴스Homo Ludens, 놀이하는 인간〉의 저자인 요한 호이징하Johan Huizinga, 1872~1945는 어른들이 놀이를 즐기지 못하는 이유에 대해 다음과 같이 말합니다.

어른이나 책임이 있는 인간들에게 놀이는 도외시하여도 무관한 기능이다. 놀이는 여분의 것이기 때문이다. 놀이에 대한 욕구는, 즐거움이 놀이하기를 원하는 한에서만 절실해진다. 놀이는 언제고 연기될 수도 있고 중지될 수도 있다. 왜냐하면 놀이는 물리적 필요가 도덕적 의무로 부과되는 것이 결코 아니기 때문이다.

호이징하가 말하는 것처럼 어른에게 있어 놀이는 부차적인 것입니다. 또한 유치한 것이기도 하고요. 사실 우리는 어른이 된 이후로 제대로 놀지 못합니다. 왜 그럴까요? 그것은 놀이가 일과 끊을 수 없는 깊은 관계성을 가지고 있기 때문입니다.

19세기 산업화 자본주의 시대 이후부터 인간에게 있어 일은 무엇보다 중요한 부분이 되었습니다. 일은 곧 돈을 의미하며, 돈을 벌지 못하면 당장 정상적인 생활 자체가 불가능해지기 때문이죠. 그렇기 때문에 사람들은 일을 가장 우선순위에 올려놓았고, 일이 끝나야만 비로소 자신을 위한 시간을 쓸 수 있게 되었죠.

우리는 일 이외의 시간을 여가餘暇라고 부릅니다. 여가란 말을 뜯어보면 '남을 여餘'와 '틈 가假'가 합쳐진 단어로 '틈이 남음', 즉 남는 시간을 의미합니다. 영어로는 Leisure(레저), Spare time 혹은 Free time이라 표기하죠.

일과 여가, 이렇게 삶의 시간을 2분법적으로 나누게 되면 삶의 질은 일보다는 여가를 어떻게 잘 활용하는가에 달려져 있는 것처럼 보이게 됩니다. 호이징하가 놀이는 여분의 것이라 말한 이유가 여기에 있죠.

아인슈타인이 놀이를 일과 대등한 성공 공식의 한 가지 요소로 넣은 이유는 놀이를 여가Spare time로만 생각하지 말라는 겁니다. 즉 놀이도 일처럼 중요하게 생각하고, 일을 열심히 하듯 인생 또한 열심히 놀며 즐기라는 뜻이라 할 수 있습니다. 놀이는 일과 선순환을 이룹니다. 시너지를 내는 관계죠. 잘 놀 줄 아는 사람들이 대개 일도 잘하는 것은 바로 이런 이유가 있기 때문이라 할 수 있습니다.

종합하자면 아인슈타인의 성공 공식은 일할 때는 최선을 다해 노력하고(x), 놀 때는 몰입하여 즐길 것이며(y), 이 두 가지를 실행함에 있어서는 항상 심사숙고하여 판단하고 준비하라(z)는 겁니다.

아인슈타인은 이렇게 3가지 요소를 제대로 실천할 수 있을 때, 인생의 성공이 공식처럼 따라올 것이라 강조하고 있으며, 이 공식은 그가 살았던 19, 20세기를 넘어, 현재 우리가 살고 있는 21세기에도 여전히 유효하다 할 수 있겠습니다.

ⓔ 성공을 자신만의 명칭으로 재정의하라

　지금까지 성공의 정의와 성공 공식에 대해 알아보았습니다. 결론적으로 성공이란 누구나 원하는 것이지만, 역설적으로 누구도 이루기 쉽지 않은 것이라 할 수 있습니다. 하지만 과연 그럴까요?

　우리는 어렸을 때부터 성공한 사람들의 책인 위인전偉人傳을 보며 자랍니다. 대부분 부모들의 반강요에 의해 위인전을 읽는 경우가 많죠.

　부모들이 자식들에게 위인전을 읽히는 이유는 위인전에 등장하는 인물들처럼 어른이 되어 성공적인 삶을 살아가기를 바라기 때문입니다. 하지만 부모들 또한 이미 알고 있습니다. 자신의 아이들이 위인들처럼 되기란 어렵다는 것을 말이죠. 그럼에도 불구하고 아이들의 손에 위인전을 들려주는 이유는 위인들의 삶에서 조금이라도 배움으로써 그들과 닮아가려는 노력을 할 수 있도록 만들어 주고, 그럼으로써 작은 성취라도 이루길 바라는 마음에서죠.

　자, 자의든 타의든 간에 어릴 적 위인전을 읽으며 자라온 당신은 이제 성인이 되었고, 대단한 업적을 이뤄내었던 위인들과 비슷하거나 혹은 그 이상의 나이가 되었습니다.

한번 돌아봅시다. 지금 당신의 모습은 어떤가요? 비교를 떠나 스스로 조금이라도 만족한 삶을 살고 계신가요? 이만하면 나름 성공적인 삶을 살고 있다고 자신할 수 있나요? 대답하기 쉽지 않지요? 아니 솔직히 얘기해 성공을 논하기보다는 그저 평범하고 안정적인 삶만이라도 유지되길 바라고 있을 수도 있겠죠?

현재 다니고 있는 직장에서의 위치, 다소 모자란 듯하지만 그래도 이 정도면 다행이라 할 수 있는 연봉, 아직 은행 대출이 많이 남아 있지만 그래도 내 명의의 집과 같은, 이런 것들 말이죠.

성공은 둘째 치더라도 지금까지 쌓아온 것이 무너지지만 않아도 다행이라 생각하고 있는 건 아닌가요?

성공이 쉽지 않은 것은 사실입니다. 하지만 성공에 대한 기준을 바꾼다면, 즉 타인의 관점이 아닌 온전한 나의 관점으로 성공을 재정의할 수 있다면 성공은 결코 오르지 못할 산이 아닙니다. 오히려 즐거운 마음으로 가볍게 다녀올 수 있는 산책과도 같은 것일 수 있습니다.

우리가 성공에 대해 어렵게 생각하고, 성공에 대한 콤플렉스를 가지고 있는 이유는 어쩌면 어릴 적 위인전을 포함하여 자라는 동안 각종 신문, 방송과 같은 미디어 그리고 사회에서 이미 만들어 놓은 성공의 기본적 스펙과 프레임에 물들어 있기 때문이 아닐까요? 수십억 이상의 돈을 가진 부자가 되어야 하고, 사회적으로 인정받을 수 있는 위치까지 올라서야만 하며, 인터넷 포털사이트에서 이름만 쳐도 주르륵 프로필이 검색되어야 하고, 최소한 내 이름으로 낸 몇 권의 저서 정도는 가져야 하는 정도를 성공의 기준으로 삼는다면, 우리는 평생 성공이란 것을 할 수 없을 것입니다. 그저 언감생심焉敢生心에 불과한 것이겠지요.

하지만 성공을 외부에 의해 만들어진 것이 아닌 오로지 내 기준, 내 관점으로 재정의할 수 있다면 성공은 그저 먼 곳에 있는 신기루가 아니라 바로 눈앞에 있는 생생한 현실이 될 수 있습니다.

사실 우리가 알고 있는 많은 위인들 또한 처음부터 성공적인 삶을 살았던 것은 아닙니다. 그들 또한 평범한 삶을 살았었죠. 그러다가 어떤 계기에 의해 삶이 바뀐 것뿐이고요.

그렇다고 그들이 반전을 이룰 대단한 무언가를 했기 때문은 아닙니다. 그들은 단지 그들 자신이 정한 단 하나의 원칙(어떤 경우 그 원칙을 인지하지 못했던 사람들도 있습니다. 성공한 후에 그 원칙을 발견한 것이죠.)을 가지고 있었을 뿐이었고, 삶을 통해 그것을 지키고 꾸준히 실행시켰기 때문입니다.

그렇다면 그 원칙은 무엇일까요?

미국의 저널리스트이자 베스트셀러 소설 〈키티 포일Kitty Foyle〉(1939)로 유명한 크리스토퍼 몰리Christopher Morley, 1890~1957는 "인생에 있어 성공은 오직 하나만 존재하는데, 그것은 바로 자기 자신만의 방식으로 삶을 살아갈 수 있느냐의 여부"라고 자신 있게 말합니다.

1960년대 〈Blowin' In The Wind〉란 곡으로 미국 포크계를 이끌었던 가수 밥 딜런Bob Dylan은 조금 더 쉽게 성공에 대해 이야기합니다.

"사람이 아침에 일어나고 밤에 잠자리에 들며 그 사이에 하고 싶은 일을 한다면 그 사람은 성공한 것"이라고요.

흑인 여성으로 영화배우이자 시인, 소설가 그리고 웨이크 포리스트 대학 교수 등을 역임한 마야 안젤루Maya Angelou, 1928~2014는 성공이란 "자신을 좋아하게 되는 것, 자신이 하고 있는 것을 좋아하게 되는 것 그리고 그 걸어온 길을 좋아하게 되는 것"이라 말합니다. 그러면서 인생은 우리가 숨 쉬는 횟수가 아니라, 숨 막힐 정도로 멋진 순간들을 얼마나 경험했느냐로 평가된다고 강조하고 있죠.

조금 더 살펴볼까요? 〈성공하는 사람들의 7가지 습관〉이란 전 세계적 베스트셀러의 저자이자 자기계발의 대명사라 할 수 있는 스티븐 코비Stephen Covey, 1932~2012 박사는 성공에 대한 질문에 "좋아하는 것과 잘하는 것, 양심의 목소리, 인류가 필요로 하는 것. 이 네 가지를 잘 조합하면 자신의 목소리를 찾을 수 있습니다."라고 말합니다.

그는 성공이란 사람마다 다른 것이며, 자신의 목소리를 찾아 들을 수 있을 때에야 비로소 성공이 무엇인지에 대해 알 수 있다고 강조하고 있죠.

그의 말이 쉽게만 다가오진 않지요? 다행히 그는 자신만의 성공의 정의를 찾을 수 있는 방법도 제시해 주고 있습니다.

먼저 자신이 죽었다고 가정해 봅니다. 하지만 기적처럼 자신의 장례식이 거행되는 동안 딱 10분 동안만 다시 살아나게 되죠. 그때 당신은 장례식에 참석한 하객들에게 어떤 이야기를 하고 싶을까요? 나의 이야기를 들은 하객들이 나머지 인생을 어떻게 살아갔으면 하고 바랄까요? 이 부분이 바로 당신이 마음속에 품고 있는 성공의 정의라 할 수 있다는 겁니다. 한번 생각해 보시기 바랍니다. 당신이라면 장례식에 오신 분들께 어떤 이야기를 해주고 싶은지 말이죠.

실제로 우리 사회에서 성공을 거둔 많은 사람들은 성공이 곧 결과의 산물이라 말하지 않습니다. 그들은 성공에 대해 논하기 전에 먼저 스스로를 돌아보라 말합니다. 외부의 기준, 사회적 요구에만 집중함으로써 정작 자신을 놓치는 우를 범하지 말라고 충고하죠. 즉 성공을 위해서는 오직 자신의 내면, 목소리가 요구하는 것을 경청하고, 그것을 이루기 위해 힘쓰라는 것입니다. 성공을 결과로 보게 되면, 미래만 보이게 됩니다. 현재는 미래를 위해 희생되어야만 하는 소비적 과정에 불과한 것이죠. 또한 현재를 잃게 되면 진정한 나 자신이 없어지게 됩니다.

사다리를 타고 옥상까지 올라간다고 생각해보죠. 만약 옥상에 도달한 자신의 모습만 중요하다면, 현재 한 걸음 한 걸음 사다리를 올라가고 있는 자신의 노력, 솟은 힘줄, 한 줄기 땀은 그저 어서 지나가버렸으면 하는 고통의 시간에 불과할 것입니다. 어쩌면 진정한 성공은 사다리에서 한 걸음 한 걸음 힘들게 내딛는 그 순간순간에 있는 건지도 모릅니다.

그 순간들이 모여 세상에 발을 딛고 씩씩하게 살아가는 진정한 나 자신을 만들고 있는 것이며, 이러한 모습들이 외부에 투영되어 결과물로 나타난 것이 타인들이 부르는 성공일 것입니다.

'최경성'과 함께 성공을 재정의한다면

평범한 사람들은 성공을 반드시 자신만의 명칭으로 재정의해야만 합니다. 그래야 온전히 나 자신만의 삶을 살아갈 수 있기 때문이죠. 저는 성공을 재정의하는 과정에서 '최경성(최소한의 경영적 성공)'의 관점이 무엇보다 중요하다 생각합니다. 이 관점을 통해 성공에 대한 정의를 내릴 때 성공은 더 쉽고 할 만한 것, 그리고 진정한 의미로 다가올 수 있기 때문입니다. 그림으로 설명해 보겠습니다.

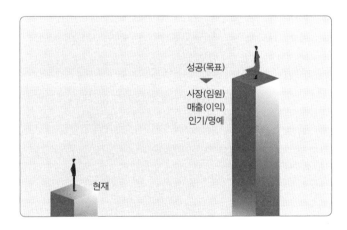

그림 6. 일반적 관점의 성공

그림 6은 사회가 바라보는 일반적 성공의 정의라 할 수 있습니다. 사장(임원)이 되거나, 사업 또는 장사를 통해 큰 매출과 이익을 올리거나, 그도 아니라면 사회적으로 유명인이 되어 인기나 명예를 얻어야만 성

공이라 정의하죠. 하지만 앞에서 말씀드린 것처럼 이는 평범한 사람들이 도달하기 어려운 성공이라 할 수 있습니다. 최소한의 성공이 아닌, 최대한의 성공이라 할 수 있겠죠.

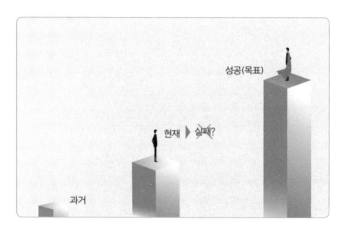

그림 7. 실패에 대한 정의

위와 같은 논리라면 그림 7의 상태는 당연히 실패라 볼 수 있을 겁니다. 왜냐하면 성공이라고 하는 고지 혹은 목표까지 도달하지 못했기 때문이죠.

그렇게 본다면 직장인이 사장이나 임원이 못 되는 것, 사업 또는 장사하는 사람이 큰돈을 벌지 못하는 것, 그리고 유명인이 되지 못하는 것 또한 모두 실패에 해당될 수밖에 없을 겁니다.

하지만 과연 그럴까요? 그것이 실패일까요?

아닙니다. 이러한 패러다임은 사회에서 만들어 놓은 것일 뿐 자신이 만든 것이 아닙니다. 우리는 어렸을 때부터 그렇게 교육 받음으로써 성공이란, 실패란 이런 것이다, 암묵적으로 받아들이게 된 것뿐입니다. 나의 기준, 정의, 목소리가 아예 배제된 것이라 할 수 있죠.

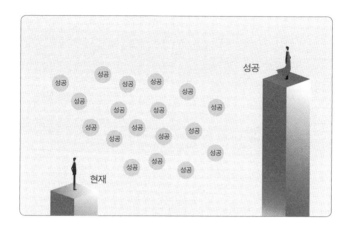

그림 8. 자기경영 관점의 성공(최경성)

사회가 만들어 놓은 일반적 관점의 성공이 아닌, 자기경영 관점의 성공의 정의는 다음과 같습니다. 제일 꼭대기에 위치한, 그래서 엄청난 노력과 시간을 들여야만 간신히 이룰 수 있는 것만을 성공이라 부를 수도 있겠지만, 사실 우리 주위에 얼마든지 쉽게 달성하고 이룰 수 있는 작은 성공들 또한 동일한 의미의 성공이라 할 수 있습니다.

거듭 말씀드리지만, 성공에 대한 정의는 나 자신이 내리는 것입니다. 나 자신이 성공을 정의하고, 그것을 하나씩 이뤄갈 수 있다면 나의 인생은 곧 성공한 인생이 됩니다. 왜 성공이 오롯이 하나여야만 할까요?

그렇지 않나요?

성공에 대한 기준을 절대 남에게 맡기지 마세요. 스스로 만들어 가면 됩니다. 누가 뭐라 해도 내 인생은 바로 유일한 나 자신의 것이며, 성공 또한 그 누구도 아닌 바로 내가 인정하는 것이기 때문입니다.

최소한의 경영적 성공, 즉 '최경성'과 함께 할 때 인생은 달라질 수 있습니다. 최경성을 토대로 자기경영적 성공을 재정의하세요. 그리고 그렇게 살아간다면 그것만으로도 당신은 성공한 인생을 살아간다 할 수 있습니다. 그것이 바로 온전한 자신의 인생을 사는 길이기도 합니다.

ⓐ 65세, 무엇을 하며 살 것인가

　제가 운영하고 있는 경제·경영·인문의 균형 찾기 프로그램 〈에코라이후 기본과정〉은 1년간 26권 정도의 경제도서 읽기와 함께 매월 1회씩, 총 12회의 오프 수업으로 진행됩니다. 이 오프 중 6회는 경제, 특히 개인의 자산관리와 투자에 대한 내용을 집중적으로 다루며, 나머지 6회는 경영(성공에 대한 재정의와 미래의 할 일 찾기)과 인문(자본주의 시대 행복에 대한 정의와 행복 찾기)에 관한 내용으로 구성되어 있죠.

　경영에 대한 내용 중에는 〈65세에 내가 하고 싶은 일〉이란 주제도 있는데, 저는 이 테마 수업을 진행하기 전에 아래와 같이 과제 작성 방법을 공지해 두었죠.

　과제명 : 〈65세에 내가 하고 싶은 일〉

　Step 1〉 자신의 강점(잘하는 것) 3가지를 적고, 그 이유를 설명하세요.

　Step 2〉 자신이 좋아하는 일 3가지를 적고, 그 이유를 설명하세요.

　Step 3〉 3가지(강점) × 3가지(좋아하는 일)를 매칭 할 경우 9가지가 나올텐데, 각각에 대해 이름을 붙여보세요. 그 이름이 기존의 직업명이어도 괜찮고, 자신이 스스로 창직創職을 해도 상관없습니다.

예시) 가르치는 것 × 독서 --- 독서지도사

Step 4) 9가지 중 자신이 가장 하고 싶은 일을 하나 고르고, 그 이유에 대해 설명하세요.

위 테마를 선정한 배경은 이렇습니다.

65세 정도가 되면, 우리는 대부분 현역에서 은퇴, 경제적 활동을 접을 가능성이 큽니다. 더 일을 하고 싶어도 노인을 위한 일자리가 마땅치 않거나 혹은 자신 만의 전문적 일이 없기 때문에 어쩔 수 없이 은퇴를 '선택'할 수밖에 없게 되죠.

만일 현역에 있는 동안 노후를 경제적 걱정 없이 지낼 수 있을 정도의 자산을 축적했다면, 은퇴를 하게 될지라도 미래가 큰 걱정으로 다가오지 않을 겁니다. 그럴 경우 그동안 해보지 못했던 경험을 쌓거나 취미활동, 혹은 타인을 위한 봉사활동에 자신의 여유 시간을 사용할 수 있기 때문이죠.

하지만 그렇지 못한 경우 우리의 노후는 경제적 문제를 해결하기 위해 몸도 마음도 고생할 수밖에 없는 상황으로 내몰릴 수도 있게 될 것입니다.

노후에 연 600만 원을 어떻게 벌 것인가
—

저는 예전 한 칼럼 〈'불황을 이기는 경제학에 대한 A/S'〉을 통해 현역에 있는 동안 노후에 연 2,400만 원 정도를 벌 수 있는 자신만의 경제적 시스템을 구축하자고 주장했었는데요, 본격적인 이야기를 하기 전에 먼저 이 칼럼을 읽어 보시죠.

〈불황을 이기는 월급의 경제학에 대한 A/S〉

2013년에 〈불황을 이기는 월급의 경제학〉이란 책을 출간했습니다. 그리고 5년이 지났네요. 당시 이 책을 통해 제가 주장한 포인트는 경제적 한계성을 가진 직장인이 어떻게 하면 노후까지, 돈 걱정 없이 하고 싶은 것을 하면서 잘살아갈 수 있을까 하는 점이었죠. 저는 책에서 다음과 같은 3가지(65세 기준)를 주장했었습니다.

1. 국민연금+개인연금+퇴직연금을 통해 매월 연금 100만 원을 확보하세요. ☞ 1,200만 원/연

2. 직장 생활하는 동안 열심히 절약, 2억을 모으세요. 그리고 그 자금을 펀드 등의 금융상품에 투자하여 7% 수익률로 불리세요. ☞ 1,400만 원/연 [2억 원 × 7%]

3. 좋아하는 일을 하며 돈도 벌고 즐기세요. ☞ 400만 원/연 [월 33만 원 × 12개월]

   총금액 ☞ 연 3,000만 원 수입

제가 지향했던 금액은 월 250만 원 정도였습니다. 연간으로 3,000만 원이죠. 하지만 3번에서 일을 통해 돈을 벌지 못하더라도, 노후에 즐

겁게 할 수 있는 일(봉사와도 같은)이라면 괜찮다고 봤습니다. 400만 원을 벌지 못할지라도 별 문제없다 생각했죠. 그래도 연간 2,600만 원 수준이고, 월 200만 원이 넘으니 노후에 이 정도 금액이라면 크게 돈 문제없이 살만하다고 판단했죠.

하지만 상황이 바뀌었습니다. 책이 출간된 2013년 이후 5년 정도가 지났는데, 치명적 오류가 발생했죠. 2번에서 주장했던 연 7%의 수익률을 내기 힘든 상황이 된 겁니다. 최근 펀드의 경우 다소 안정적이며 보수적인 수익률로 생각할 수 있는 수준은 약 5% 정도입니다. 3%라고 한다면 2억 원의 자금을 투자할지라도 600만 원의 수익금밖엔 올리지 못하는 거죠. 7%의 1,400만 원과는 무려 800만 원의 격차가 생깁니다. 이 격차를 보완하기 위해 3%의 수익률로 1,400만 원을 만들기 위해서는 투자금이 2억이 아니라 4억 7천만 원 정도가 있어야 합니다. 사실상 불가능하죠. 2억도 힘든데 4.7억이라니 말이죠.

결국 그 부담은 3번으로 넘어갈 수밖에 없습니다. 일을 통해 돈을 벌어야 한다는 거죠. 모자란 800만 원을 채우기 위해서는 매달 67만 원을 벌어야 합니다. 3,000만 원을 목표로 한다면 월 100만 원은 되어야하고요. 100만 원을 벌기 위해 노후까지 힘든 일을 계속해야 한다는 결론이 나오는 거죠. 게다가 그런 일자리 또한 구하기 힘든 실정이고요.

65세, 연 2,400만 원을 벌기 위하여

모든 이론이 당시에는 시의적절한 것으로 비춰질 수 있지만, 상황이 바뀜에 따라 잘못된 것으로 인식될 수 있는데요. 2013년의 주장이 그런 것 같습니다. 그렇다면 2018년에는 어떻게 생각하고 준비해야만 할까요? 최근과 같은 저금리 시대, 불황의 시대에 어떻게 하는 것이 가장 시의적절한 대비책이 될 수 있을까요? 지금부터 2018년판 〈불황을 이기는 월급의 경제학〉 A/S를 해보겠습니다.

1. 국민연금+개인연금+퇴직연금을 통해 매월 연금 100만 원을 확보하세요. ☞ 1,200만 원/연

2. 직장 생활하는 동안 열심히 절약, 2억을 모은 후 펀드 등의 금융상품에 투자하여 3% 수익률로 불리세요. ☞ 600만 원/연 [2억 원 × 3%]

3. 좋아하는 일을 하며 돈도 벌고 즐기세요. ☞ 600만 원/年 [월 50만 원 × 12개월]

   총금액 ☞ 연 2,400만 원 수입

1번 내용은 기존과 동일합니다. 열심히 직장 생활해서 개인연금과 퇴직연금까지 부어 나가시면 됩니다. 2번에서는 수익률을 3%로 하향 조정했습니다. 현재 대한민국의 기준금리는 1.5%로, 올라갈 가능성도 있지만 그러기는 쉽지 않아 보입니다. 왜냐하면 금리를 올릴 경우 천문학적 수준의 가계대출로 인해 국가경제에 큰 타격을 가져올 수도 있기 때문이죠. 하지만 펀드와 같은 금융상품의 수익률은 어느 정도 바닥인 것으로 보이기 때문에, 목표 수익률 3%는 확실한 원칙만 있다면 충분히 달성 가능한 수익률로 판단됩니다. 그러나 반드시 투자에 대한

공부가 병행되어야만 합니다. 투자는 정기예금처럼 확정수익률을 보장해주지 않기 때문이죠. 즉 3%도 보이지 않는 노력이 필요하단 이야깁니다.

3번을 위해서는 월 50만 원 정도를 벌 수 있는 능력, 즉 전문성을 키워야만 합니다. 무료봉사도 좋지만, 자신의 전문성을 통해 유료 콘텐츠를 개발할 수 있어야 합니다. 여기에는 2가지 방법이 있는데, 첫 번째 방법이 '직장에서 배운 전문성 활용하기'입니다. 현재 자신이 직장에서 하고 있는 일의 전문성을 높여 그 일을 1인 기업의 콘텐츠로 가져오는 것이죠. 예를 들어 당신이 직장에서 인사전문가라고 한다면, 직장에 다니는 동안 별도의 시간을 투자, 당신만의 차별성 있는 인사 관련 노하우를 콘텐츠로 개발하는 겁니다. 그리고 직장을 나와서 그 콘텐츠를 파는 거죠. 그리고 계속 경쟁력 있는 콘텐츠로 키워나가는 겁니다. 처음이 어렵지 첫 거래가 성사된다면 월 매출 50만 원(사실 아르바이트를 해도 50만 원은 벌 수 있을 테니까요.)은 충분히 해볼 만한 금액일 겁니다.

두 번째 방법은 자신의 취미에서 찾는 겁니다. 실제로 제 직장 동기 중 한 명은 회사를 그만둔 후 원래 좋아했던 스킨 스쿠버 취미를 확장, 한강 부근에 스킨 스쿠버 샵을 차렸습니다. 강사 라이선스도 갖고 있으니 교육도 병행하고요. 이제 동기에게는 일이 취미이고, 취미가 곧 일이 된 거죠. 아마 돈벌이에 대한 스트레스만 덜하다면(월 50만 원 정도만 생각한다면 크게 부담도 없겠죠?) 즐겁게 일할 수 있으리라 보여집니다.

결론적으로 1, 2, 3을 합치면 월 200만 원, 연간 2,400만 원이 확보됩니다. 처음 제시했던 3,000만 원보단 줄어든 액수죠. 조금 아쉽죠? 하지만 쓸데없는 욕심만 좀 줄이고, 평상시 절약하는 습관만 갖춘다면 이 정도 금액으로도 크게 돈 걱정 없이 살 수 있지 않을까 생각해 봅니다. 뭐 물론 돈이란 게 다다익선이긴 하지만, 그래도 자신 만의 확고한 생활 원칙을 가지고 있다면, 돈의 노예가 아닌 돈의 주인으로서 삶을 보다 현명하게 살 수 있지 않을까요?

이 〈65세에 내가 하고 싶은 일〉을 찾는 테마는 월 50만 원, 연간으로 600만 원을 마련하기 위한, 즉 노후의 일을 찾기 위한 첫 번째 시도라 할 수 있습니다. 다만 노후의 일에는 전제사항 하나를 조건으로 두었습니다. 현역이 아닌 노후의 일이니만큼 자신이 좋아하는 일을 중심으로, 잘하는 일을 덧붙임으로써 자신의 인생에 있어 보람 있고 의미 있는 일을 하자는 것이었죠.

처음 하는 시도인 만큼 모든 회원들이 이구동성으로 쉽지 않았다고 말합니다. 당연했습니다. 사실 미래에 대해 생각하는 것도 쉽지 않은데, 거기에 더해 미래에 자신이 할 직업을 찾아보라 주문했으니까요. 그럼에도 불구하고 몇 명은 이번 과제를 통해 나쁘지 않은 결과를 얻은 듯 보입니다.

그중 한 명은 '외국인 전문 문화 해설사'를 염두에 두고 있습니다. 안동 문화와 역사에 대해 관심이 많고, 실제 해설사 자격증도 가지고 있으며 또한 사람을 만나 이야기하는 것도 좋아하기 때문에 부족한 외국어만 열심히 공부하면, 충분히 외국인 전문 문화 해설사로 활동할 수 있으리란 생각이 들었습니다.

만약 시간을 두고 충분히 준비만 한다면, 이 일을 통해 월 50만 원이 아니라 그 이상도 충분히 벌 수 있게 될 것입니다.

다른 한 명은 현재 직장을 다니며 아마추어 배우로 활동하고 있는데, '사랑'이라는 키워드에 많은 관심을 가지고 있습니다. 아마도 자라오며 수많은 소설책을 읽어왔기 때문일 겁니다. 그녀는 무대를 기반으로 사랑을 이야기하고 싶어 합니다. 글을 통해 시나리오 작가로서, 연극을 통해 배우로서 그리고 어느 정도의 연륜이 쌓이면 연출가로서 세상에 사랑을 외치게 될 것이라 믿습니다.

한 남자 멤버(30대 중반)는 변호사입니다. 하지만 그는 그 일보다는 몸을 만드는 헬스에 더 관심이 많습니다. 하루에 거의 2시간은 꼬박 헬스에 투자하고 있죠. 그는 대단한 장점 하나를 가지고 있습니다. 나이가 많은 사람들이 그를 좋아할 뿐 아니라 매우 신뢰한다는 겁니다. 아마도 그의 시원시원한 성격이 나이 드신 분들에게 더 호흡이 맞기 때문으로 보입니다.

우리는 그의 탐색 결과를 토대로 미래의 직업으로 '중/노년 전문 헬스 트레이너'를 권했습니다. 헬스를 가르치면서, 법적인 문제에 대한 조언까지 동시에 관리를 해드리는 거죠. 그의 경력과 성격, 그리고 헬스에 대한 열정까지 합쳐진다면 그는 꽤나 유능하고 인기 있는 '중/노년 전문 헬스 트레이너'가 될 것으로 보입니다.

여러 회원들의 이야기를 들으며 아직 다듬어지진 않았지만 조금 더 자신의 성향과 욕망에 부합하는 일을 찾을 수 있다면, 그리고 남은 시간 동안 열심히 노력하여 그 일과 관련된 전문성을 쌓을 수 있다면 충분히 그 일을 통해 노후에 경제적 문제의 해결과 함께 일의 보람과 의미도 찾을 수 있으리라 생각했습니다.

하지만 한 회원의 발표를 들으며 저의 이런 '확고한' 생각에 균열이 가는 일이 생겼습니다.

그녀는 노후의 일로 두 가지 정도를 꼽았습니다.

고양이를 좋아하고 실제로 키우고 있기 때문에 고양이를 상대로 한 '애니멀 커뮤니케이터Animal Communicator'와 건강하게 운동하는 법을 알려주는 '건강 트레이너'였죠.

'아무것도 하지 않을 자유' 또한 중요하다

저는 그 일을 위해 준비할 사항들을 정리, 중장기적인 계획을 짜 보자고 조언했습니다. 하지만 그녀가 뭔가 아쉬움을 비추더군요. 사실 이 일들을 정말로 하고 싶은 건 아니라고요.

경제적 문제 때문에 어쩔 수 없이 노후의 일을 찾아보고 있지만, 선택권이 주어진다면 아무것도 하지 않으며 살고 싶다고요.

망치로 머리를 강하게 한 대 맞은 기분이었습니다. 여기에 더해 한 마디 더 듣고는 그대로 KO 되고 말았습니다.

꼭 일을 해야만 한다는 사고방식은 남성 독자적 사고방식에 의한 것일 수 있다고요.

곰곰이 생각해 보았습니다.

반드시 일을 해야 한다? 아마도 인생 선배들, 특히 남자 선배들이 현역에서 은퇴하더라도 일은 평생 하는 게 좋다는 충고를 계속해 들어왔기 때문 아닐까 하는 생각이 들었습니다.

덕분에 생각을 다시 정리할 수 있었습니다. 노후에 반드시 일을 해야 한다는 의무감 내지 책임감을 가질 필요는 없을 듯합니다. '아무것도 하지 않을 자유' 또한 중요하기 때문이죠.

아무리 자신이 좋아하는 일이라 할지라도 돈(적더라도)을 벌어야 한다는 책임감에 어깨가 눌려지는 순간, 그 일은 부담감 가득한 일로 변모할 것입니다. 그렇다면 일은 선택의 조건이 되어야 하는 게 맞을 듯싶습니다. 또한 스스로 정해 놓은 '자유'의 범위 안에서 '일'을 포함시킨다면, 그 일은 자유를 침해하지 않는 보다 자유스러운 일이 될 수도 있을 것입니다.

다만 자유를 선택할 경우 여전히 경제적 문제는 남게 됩니다.

이때는 본인의 선택에 대해 2가지를 고민해야만 합니다. 하나는 총 2,400만 원 중 600만 원을 제외한 나머지 금액 1,800만 원(월 150만 원)으로 사는 방법을 모색하는 것이고, 다른 하나는 연금과 자산 투자(혹은 다른 방법)로만 2,400만 원을 만드는 방법을 찾는 것입니다. 전자는 절약을 통해 자유를 얻는 것이고, 후자는 자유를 위해 투자방법을 공부하는 것입니다. 선택은 당신의 몫입니다.

노후를 살아가는 방법은 많습니다. 하지만 경제적 문제에 대한 대안 없이 자유롭게 노후를 살아가기란 쉽지 않습니다. 제가 제시한 방법은 노후를 살아가는 수많은 방법 중 극히 일부분일 뿐입니다. 그렇다면 다양한 방법론에 대해서는 그리고 자신에 가장 잘 맞는 방법에 대해서는 각자 스스로 고민해야 합니다. 거듭 말씀드리지만, 자본주의 시대에 발을 딛고 살아가는 만큼 경제적 문제의 해결 없이 잘살아가기란 쉽지 않기 때문입니다.

자, 이번에는 65세 자신의 할 일에 이어 나만의 브랜드 만들기를 해
보겠습니다. 방법은 다음과 같이 3가지 원을 활용해 그리시면 됩니다.

우리는 앞의 〈65세, 무엇을 하며 살 것인가〉에서 자신의 강점(잘하
는 것) 3가지와 자신이 좋아하는 일 3가지를 적었고, 다음으로 3가지(강
점)×3가지(좋아하는 일)의 매칭을 통해 총 9가지 경우의 수를 확인했습
니다. 그리고 그중에 제일 자신이 하고 싶은 일 한 가지를 골랐죠.

거기까지 진행되었다면 그다음은 간단합니다. 자신이 선택한 강점

과 좋아하는 것을 원 안에 적어 넣으면 됩니다. 쉽죠? 하지만 중요한 건 지금부터입니다.

자신이 잘하고, 좋아한다 할지라도 이를 통해 수입을 창출하지 못한다면 제대로 된 직업이 될 수 없습니다. 꿈이 될 수는 있겠지만, 현실성 없는 꿈에 그치고 말죠.

그래서 반드시 두 가지에 경제적 비즈니스 모델이 추가되어야 합니다.

중요한 것은 3가지의 균형이 잘 이뤄져야 한다는 점입니다. 만약 2가지씩만 매칭이 될 경우에는 다음과 같은 모습이 되고 말 것입니다.

구분	비즈모델	잘하는 것	좋아하는것
잘하는 것	①사업가		
좋아하는 것		②덕후	
비즈 모델			③아티스트

① 잘하는 것 + 비즈 모델 = 사업가

잘하는 것과 비즈 모델이 결합될 경우 사업가가 될 가능성이 높습니다. 강점과 사업이 연결된 경우니까요. 하지만 여기에는 2가지 리스크가 있습니다.

하나는 잘하는 것이라 할지라도 사회 트렌드와 맞지 않을 경우 실패할 가능성이 크다는 점입니다.

다른 하나는 자신이 좋아하지 않는 것을 오래 하기란 쉽지 않다는 겁니다. 일을 잠시만 하고 말 것이 아니라면, 그리고 평생 할 것이라면 자신이 좋아하는 일을 선택하는 게 맞습니다.

② 잘하는 것 + 좋아하는 것 = 덕후

두 번째로 잘하는 것과 좋아하는 것이 강하게 결합되면 '덕후'가 될 가능성이 매우 크다 할 수 있습니다.

'덕후'란 일본어 오타쿠御宅를 한국식으로 발음한 '오덕후'의 줄임말로, 과거에는 집 안에만 틀어박혀 취미 생활을 하는 사회성이 부족한 사람이라는 의미로 사용되었죠. 하지만 현재는 어떤 분야에 몰두해 전문가 이상의 열정과 흥미를 가지고 있는 사람이라는 긍정적 의미로 사용되기도 합니다.

그 일을 좋아하고, 또 잘한다면 분명 좋은 선택이라 할 수 있습니다. 하지만 문제는 수입 창출 여부라 할 수 있죠. 물론 최근에는 덕후 일을 통해 적지 않은 수입을 올리는 사람도 있긴 하지만 역시나 비즈니스 모델 없이는 쉽지 않다 하겠습니다.

③ 좋아하는 것 + 비즈 모델 = 아티스트

마지막으로 좋아하는 것과 비즈 모델이 연결되면 아티스트가 될 가능성이 큽니다. 예술적인 활동을 하며 수입까지 창출할 수 있다면 최고의 조합이라 할 수 있을 겁니다. 하지만 문제는 좋아한다고 해서, 꼭 잘하게 되는 것은 아니란 점입니다. 특히나 예술, 예능계 쪽은 끼와 재능이 많은 사람들이 모여 있는 시장이라 할 수 있습니다.

여기서 자신의 브랜드를 확고하게 만들어 자립하는 사람은 의외로 많지 않습니다. 그만큼 어렵다고 할 수 있죠. 그렇기 때문에 이 조합은 가난한 아티스트가 될 가능성이 크다 할 수 있습니다.

만약 당신이 1인 기업가를 꿈꾸고 있다면, 앞의 2가지가 아닌, 강점, 좋아하는 것 그리고 비즈 모델 이 3가지 모두를 잘 조합하여 제대로 된 자신만의 브랜드를 만들 수 있어야 합니다. 그래야만 1인 기업가로서의 길을 개척해 나갈 수 있습니다.

구본형 모델

이번에는 1인 기업가 모델로서, 1997년부터 2013년 작고하실 때까지 직장인 자기계발 분야의 최고 전문가로 활약했던 변화경영전문가이자 변화경영사상가 구본형 선생님의 모델을 살펴보겠습니다.

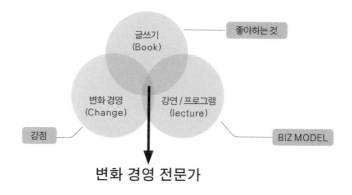

그림 9. 변화경영전문가 구본형 모델

그림 9에서 보는 것처럼 구본형 선생님은 변화경영(강점), 글쓰기(좋아하는 것) 그리고 강연과 프로그램(Biz Model)을 3가지 키워드로 하여, 본인의 1인 기업 브랜드에 '변화경영전문가'란 이름을 붙였습니다.

하나씩 살펴보자면, 그의 강점인 변화경영은 약 20년간의 회사 근무 경험을 토대 얻어진 것이라 할 수 있습니다.

그는 1980년부터 2000년까지 한국 IBM에서 경영혁신의 기획과 실무를 총괄하며, 누구보다 변화경영에 대해 많은 공부를 했고, 이를 토대로 자신의 강점으로 만들어 낼 수 있었죠. 직업적 커리어와 스스로의 노력이 만들어 낸 강점이라 할 수 있습니다.

좋아하는 것으로 꼽은 글쓰기는 마흔이 넘어 우연히 글을 쓰기 시작하며 스스로 글에 대한 재능이 있음을 알게 되었다고 합니다.

그의 글은 필력이 있음과 동시에 감성을 자극하기도 하며 때로는 도발의 기운까지 느껴지죠. 그렇기 때문에 자기계발과 변화가 필요한 사람들에게 그의 글은 큰 자극제가 되었습니다. 그는 글을 쓰게 되면서 글 쓰는 일을 좋아하게 되었고, 작고 전까지 매년 1권씩, 무려 20권의 저서를 남겼죠.

강연과 프로그램은 그의 비즈 모델이라 할 수 있습니다. 그가 1인 기업가로 활동함에 있어 경제적 문제를 해결할 수 있도록 도와준 것은 강연이라 할 수 있습니다.

그의 강연은 흡입력과 전달력이 강한 것으로 소문나 있죠. 또한 국내 유일의 변화경영전문가였기 때문에 그의 강의에 대한 시간당 단가는 거의 톱 수준이었다고 할 수 있습니다. 여기에 더해 그가 진행한 프로그램과 책 인세는 또 다른 경제적 포트폴리오를 마련해 주었죠.

어쩌면 구본형 모델은 가장 이상적인 모델이라 할 수 있습니다. 자신이 좋아하는 것, 잘하는 것을 통해 자연스럽게 비즈 모델을 만들어 냈기 때문이죠. 경제적으로도 꽤 안정적인 모습을 보였고요. 하지만 지금에 와서 평범한 직장인이 구본형 모델을 좇기란 상당히 어려운 일이 되어 버렸습니다. 왜냐하면 그 당시와는 상황이 너무나도 많이 변했기 때문입니다.

먼저 장기 불황으로 인해 자기계발 시장이 엄청나게 축소되어 버렸습니다. 그 결과 강의를 주 수입원으로 하는 강사들 간의 경쟁은 더욱 치열해졌으며, 그로 인해 많은 강사들이 더 이상 강의만으로는 생활을 유지하기가 어려워지고 말았죠.

또한 기업의 교육예산이 축소되며 그 횟수가 줄게 되자 기업에서는 유명 강사만을 초빙하게 됨으로써 강의 시장의 부익부 빈익빈은 더욱 심화되고 말았습니다. 이로 인해 어느 정도 이상의 브랜드를 가지지 못한 강사는 거의 퇴출되다시피 되고 말았고요.

그렇기 때문에 구본형 모델은 더 이상 따라 하기 어려운 모델이 되고 말았습니다. 매우 이상적인 모델임에는 분명하지만, 시장 상황이 변하였고 그에 따라 강연이나 프로그램으로 여유로운 생활을 영위할 정도의 수입을 기대하기란 거의 불가능하게 되었죠. 이미 사회적 명성을 얻은 수준이 아니라면 말이죠.

나의 브랜드 구축 이야기

—

그렇다면 1인 기업가를 꿈꾸는 직장인은 어떻게 해야 할까요? 저 또한 20년이 넘는 직장인이었고, 이제 막 1인 기업을 시작하는 입장이기 때문에 제 예를 들어 이야기를 해 보겠습니다.

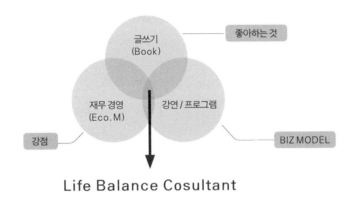

Life Balance Cosultant

그림 10. 1인 기업가 차칸양 모델

위 그림은 제가 구축한 브랜드라 할 수 있습니다.

강점부터 볼까요? 제 강점은 재무경영이라 할 수 있습니다. 저는 약 24년간의 직장생활을 했고, 그중에서 절반이 넘는 13년을 재무팀에서 자금관리 및 운용 관련 업무를 했습니다. 덕분에 경제 흐름뿐 아니라 투자에 대한 공부까지 병행할 수 있었죠. 그 결과로 기업의 자금관리뿐 아니라 개인의 경제, 자금, 투자, 노후 설계까지 머릿속에 담을 수 있었고요.

두 번째로 좋아하는 것은 글쓰기라 할 수 있습니다. 현재 저는 〈소심 야구〉와 〈불황을 이기는 월급의 경제학〉 2권의 책을 출간했고, 이 책이 3번째입니다.

사실 글쓰기 작업 자체는 쉽지 않기 때문에 무조건 좋아하는 일이라 말하긴 어렵지만, 그럼에도 저의 생각을 잘 표현할 수 있는 도구이자 이를 통해 제가 알고 있는 지식들을 다른 사람들에게 잘 전달할 수 있 기 때문에 글쓰기는 제가 좋아하는 일이라 할 수 있습니다.

그리고 마지막으로 제가 생각하는 비즈 모델은 구본형 선생님의 그 것과 유사합니다.

강의와 프로그램이 수입원이라 할 수 있죠. 그래도 조금 다른 점이 라 한다면, 프로그램이라 할 수 있습니다.

저는 2012년부터 〈에코라이후 기본과정〉이라 하는 경제·경영·인문 의 균형 찾기 프로그램(1년)을 만들어 운영하고 있습니다. 경제공부를 기반으로 먼저 개인 경제에 대한 기초와 시스템을 확립하고, 다음으로 미래 자신이 할 일을 찾으며, 더불어 어떻게 하면 행복하게 살 것인가 에 대해 인문적 관점에서 방법을 찾아가는 프로그램이라 할 수 있죠.

이 프로그램은 현재 6기가 활동하고 있으며 무료로 운용 중입니다. 저는 이 프로그램을 유료화하는 대신, 3~6개월의 단기 프로그램을 론 칭하여 유료화할 계획을 가지고 있습니다.

6년간의 노하우가 쌓인 만큼 개인 경제와 재무경영이 필요한 사람 들에게 도움을 줄 수 있을 것이라 생각하고 있으며, 여기서 얻게 되는 수입은 제가 1인 기업가의 길을 가는 데 있어 큰 힘이 될 것입니다.

저는 재무경영(강점), 글쓰기(좋아하는 것) 그리고 강연과 프로그램(Biz Model)을 3가지 키워드로 하여, 제 1인 기업 브랜드에 '라이프 밸런스 컨설턴트Life Balance Consultant'란 이름을 붙였습니다.

제 꿈이자 앞으로 할 일은 평범한 사람들의 경제·경영·인문의 균형점을 찾아주는 겁니다. 그래서 많은 사람들이 부자나 사회적 명성을 얻는 사람으로 살아가지 않더라도, 자신의 위치에서 나름대로의 행복한 삶을 살아갈 수 있도록 돕는 것이 제 미션이라 할 수 있습니다.

앞에서 구본형 모델이 더 이상 현실적이지 않다 말씀드렸는데, 저의 모델 또한 수입원의 한계가 있기 때문에 경제적으로 안정적인 모델이라 말하기 어렵습니다. 사실 이런 모델을 가지고는 딱 굶기 좋죠. 하지만 생각을 바꿔 보죠. 만약 이 모델을 가지고 더도 말고 딱 월 50만 원, 그래서 연 600만 원을 목표로 한다면 어떨까요? 한번 해볼 만하지 않을까요?

제가 생각하는 최경성은 바로 이것입니다. 작은 도전과 성공을 통해 나의 브랜드를 만들고, 이 브랜드를 통해 월 50만 원의 비즈 모델을 만들어 내는 것이 저의 최경성이라 할 수 있죠.

사실 평범한 사람이 자신의 생산성을 개발, 월 50만 원의 꾸준한 수입을 만들어 낸다는 것은 생각보다 쉽지 않은 일입니다. 하지만 결코 불가능한 일도 아닙니다. 자신만의 차별적 콘텐츠와 확고한 브랜드가 있고, 글쓰기와 프로그램 그리고 강연까지 수입 포트폴리오가 구축되어 있는 상황이라면 월 50만 원은 결코 불가능한 목표가 아닌, 충분히 해볼 만한 목표라 할 수 있기 때문입니다.

독자 여러분들도 충분히 할 수 있습니다. 원하는 수입이 월 300만 원, 500만 원이라면 당연히 불가능할 겁니다. 하지만 50만 원이라면 충분히 가능해 보이지 않나요?

지금부터 자신의 콘텐츠와 브랜드에 대해 고민하고, 하나씩 시간을 두고 준비해 나간다면 충분히 50만 원이란 금액은 가능하다 할 수 있습니다. 사실 100만 원, 300만 원의 수입도 50만 원을 거쳐야 벌 수 있는 금액이라 할 수 있습니다. 즉, 작은 성공이 기반이 되어야 큰 성공도 만들어지는 것이기 때문이죠.

할 수 있습니다. 그러니 여러분도 차근차근 자신만의 콘텐츠와 브랜드에 대한 준비를 시작해 보시기 바랍니다.

Golden Ratio = Hu·Ma·Nomics

PART 3

진짜
행복한
삶을 위해

행복인문학
&
최인복(최대한의 인문적 행복)

🏵 머리의 인문학, 가슴의 인문학(인문학이란 무엇인가)

언젠가부터 인문학 열풍이 끊이지 않고 있습니다. 세상은 4차 산업 혁명 시대를 맞아 모든 것이 더 급박하게 디지털화, 인공 지능화되고 있는데, 왜 아날로그의 대장격이라 할 수 있는 인문학은 지금과 같은 첨단과학의 시대에도 여전히, 아니 오히려 더 각광을 받고 있는 걸까요? 그 이유에 대해 이야기해 보죠.

인문학人文學이란 사람人과 문화文에 대한 모든 것을 연구·탐구하는 학문으로, 인간 본연의 존재가치와 인생의 기간 동안 수반되는 모든 활동을 연구하는 학문이라 할 수 있습니다.

14세기 이탈리아의 르네상스 시대를 이끌었던 시인이자 인문주의자 프란체스코 페트라르카Francesco Petrarca, 1304~1374는 이런 인문학을 일컬어 "젊음을 유지하고 노후를 즐기며, 번영을 강화하며, 역경의 피난처가 되거나 위안을 제공받는 학문으로, 우리가 시골에 가거나 여행하는 밤에 함께하거나, 거친 세상의 방해를 받지 않고 집에서와 같이 편안한 즐거움을 주게 하는 학문"이라 멋지게 정의하고 있죠.

이번에는 조금 더 인문학이 어떤 것인지에 대해 보다 다양한 이야기를 통해 알아보겠습니다.

탐 설리반Tom Sullivan이라고 하는 미국의 시각장애인 사업가는 한 언론과의 인터뷰에서 절망과 자괴감에 빠졌던 자신의 인생을 바꾸어 놓은 말은 딱 세 단어였다고 말합니다. 어렸을 때 항상 외톨이로 지내던 그에게 어느 날 옆집 아이가 건넨 말, 그것은 바로 "같이 놀래?Want to Play?"였다고 합니다. 만약 옆집 아이가 그에게 그 말을 건네지 않았다면 그의 인생은 지금과는 많이 달랐을 것이라 고백합니다.

2009년 암으로 안타깝게 우리의 곁을 떠난 장영희1952~2009 교수, 그녀는 자신의 저서 〈문학의 숲을 거닐다〉에서 모든 인문학의 기본 주제는 "같이 놀래?"일지도 모른다며 조심스럽게 말합니다.

형형색색으로 다르게 생긴 수십억의 사람들이 서로 부대끼고 자리싸움하며 살아가는 이 세상에서 인간적 보편성을 찾아 어떻게 다른 사람을 이해하고 궁극적으로 화합하고 사랑하며 살아가는가를 가르치는 것이야말로 인문학의 가장 기본적인 역할이라는 겁니다.

그녀는 다른 사람의 슬픔과 고뇌를 이해하지 못하는 사람, 어려움에 처한 상대에게 동정을 느끼고 "같이 놀래?"라고 말하며 손을 뻗칠 줄 모르는 사람은 진정한 인간이 될 수 없다고 말합니다.

인문학을 통해 "같이 놀래?"라는 열린 마음을 갖출 수 있도록 스스로를 수양함으로써 너와 내가 같고, 다른 사람도 나와 똑같이 인간이기 때문에 느낄 수 있는 고뇌와 상처를 이해하는 능력을 길러야 한다고 그녀는 강조하고 있습니다.

노자 인문학으로 유명한 최진석 교수는 자신의 저서 〈인간이 그리는 무늬)에서 인문학을 하는 목적은 인문적 활동을 할 수 있는 힘, 즉 인문적 통찰을 기르기 위한 것이라 힘주어 말합니다. 그는 결코 인문학을 인문학적 지식을 늘리기 위한 한 방편으로 접근하면 안 된다고 강조하며, 우리에게 다음과 같은 질문을 던집니다.

- 여러분은 지식이 증가하고 경험이 늘어남에 따라서 더 자유로워졌습니까?
- 여러분은 지식이 증가하고 경험이 늘어남에 따라서 더 행복해졌습니까?
- 여러분은 지식이 증가하고 경험이 늘어남에 따라서 더 유연해졌습니까?
- 여러분은 지식이 증가하고 경험이 늘어남에 따라서 더 관용적인 사람이 되었습니까?
- 여러분은 지식이 증가하고 경험이 늘어남에 따라서 가족이나 이웃들과 더 잘 지내게 되었습니까?
- 여러분은 지식이 증가하고 경험이 늘어남에 따라서 눈매가 더 그윽해졌습니까?
- 여러분은 지식이 증가하고 경험이 늘어남에 따라서 더 생기발랄해졌습니까?
- 여러분은 지식이 증가하고 경험이 늘어남에 따라서 상상력과 창의력도 더불어 늘어났습니까?

어떤가요? 인문학을 단순히 지식과 경험을 쌓는 차원으로만 활용했을 때 위의 질문처럼 자유롭고, 행복하고, 유연해지고, 관용적이며 생기발랄에 상상력과 창의력까지 좋아졌을까요? 절대 그렇지 않을 겁니다. 그렇다면 최진석 교수가 말하는 인문적 통찰은 무엇을 뜻할까요?

> 인문학적 통찰은 뭐냐? 바로 '죽음'이라는 개념에 익숙해 있는 사람에게 '죽어가는 일'이 "툭!" 하고 경험되는 거예요. 죽음이라는 명사가 갑자기 동사가 되어 자기에게 파고드는 사건을 경험하는 것입니다. 명사로 굳어진 사람이 동사적 율동을 회복하는 것입니다. 결국은 주체력을 회복하는 일이자 덕의 힘을 갖는 일입니다.
>
> 〈인간이 그리는 무늬〉 중에서

그는 인문적 통찰의 시작이 생각하는 것에서부터 출발한다고 말합니다.

인문학을 하는 이유 중에 하나가 버릇없어지기 위한 것으로 익숙한 것, 당연한 것, 정해진 것들에 한번 고개를 쳐들고 의문을 제기하는 것이라 강조합니다.

그 한 가지 예로써 타조 사냥 이야기를 들고 있는데, 타조들은 오랜 시간 사냥꾼에 쫓기다 보면 긴장감을 못 이긴 채 결국 고개를 처박고 만다고 합니다.

하지만 혹시라도 인문학을 공부한 타조가 있다고 한다면, 이렇게 생각할 수도 있을 겁니다.

'에잇, 이왕 죽을 거 날 쫓던 놈들이 누군지나 보고 죽자!'고요. 그와 동시에 고개를 빳빳이 쳐들고 뒤를 홱 돌아볼 경우, 예기치 못한 타조의 행동에 놀란 사냥꾼들이 혼비백산할 수도 있다는 겁니다. 이처럼 인문학의 기본적 출발은 '생각' 즉, 낯설음에 대한 도전, 당연함에 대한 거부에서부터 시작된다는 것이죠.

인문학적 통찰은 '생각'에서 시작되어 그것이 깊어지고 구체화되며, 실행됨으로써 얻어지게 됩니다.

'죽음'을 예로 들자면, '죽음'이란 형태가 없는 개념에 불과합니다. 하지만 자신과 가까운 누군가의 죽음을 실제로 경험하게 된다면, 죽음은 개념의 단계에서 실재의 단계로 내려서게 된다는 겁니다. 객관적 3자인 관객의 위치에서 주관적 실체로 무대에 등장하는 것과 같다고 할 수 있죠. 머리가 아닌, 가슴으로 알게 된다는 겁니다. 이것이 바로 인문적 통찰이라 할 수 있습니다.

최인복, '최대한의 인문적 행복'을 위하여

—

그렇다면 인문학 공부를 통해 인문적 통찰을 하게 됨으로써 우리가 얻을 수 있는 것은 무엇일까요? 다시 최진석 교수의 이야기를 들어보죠.

우리가 인문적 통찰을 통해서 도달할 수 있는 궁극적 지점은 어디냐?

행복입니다! 갈등 속에 휩싸이지 않게 해줍니다. 더욱 아량 있는 사람으로 만들어 줍니다. 생명력이 넘치게 해줍니다. 자기가 좋아하는 일에 헌신하도록 인도해 줍니다. 상상력이나 창의성이 넘치게 해줍니다. 이념과 가치관과 신념의 체계를 벗어 던지고 인문적 통찰의 길로 진입하는 순간 오로지 자기만 우뚝 서 있는 경험을 하게 됩니다. 생명력이 충만한 오로지 자신만의 욕망이 드러납니다. 순수한 자기 욕망이 지식에 매몰되지 않고 그 지식을 딛고 지혜로 나아갈 수 있게 만들어 줍니다. 그것이 바로 욕망입니다. 나를 이곳에서 저곳으로 옮겨줄 수 있는 의지, 생명력, 동력, 충동입니다.

그는 인문적 통찰이 필요한 이유가 바로 행복! 행복해지기 위해서라 강조합니다.

그는 행복이란 자기 자신이 살아 있다는 느낌을 받는 것과 일치하는 것이라 말하고 있는데, 살아 있다는 느낌이란 무엇일까요?

위에서 말하는 것처럼 생명력이 넘치는 것, 자신이 좋아하는 일에 헌신하는 것, 상상력이나 창의성이 넘치는 것, 자기만 우뚝 서 있는 경험을 하는 것 등 한마디로 행복이란 자신의 순수한 욕망이 이끄는 대로 살아가는 것이라 하겠습니다.

정리하자면, 인문학 공부를 통해 우리가 얻을 수 있는 것은 자신의 내부에 숨겨져 있는 순수한 욕망을 발견하기 위함이며, 그 잠재적 욕망을 외부로 꺼내어 그 욕망이 바라는 바대로, 진짜 삶을 살아가기 위한 것이라 할 수 있을 것입니다. 그것이 곧 행복일 테니까요.

이처럼 인문학은 행복해지기 위해서라면 반드시 배워야만 할 학문이라 할 수 있습니다. 경제적으로 부자가 된다 할지라도, 경영적으로 성공을 한다 할지라도 행복해진다는 보장은 없습니다.

반대로 부자가 아닐지라도, 성공을 하지 못했을지라도 행복은 스스로 선택할 수 있습니다. 왜냐고요? 행복은 어떤 행위에 대한 결과물이나 성과물이 아닌, 감정의 형성체라 할 수 있으며, 자신의 감정을 들여다보고 그것을 조정 또는 조절할 수 있다면 충분히 행복의 감정을 얻을 수 있기 때문이죠.

저는 앞에서 최경자, 즉 '최소한의 경제적 자유'와 최경성, '최소한의 경영적 성공'을 이야기했습니다. 두 가지의 공통점은 '최소한'입니다. 그 기준치를 낮출 때 오히려 경제적 자유와 경영적 성공을 거둘 가능성이 높아지기 때문이죠.

하지만 마지막 한 가지, 인문에 대해서는 반대로 최인복, 즉 '최대한의 인문적 행복'을 강조하려 합니다.

행복은 눈에 보이지도 않으며, 돈에 의해 거의 좌우되지도 않습니다. 오로지 스스로 행복을 얻고 느끼려 하는 자신의 의지와 자각, 그리고 일정 수준 이상의 노력과 훈련, 실행만 있다면 얼마든지 행복하게 살아갈 수 있기 때문입니다.

⬠ 자본주의 VS 인문학

　우리는 여러 인문학자들의 이야기를 통해 인문학을 공부함으로써 개인적, 사회적 행복을 추구할 수 있다는 사실을 알고 있습니다. 그렇다면 오롯이 인문학만 열심히 공부하면 잘살 수 있을까요? 글쎄요, 쉽게 답하기 어렵지요? 왜냐하면 우리는 지금 자본주의, 돈이 가장 우선시되고 있는 자본주의의 시대에 발을 딛고 살아가기 때문이죠.

　자, 아래의 시를 한번 읽어 보겠습니다.

　　가난하다고 해서 사랑을 모르겠는가
　　내 볼에 와 닿던 네 입술의 뜨거움
　　사랑한다고 사랑한다고 속삭이던 네 숨결
　　돌아서는 내 등 뒤에 터지던 네 울음.
　　가난하다고 해서 왜 모르겠는가
　　가난하기 때문에 이것들을
　　이 모든 것들을 버려야 한다는 것을.

신경림, 〈가난한 사랑노래〉 - 중

신경림 시인은 이 시를 통해 가난이 어떤 것인지에 대해 말하고 있습니다. 가난하기 때문에 돌아서야만 하고, 가난하기 때문에 결코 포기할 수 없었던 사랑까지 버려야만 한다고요.

가슴이 아프지요?

이 두 젊은이는 가난만 아니라면 서로 사랑하며 행복한 시간들을 보내게 될 것입니다. 더 나아가 모두의 축복 속에 결혼식도 올릴 수 있겠지요. 하지만 가난하기 때문에 사랑도 할 수 없고, 행복해질 수도 없는 겁니다. 참으로 안타까운 일이 아닐 수 없습니다.

실제로 우리 주변에는 이러한 가난 때문에 사랑도 힘들고, 행복해지기도 어려운 일들이 사회적 현상으로 일어나고 있습니다.

아마 삼포 세대, 오포 세대란 용어 들어보셨을 텐데요, 어렵고 힘든 경제적 상황 때문에 어쩔 수 없이 포기해야만 하는 것들의 개수에 따라 삼포, 오포라 이름 붙여진 건데요, 삼포 세대는 연애, 결혼, 출산을 포기해야만 하는 세대를 의미하고, 오포 세대는 이 세 가지에 더해 인간관계와 내 집 마련까지 포기한 세대를 일컫는 말이죠.

여기서 끝이 아닙니다. 경제상황이 계속 불황의 늪에 빠져 허우적대다 보니 이 숫자는 더 늘어나고 있는데요, 최근에는 칠포, 구포에 덧붙여 N포 세대란 말이 통용되고 있습니다. 칠포 세대는 오포 세대에서 무엇이 더 추가되었을까요? 꿈과 희망이라네요. 구포 세대에는 건강과 외모가 덧붙여졌고요.

마지막으로 N포 세대는 N 가짓수만큼, 즉 포기해야 할 것이 따로 정해져 있지 않을 만큼, 모든 것을 포기해야만 해야 하는 세대를 일컬어

N포 세대라고 한다네요. 참 암울한 이야기가 아닐 수 없습니다.

이런 상황에서 우리는 어떻게 해야 할까요? 경제적 문제가 항상 발목을 잡는 상태에서 단순히 인문학에만 의존할 수는 없겠지요? 그렇다고 돈벌이에만 올인할 수도 없고요. 그야말로 진퇴양난이 아닐 수 없습니다.

그럼에도 방법을 찾는다면 그래도 인문학을 포기해서는 안 됩니다.

인문학이 우리에게 주는 인문적 통찰은 돈의 유무를 떠나 중요하기 때문입니다. 즉 돈이 없는 가난한 사람이든, 돈이 많은 부자든 인문적 소양과 통찰이 없다면, 삶 자체가 풍부해지고 풍성해지기 어렵기 때문이죠.

물론 돈이 많다면 가난한 사람보다 시간도 많고, 물질적으로 많은 것들을 소유할 수는 있습니다. 하지만 재력을 통한 물질적 소유가 곧 행복을 준다고 말하기 어렵습니다.

부자 부모를 둔 자식들이 부모의 재산을 조금이라도 더 많이 상속받기 위해 소송까지 불사하며 싸우는 일이 빈번한 것을 보면, 결코 재력이 곧 행복이라 말할 수는 없을 것입니다.

그렇다고 가난해서도 안 됩니다. 어느 정도의 자산은 반드시 필요합니다. 그래야만 경제적 문제에 휘둘리지 않고 자신이 바라는 삶을 살아가거나 추구할 수 있기 때문이죠. 결국 자본주의 시대를 잘살아가기 위해서는 경제적 문제와 인문적 통찰, 이 둘 사이의 접점 혹은 균형을 찾는 노력이 매우 중요하다고 할 것입니다.

개인에게 있어 어느 정도의 경제적 자산이 필요한지에 대해서는 마지막 4장 〈휴매노믹스〉에서 조금 더 자세하게 말씀드리겠습니다.

이 장에서는 '그럼에도 불구하고' 어떻게 인문학을 통해 행복을 추구할 수 있을지에 대해 조금 더 이야기해 보겠습니다.

🏠 경제학의 아버지, 애덤 스미스의 행복론

인류 최초의 경제학자이자 〈국부론An Inquiry into the Nature and Causes of the Wealth of Nations, 國富論〉의 대가, 더 나아가 '경제학의 아버지'라 칭송받고 있는 애덤 스미스Adam Smith, 그는 18세기 초 스코틀랜드에서 태어났습니다.

그의 삶은 18세기 중반부터 시작된 산업혁명과 궤적을 같이 했는데, 산업혁명이 그에게 미친 영향은 숙명과도 같은 것이었으며, 그 영향으로 인해 〈국부론〉이란 인류 첫 경제서가 탄생했다고 봐도 무방할 것입니다.

그는 우리에게 경제학자로 잘 알려져 있지만, 실제로는 도덕을 연구한 철학자였으며, 〈국부론〉 또한 첫 책이었던 〈도덕감정론The Theory of Moral Sentiments, 道德感情論)〉의 연장선상에서 쓰인 책이라 볼 수 있을 정도로 많은 부분이 연결되어 있음을 알 수 있습니다.

너무나도 유명한 '보이지 않는 손invisible hand'이란 용어 또한 〈국부론〉이 아닌 〈도덕감정론〉에 먼저 실려 있음을 본다면 더 이상의 설명이 필요 없을 것입니다.

그는 개인적으로 〈국부론〉보다 〈도덕감정론〉이 더 소중하다 토로했는데요, 아무래도 사상의 중심을 경제학보다는 도덕 철학에 더 두었기 때문으로 보입니다.

애덤 스미스는 〈도덕감정론〉에서 행복에 대해 정의하고 있는데, 인류 최초의 경제학자는 행복에 대해 뭐라고 말했을까요? 다음을 읽어 보시죠.

> 행복은 마음의 평정tranquility과 향유enjoyment 가운데 있다. 평정 없이는 향유할 수 없고, 완전한 평정이 있는 곳에 향유할 수 없는 것이란 있을 수 없다.
>
> 〈도덕감정론〉 제3부 제3장

왠지 동양 고전에 나오는 문구 같지 않나요? 애덤 스미스가 경제학자 이전에 도덕 철학자였음을 알고 있다면 어느 정도 수긍이 갈 겁니다.

위 정의에서 애덤 스미스는 행복을 위해서는 절대적인 마음의 평정이 우선이며, 마음이 평안할 수 있다면 얼마든지 행복에 대한 향유를 누릴 수 있다 주장하고 있죠. 그렇다면 마음의 평정을 얻기 위해서는 어떻게 해야 할까요? 그는 다시 이렇게 말하고 있습니다.

> 건강하고, 빚이 없고, 양심에 거리낌이 없는 사람의 행복에 무엇이 더 해져야 하는가? 이런 사람에게는 추가되는 어떤 재산도 쓸데없는 것이라고 말할 수 있다. 그리고 만약 그가 추가된 재산에 매우 들떠 있다면, 그것은 틀림없이 지극히 가치 없는 경솔함의 결과일 것이다.
>
> 〈도덕감정론〉 제1부 제3편 제1장

그는 건강하고, 빚이 없으며 양심에 거리낌이 없다면 행복한 사람이라고 말합니다. 즉 건강, 빚이 없음 그리고 양심대로 살 수 있다면 마음의 평정을 얻을 수 있다는 것이죠. 이런 사람은 항상 마음이 평안한 상태이기 때문에 크고 작은 세상사에도 크게 흔들림이 없으며, 가진 것이 많지 않더라도 현재의 생활에 충분히 만족할 수 있다는 겁니다. 그렇기 때문에 추가적인 경제적 부를 불리기 위해 큰 욕심을 부린다면, 그것은 가치 없는 행동에 불과할 뿐이라 강조하고 있는 거죠.

하지만 여기서 절대 간과해서는 안 될 중요한 포인트가 하나 있습니다. 그것은 애덤 스미스가 필요 이상의 많은 재산에 대해서는 욕심을 버리라 말하고 있지만, 건강하고 빚이 없으며 양심에 거리낌이 없도록 생활 가능한 정도의 최소한의 재산은 가지고 있어야 한다는 겁니다.

그는 최소한의 재산조차 소유하지 못한 사람을 가난한 사람이라 말하며, 매우 비참한 상태에 놓여있다고 봅니다. 왜냐하면 가난은 경제적 문제로 인한 불편하고 힘든 생활을 초래하기도 하지만, 더 큰 문제는 경제적으로 여유 있는 많은 사람들에게서 멸시나 천대를 당할 수 있기 때문이죠.

빈곤은 참을 수 있지만, 단지 가난하다는 이유로 굴욕을 느껴야 한다면 그것은 인간의 존엄성조차 지킬 수 없다는 것을 뜻하기 때문이며, 더 나아가 그런 상태에서 행복을 위한 마음의 평정을 얻기란 사실상 불가능하기 때문이라 볼 수 있습니다.

정리하자면, 애덤 스미스는 마음의 평정이 행복한 삶을 살아가는 데 있어서 가장 중요한 절대적 조건이며, 건강하고 빚이 없으며 양심에 거리낌이 없다면 그 사람은 이미 행복한 사람이라 강조하고 있습니다.

　단 이렇게 살아가기 위해서는 경제적으로 최소한의 재산은 필수적 요소라 말하고 있는데, 왜냐하면 최소한의 재산이 가난과 그렇지 않음을 구분해주는 경계선이 되기 때문이며, 더 나아가 행복과 불행을 나누는 기준선이 될 수 있기 때문입니다.

◇ 삶은 순간의 합

〈월터의 상상은 현실이 된다The Secret Life of Walter Mitty〉란 영화에서 주인공인 월터 미치벤 스틸러는 '라이프'란 잡지의 사진을 현상하는 직원입니다.

어느 날 월터는 숀 오코넬(숀 펜)이란 유명 사진작가가 보낸 사진들을 현상하게 되는데, 숀은 자신이 보낸 사진 중 특별히 25번째 사진은 자신의 역작이자 삶의 정수精髓가 담긴 것으로, 잡지의 표지 사진으로 써도 좋을 것이란 말을 남깁니다.

하지만 어떻게 된 일인지 동봉한 필름에 25번째 사진은 없었고, 그 사진을 찾지 못할 경우 월터는 회사에서 해고될 수 있는 급박한 상황에 처해지게 됩니다.

월터는 25번째 사진의 행방을 알기 위해 사진작가인 숀을 찾으러 떠나게 됩니다. 그린란드, 아이슬란드 등 여러 곳을 거치는 고생을 하다가 마침내는 히말라야 중턱 부근에서 어렵사리 숀과 조우하게 됩니다.

드디어 만났다는 기쁨도 뒤로 한 채, 월터는 황급히 묻습니다. 왜 그 사진만 없느냐고. 그 사진은 어디에 있느냐고 말이죠. 그러자 카메라를 손에 든 숀은 다음과 같이 말합니다.

"좀 진정하고 숨소리 좀 죽여 봐. 눈표범이 지금 나올 거거든. 우리는 무지하게 조용해야 돼. 눈표범은 유령을 부른다는 말이 있어. 아직까지 보진 못했지만……."

얼마 후 숀이 그토록 기다리던 눈표범이 살그머니 모습을 드러냅니다. 눈표범의 자태는 힘든 시간을 기다려온 기대를 충족하고도 남을 정도로 충분히 아름답고 황홀합니다. 심장박동이 터질 듯 뛰어대는 그 아찔하고 긴박한 순간, 웬일인지 숀은 사진기 셔터에서 손은 뗀 후 조용히 카메라를 내려놓습니다.

그러자 마음이 급해진 월터가 혹시라도 눈표범이 사라질 수 있으니 빨리 찍으라며 숀을 재촉합니다. 그러자 숀은 나지막이 하지만 힘 있는 목소리로 이렇게 대답합니다.

"가끔 안 찍을 때도 있어. 정말 멋진 순간에… 나를 위해서… 이 순간을 망치고 싶지 않아. 그냥 이 순간에 머물 뿐이야……."
"머문다고요?"
기가 막힌다는 듯 월터가 묻습니다.
"그래, 바로 이 순간."

2014년 화제가 되었던 드라마 〈별에서 온 그대〉에서 여자 주인공 천송이(전지현)는 이제 몇 시간 후면 지구를 떠날 수밖에 없는 도민준(김수현)에게 프러포즈를 하며 말합니다.

당신이 내게 사랑한다는 말을 하지 않으니 내가 당신 몫까지 다 말하겠다며 진정으로 사랑한다고 고백합니다. 그러자 도민준은 이렇게 대답합니다.

자신은 사랑한다는 말을 하지 않은 것이 아니라고. 삶은 흘러가는 강물과 같은 것이며, 이 때문에 시간이 흘러가면 모든 것은 잊히게 마련이라고. 그래서 자신은 초능력을 이용, 삶의 중간중간 시간을 멈춰놓은 상태에서 그녀에게 사랑한다고 고백했노라고. 순간은 멈춰 있는 것이기 때문에, 자신이 사랑한다고 고백했던 그 순간만큼은 삶에서 결코 사라지지 않을 것이라고 말이죠.

스마트폰의 선구자이자 창의적 발명가였던 스티브 잡스는 한 대학의 졸업 강연에서 자신이 대학을 졸업하지 못한 중퇴자라고 밝히며, 중퇴 후 돈도 안 되는 서체 공부에 열중했다 고백합니다.

하지만 즐겁고 재밌었기 때문에 열정을 쏟을 수 있었다고 하죠. 그리고 시간이 흘러 애플에 입사, 매킨토시란 컴퓨터를 세상에 선보이게 되었을 때, 그 컴퓨터에 자신이 열정을 가지고 공부했던 바로 그 서체를 적용시켰다고 말합니다.

매킨토시는 서체에서만큼은 단순히 컴퓨터란 기계를 뛰어넘어 가장 아름다운 글자체를 제공해주는 컴퓨터가 되었노라고 말이죠.

그는 말합니다. 순간이란 점dot이며, 그 순간이 미래와 어떻게 연결될지 잘 모를 수밖에 없지만, 나중 돌이켜볼 때 그 순간들이 결국 미래를 구성하고 만들게 된다고 말이죠.

그래서 지금의 순간이란 미래와 연결시켜 주는 연결점Connecting Dot
이라 설명합니다. 즉 현재를 의미하는 지금 바로 이 순간은 미래에 생
길 순간dot과 연결되어 있다는 겁니다.

미래도 중요하지만, 더 중요한 것은 바로 지금, 바로 이 순간입니다.
지금 이 순간이 없으면 미래도 존재할 수 없기 때문입니다.
우리의 삶은 현재에 의해 만들어지고 구성됩니다. 〈책은 도끼다〉,
〈여덟 단어〉의 저자이자, 인문학을 배경으로 가장 감수성 있는 광고를
만드는 것으로 유명한 광고인 박웅현 씨는 삶을 정의하며 '삶은 순간
의 합合'이라 말합니다.
맞습니다. 삶은 순간의 합입니다. 또한 그 순간들을 슬라이드처럼 연
속적으로 돌리게 되면, 삶은 순간의 연속이기도 합니다. 그래서 사람
들은 삶을 흘러가는 강물에 비유하기도 합니다. 쉼 없이, 유유자적 어
디론가 흘러가는 것이 바로 삶이라고 말이죠.
하지만 그럼에도 불구하고 우리의 기억 속에 삶은 순간순간으로 남
아 있습니다. 저는 삶이란 '빛바랜 사진첩'이라 주장하고 싶은데요. 왜
냐하면 그 사진첩 속에 담긴 사진 한 장 한 장이 우리 삶의 한 순간 한
순간을 잘 대변해주기 때문입니다.

인생에 있어 순간은 더할 나위 없이 중요한 포인트입니다.
삶은 순간의 연속이고 그 합으로 구성된다고 했으니까요. 또한 삶에
서의 순간들은 기억되는 순간들과 이미 잊힌 순간들로 구성됩니다. 기

억되는 순간들 중 강렬하게 때로는 아련하게 기억되는 기분 좋은 순간으로 남아 있는 것을 우리는 추억이라 부릅니다.

추억은 사진첩 속의 사진, 책장에 곱게 꽂아둔 좋은 책처럼 언제든 현재로 불러와 떠올릴 수 있고 느낄 수 있습니다. 또한 떠오를 듯 말 듯한 아스라한 추억이라 할지라도 그와 연관된 키워드, 물건, 사람 등 한 가지만 연결되면 바로 생생하게 떠올려집니다.

혹자는 사람을 추억을 먹고사는 동물이라 말합니다. 추억은 순간을 소중히 할 경우에만 만들 수 있고 남길 수 있습니다. 그렇지 않을 경우 순간은 잊히고 사라지게 됩니다. 인생의 소중한 시간이 낭비되는 것이죠.

영화 〈월터의 상상은 현실이 된다〉에서 사진작가 숀은 왜 그토록 기다리던 눈표범의 사진을 찍지 않았을까요?

그는 온전히 순간의 기쁨, 즐거움, 축복을 누리고자 했었습니다. 사진을 찍느라 그 아까운 순간을 놓치고 싶지 않았던 거죠. 물론 사진으로 보는 기쁨을 얻을 수도 있겠지만, 자신의 눈에 그 모습 그대로를 담고 싶었던 것이고, 결국 그 즐거움을 자신의 머릿속에 그대로 각인시키고자 했던 것입니다.

드라마 〈별에서 온 그대〉의 도민준 또한 자신의 가장 아름답고 행복한 시간을 순간에 담은 것이고요. 스티브 잡스 또한 열정을 바쳤던 그 순간이 결국 자신의 마음속에 아로새겨졌고, 결국 미래에 다시 되살아났다는 겁니다. 순간의 행복이자 힘인 거죠.

만화가 임인스는 웹툰 〈싸우자 귀신아 - 벚꽃 편〉에서 벚꽃이 떨어지는 순간을 다음과 같이 표현하고 있습니다. 순간이 얼마나 아름다운지 한번 느껴보시기 바랍니다.

피고… 지고…

피고… 지고…

다시 피고… 다시 지고…

조금만 멀리서 떨어져 보면…

그 짧은 삶들은 한없이 허무해 보일 거예요…….

하지만… 그 떨어지는 초속 5cm를 지켜본 사람들은 알아요.

그 짧은 순간들이…

얼마나…

눈물 나게 아름다운지…….

🏠 순간을 살았던 조르바처럼

〈그리스인 조르바〉, 〈영혼의 자서전〉, 〈오디세이아〉로 대표되는 그리스의 시인이자 소설가였던 니코스 카잔차키스Nikos Kazantzakis, 1883~1957는 비록 노벨 문학상을 받진 못했지만 세계 문학계의 한 획을 그은 작가로 널리 알려져 있습니다.

그는 그리스 남단에 위치한 크레타 섬 출신으로 당시 그곳은 터키의 지배를 받고 있었고, 크레타 섬 시민들은 독립을 위해 끊임없는 투쟁을 하고 있었습니다.

니코스 카잔차키스 또한 그의 조부, 아버지와 함께 여러 전투에 참여하였고, 이러한 성장배경의 영향으로 그의 마음속에는 평생 독립과 자유에 대한 갈망이 자리 잡고 있었죠.

그의 대표적 소설인 〈그리스인 조르바〉를 보게 되면 그의 자유로운 삶에 대한 열망이 잘 표현되어져 있습니다.

이 소설은 그가 34세였던 1917년에 친구 알렉시스 조르바와 함께 갈탄 광산을 찾기 위해 크레타 섬에 머물렀던 실제 경험을 글로 옮긴 것이라 합니다. 소설 속 조르바는 실제 친구였던 알렉시스 조르바를 모델로 한 것이죠. 카잔차키스는 조르바에 대해 자신의 삶에 가장 큰 영향을 준 인물 중 하나라고 말합니다.

소설 속 조르바는 그야말로 자유의 화신이라 할 수 있습니다. 조금
보태서 이야기하자면 조르바야말로 먹고 싶으면 배 터지도록 실컷 먹
고, 놀고 싶으면 더 이상 놀고 싶다는 생각이 안 들 정도로 화끈하게 놀
고, 또한 일할 마음이 생기면 마지막 땀 한 방울까지 짜내가며 일하는,
1차원적 본능을 추구하는 사람입니다.

그는 소설의 화자이자 상당히 이성적이며 합리적으로 행동하는 젊
은 주인을 향해 가끔 답답할 때마다 한 마디씩 던집니다. 이런 식으로
말이죠.

"아, 왜 그렇게 깝깝하게 삽니까? 한 번뿐인 인생을!"

또한 조르바는 무슨 일을 하기 전 항상 의문을 가지는 것은 물론이
고 그것이 잘될지 안 될지 매사를 걱정하고 고민하는 젊은 주인에게
다음과 같은 따끔한 한마디도 던지죠.

"왜요"가 없으면 아무 짓도 못 하는 건가요? 당신 역시 저울 한 벌 가
지고 다니는 거 아닙니까? 매사를 정밀하게 달아보는 버릇 말이오.

조르바는 자신이 생각하는 자유와 행복은 많은 사람들이 생각하는
것처럼 높은 곳이나 먼 곳에 있지 않다고 말합니다. 그저 순간을 즐기
고, 순간에 집중하는 것 그것이 바로 인생에 있어 가장 중요한 것이라

강조하지요.

> "나는 어제 일어난 일은 생각 안 합니다. 내일 일어날 일을 자문하지도 않아요. 내게 중요한 것은 오늘, 이 순간에 일어나는 일입니다. 나는 자신 있게 묻지요.
> '조르바, 지금 뭐 하는가?' '잠자고 있네.' '그럼 잘 자게.'
> '조르바, 자네 지금 뭐 하는가?' '일하고 있네.' '잘해보게.'
> '조르바, 자네 지금 이 순간에 뭐 하는가?' '여자에게 키스하고 있네.'
> '조르바, 잘해보게. 키스할 동안 딴 일일랑 잊어버리게. 이 세상에는 아무것도 없네. 자네와 그 여자밖에는. 키스나 실컷 하게.'"

이렇듯 조르바가 자유로운 삶을 즐기며 살 수 있었던 이유는 순간을 소중히 여겼고 그 순간에 몰입하며 살았기 때문입니다.

그가 말하는 대로 키스할 땐 오로지 키스만 해야 합니다. 이 세상에는 키스하는 그 순간밖에 없어야 합니다. 그 어떤 무엇도 개입되어서는 안 됩니다.

잘 때도 마찬가지로 아무것도 모른 채 잠에만 흠뻑 빠져야 하며, 일할 때 또한 몰입할 수 있어야 합니다. 그래야만 그 순간을 제대로 즐길 수 있기 때문이죠.

이렇게 볼 때 조르바야말로 온전히 순간을 살았던 대표적 인물이라 할 수 있으며, 우리 또한 조르바처럼 순간을 살아가게 될 때 보다 더 자유롭고 풍요로워질 것입니다.

🏵 행복은 발견이다, 행복 발견법

그리스인 조르바처럼 순간을 산다는 것과 우리의 주어진 인생을 산다는 것에는 과연 어떤 차이가 있을까요?

사실 인생은 긴 호흡입니다. 중대한 사고나 병에 걸리지만 않는다면 요즘 같은 경우 대개 80년 이상은 살 수 있으니까요. 80년이라 함은 월수로는 960개월, 일수로는 29,200일, 시간으로 따지면 700,800시간에 해당될 정도로 꽤나 긴 기간입니다.

우리는 이처럼 긴 시간 동안을 인생이란 이름으로 살아갑니다.

이 시간은 인간에게 있어 가장 소중한 자원이라 할 수 있습니다. 시간만 잘 활용할 수 있다면 무엇이든 못 할 것이 없으니까요. 예를 들어 삶을 사는 동안 하루에 딱 한 가지씩의 작은 성취를 이루겠다는 목표를 정해놓고 그것만 잘 실천한다면 무려 29,200가지의 성취를 이룰 수 있습니다. 한 가지만 숙련하겠다 할지라도 무려 29,200번을 반복할 수 있다는 것이고요.

순간과 긴 시간, 어찌 보면 인생은 순간의 무한반복일 것처럼 생각됩니다. 하지만 실제로 우리가 살면서 순간을 순간으로 제대로 느끼고 체험하는 시간은 그다지 많지 않습니다. 아니 오히려 정말 얼마 되지 않는다고 봐야 합니다. 왜냐하면 우리의 인생은 대부분 일상日常으로만 채워져 있기 때문입니다.

일상이란 날마다 반복되는 생활을 말합니다. 아침에 일어나 씻고 회사에 출근해 열심히 일을 하다 퇴근합니다. 그리고 저녁을 먹고 잠시 쉬다 잠이 들죠. 다음 날 역시 아침에 일어나 씻고 다시 회사에 출근합니다. 일을 하고 퇴근해 밥을 먹고 다시 잠이 듭니다. 내일이란 일상이 기다리고 있으니까요.

그러다 보니 일상에서 탈출할 시간은 주말밖에 없습니다. 주말만 기다리며 하루하루의 일상을 견디거나 보내는 거죠.

일상은 재미가 없습니다. 매번 반복되기 때문이며, 내가 선택한 것이 아니기 때문이죠. 직장인의 경우 돈을 벌기 위해 어쩔 수 없이 취업을 하고, 어쩔 수 없이 일을 하며, 그러다 보니 어쩔 수 없이 삶을 살아가는 것처럼 보이기도 합니다.

이런 일상을 탈피하여 지금보다 즐겁고 풍요로운 삶을 만들어 가기 위해서는 어떻게 해야 할까요?

조르바의 삶에서 답을 찾을 수 있습니다. 조르바처럼 순간을 즐기며 행복한 삶을 살기 위해서는, 무엇보다 먼저 매번 반복되는 일상 안에서 순간을 찾는 작업을 해야 합니다. 삶은 무수히 많은 순간들로 구성되어 있습니다. 순간과 순간들이 모여 삶이라고 하는 하나의 작품을 만들고 있는 거죠. 다음 그림을 보며 설명해 보겠습니다.

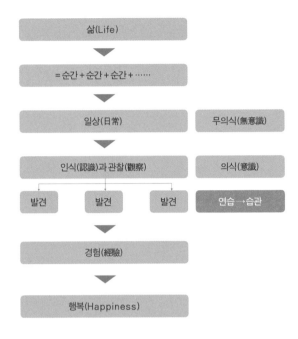

그림 11. 행복 발견법

앞에서 말씀드린 것처럼 삶Life은 순간의 합입니다. 이런 순간들은 삶을 만들어가는 가장 기본적인 단위이기도 하지만, 보다 작은 일상을 구성하는 단위이기도 합니다.

일상은 반복의 특징을 가지고 있습니다. 그렇기 때문에 살아가는 동안 수많은 순간들이 무의식적인 일상으로 변모되곤 하죠. 반복의 연속체가 되는 일상은 재미없을 뿐 아니라 무미건조할 수밖에 없습니다. 왜냐하면 일상은 대부분 무의식의 영역에서 흘러가기 때문이죠.

이러한 무미건조한 일상을 타파하기 위해서는 무엇보다 먼저, 무의식의 영역에 놓여 있는 일상을 의식의 영역으로 돌려놓아야만 합니다. 그래야만 인식認識을 할 수 있고, 이어서 관찰觀察까지 연결될 수 있기 때문입니다.

인식Cognition이란 단순히 어떤 무언가를 아는 것Knowing과는 다릅니다. 조금 구체적으로 설명하면 앎, 배움 그리고 이해를 통해 터득하게 되는 정신적 과정이라 할 수 있습니다. 스스로 터득하고자 하는 능동적 의지에 의해 비로소 받아들여지는 것을 뜻하죠. 인식을 할 수 있게 되면 발견은 자연스럽게 가능해집니다. 인식이란 감각의 틀 안에 어떤 사물이나 현상이 포착되면 그것을 꼼꼼히 들여다볼 수 있는 기회가 만들어지고, 그에 따라 비로소 제대로 된 관찰을 할 수 있게 되기 때문입니다.

김일상 씨, 가을의 행복을 발견하고 느끼다

—

좀 어렵지요? 이렇게 생각하시면 쉽습니다. 직장인 김일상 씨가 가을이 깊게 물들어 가는 10월 말의 아침, 버스를 타고 출근을 하고 있습니다.

창문 밖으로는 은행나무 잎들이 노랗게 물들어 거리는 온통 노란빛 물결입니다. 하지만 만원 버스의 부대낌, 어제 끝내지 못한 미완결 보고서, 상사에게 받을 스트레스 등에 대한 생각으로 이토록 멋진 가을 풍광은 눈에 들어오지 않습니다. 그저 매일 반복되는 출근길의 한 장

면일 뿐입니다.

혹여 노란빛이 눈에 차도 그저 '가을이구나.' 하며 건조한 한마디를 뱉을 뿐입니다. 가을빛의 아름다움이 인식되지 않습니다. 그저 무의식의 세계나 다를 바 없습니다.

일상에서 벗어나기 위한 시도를 해 봅니다. 평상시와는 달리 새벽에 일어나 길을 나섭니다. 붐비지 않는 한적한 버스를 타고 가다, 가을빛 화려한 작은 공원에서 내립니다.

하늘에도 땅에도 온통 노란빛 천지입니다. 은행잎 사이로 빨갛게 타 들어가고 있는 단풍잎은 세상에 자신의 존재를 알리려는 무언의 시위처럼 보입니다. 상쾌하게 느껴지는 새벽 공기는 마치 지금 내가 살고 있던 지역이 아닌 또 다른 미지의 장소에 온 것 같습니다. 경쾌한 새소리도 들립니다. 가만, 박새 소리인 것 같네요. 얼마 만에 들어보는 소리인지 아, 좋네요. 이 순간이 참 좋습니다. 모처럼 살아있음을 느낍니다.

직장인 김일상 씨는 제일 먼저 일상이 무의미하고 건조하다는 것을 '인식'했습니다. 그리고 자신의 주변을 '관찰'하기 시작했죠. 그러자 깊어가는 노란 가을빛이 눈에 들어왔습니다.

그는 가을을 제대로 느끼기 위해 행동을 시작하고, 작은 공원에서 그동안 보지 못했던, 무의식적으로 지나치기만 했었던 잃어버린 풍광들을 '발견'하게 됩니다.

이러한 인식 → 관찰 → 발견의 프로세스는 자동적으로 진행되지 않습니다. 의식적으로 생각하고, 행동으로 옮겨야만 가능하죠. 이것이 일상을 타파하는 방법이라 할 수 있습니다. 이러한 인식, 관찰, 발견에 대해 〈살며 사랑하며 배우며〉의 저자이자 '닥터 러브'라는 애칭으로 불렸던 미국의 교육학자 레오 버스카글리아Leo Buscaglia, 1924~1998는 다음처럼 말하고 있습니다.

인식해야 합니다. 모든 걸 인식해야 합니다. 삶을 인식해야 합니다. 발전을 인식하고, 죽음을 인식하고, 아름다움을 인식하고, 사람을, 꽃을, 나무를 인식해야 합니다. (중략) 머리를 열고 가슴을 열고 두 팔을 벌리고 세상 모든 걸 내 안에 담아야 합니다. 담고, 담고, 또 담아도 끊이지 않을 것입니다. 언제나 더 많은 것이 기다리고 있을 겁니다. 나무를 보면서 더 많은 걸 발견할수록 발견할 게 더 많아지는 법입니다. 베토벤 소나타를 들어보십시오. 무한으로 향하는 길이 열릴 겁니다. 한 사람을 사랑해 보십시오. 더 많은 사람을 사랑할 수 있을 겁니다. 발전을 멈추면 안 됩니다.

이러한 발견이 쌓이고 축적되면 우리는 이것을 '경험'이라 부르게 됩니다.

경험이란 자신이 실제로 해보거나 겪은 일을 말하며, 이는 시간의 경과와 더불어 '추억'이란 다른 이름으로도 불리게 되죠.

경험이 사람을 행복하게 만들어 주는 이유는 이 경험 안에 이미 삶의 순간을 제대로 바라보는 인식, 관찰 그리고 발견을 통한 감동이 담겨 있기 때문입니다. 이러한 경험이 많이 쌓여 축적된 사람은 그야말로 행복한 사람이 아닐 수 없습니다. 왜냐하면 언제든 기억 속에 저장

된 행복한 기억인 경험을 꺼내어 그 감동을 다시 되새길 수 있으며, 더불어 현재 살아가는 순간 속에서도 계속해서 새로운 경험을 만들어 낼 수 있기 때문이죠.

정리하자면, 우리가 살아가며 행복해지기 위한 방법은 무의식적으로 흘려보내는 일상을 새롭게 인식하고 관찰함으로써, 그 안에서 나 자신을 감동시킬 수 있는 그 무언가를 발견할 수 있어야 하며, 그 발견이 쌓임으로써 경험으로 축적되고, 그것들이 모여 행복한 삶이 되는 것입니다.

행복은 누구로부터 얻거나 받는 것이 아닙니다. 행복 발견법을 통해 우리 주위에 항상 존재하고 있는 작은 행복들을 만나고, 맘껏 느껴보시기 바랍니다.

⬠ 행복은 연습이다, 행복 강화법

　행복을 발견하는 방법을 앞에서 알아보았다면, 이번에는 그렇게 발견한 행복을 어떻게 강화시키며 계속해서 유지시킬 수 있는지에 대해 알아보겠습니다. 일명 행복 강화법으로 실전 편이라 할 수 있겠습니다. 제가 제시하는 방법은 총 3가지입니다.

만져라 : 스킨십하고, 포옹하라

　첫째, 만져라. 즉 스킨십입니다. 만졌을 때 세상에서 가장 부드러운 것 하나를 떠올린다면 그것은 무엇일까요? 저는 백 일 무렵 살이 통통하게 오른 뽀얀 아기 피부가 제일 먼저 떠오릅니다. 말랑말랑하며 탱탱하고, 가벼운 듯하며 보드라운 그 감촉은 정말 그 무엇과도 비교가 어려울 정도로 좋습니다. 어디 감촉뿐인가요? 때 묻지 않은 하얀 피부는 세상사에 탁해진 눈까지 정화시켜 줄 정도지요.

　이런 아기 피부와 필적할 만한 것이 하나 더 있습니다. 바로 봄날 파릇파릇하게 돋아나는 새싹입니다. 겨우내 앙상했던 나뭇가지에 봄기운

이 불어오며 드디어 자그만 싹들이 하나둘씩 모습을 드러내기 시작하죠.

처음에 그 싹들은 대개 말려진 형태로 모습을 드러내고, 조금씩 커지면서 따스한 기운을 받아 잎을 펼치기 시작합니다. 혹시 이른 봄 나뭇가지 위에 이제 막 자리 잡은 싹들을 만져 본 적 있나요?

지그시 눈을 감은 채 만지고 있노라면, 아기 피부를 만질 때처럼 보드랍고 말랑말랑하기 이를 데 없습니다. 얼마나 사랑스러운지 모릅니다. 만지는 것만으로 자신도 모르게 입에 미소가 걸리죠.

우리 시대의 이야기꾼 소설가 김훈은 〈라면을 끓이며〉에서 싹이 자라 생겨난 나뭇잎을 보며 생의 신비를 느낀다고까지 말하고 있는데요, 아래를 읽어 보시면 연두의 바다가 빛을 받으며 출렁이는 풍경이 머릿속에서 아름답게 떠오르실 겁니다.

> 나뭇잎은 한 조각의 이파리로써 스스로 자족하기보다 온 산을 뒤덮는 연두의 바다로서 흔들리고 반짝인다. 어린아이나 어린 강아지나 새로 돋아난 어린잎은 신생의 빛으로 영롱하다. 어린 강아지의 빛과 어린 새잎의 빛이 닮아 있는 현상에서 나는 생의 신비를 느낀다. 봄의 산에는 그 신생의 빛들이 골짜기와 능선마다 피어오르고, 그 빛들이 강물에 비친다.

만지는 것에서 조금 더 나간다면 입으로 느끼는 것도 좋은 방법 중의 하나입니다. 즉 먹어보란 얘깁니다.

지난 4월의 봄날 북한산에 간 적이 있습니다.

진달래, 벚꽃, 살구꽃, 홍매화 등 온갖 봄꽃들이 화창하게 피어 있었죠. 그 아름다움에 취해 있던 중 동행했던 한 분이 찔레나무를 발견하고는 이제 막 나기 시작한 찔레의 새 순을 따서 맛보라고 주시더군요.

사실 머리털 나고 처음 먹어봤는데요. 아, 첫맛은 약간 푸릇푸릇 쌉싸름하고 중간 맛은 약간은 시큼하며 상큼한 맛이 느껴지는가 싶더니 마지막엔 은근한 달콤함이 입 안에 가득 퍼집니다.

이것이 봄의 맛일까요? 진분홍의 야들야들한 진달래 꽃잎도 따서 먹었습니다. 꽃잎 특유의 부드러움과 함께 천연의 달콤함이 머릿속을 가득 채워줍니다. 그야말로 막걸리 안주로 딱이더군요! 돌아오는 봄, 그때는 꼭 봄과의 스킨십은 물론, 그 상큼한 맛까지 경험해 보시기 바랍니다.

오버하라 : 오버하면 감정은 배가 된다
—

두 번째 방법은 '오버하라'입니다. 왜일까요? 오버하게 되면 감정은 배가 되고, 그렇게 느껴지는 행복감은 2배가 될 수 있기 때문입니다. 과연 그럴지 의심이 되시죠? 조금 구체적으로 말씀드려 보겠습니다.

사실 우리가 느끼는 감정 즉 사랑, 행복, 기쁨, 즐거움 등의 감정이란 신경조직에서 분비되는 신경전달물질에 의한 화학적 작용이라 볼 수 있습니다. 엔도르핀, 도파민, 세로토닌과 같은 것이 바로 그것인데요. 이러한 신경전달물질은 신경조직을 구축하는 데 있어 매우 중요한 역할을 하는 물질입니다.

아마 초등학교 혹은 중학교 때 신경계를 구성하는 가장 기본적 단위
는 뉴런Neuron이라 배우셨을 겁니다. 기억나시죠?

뉴런의 앞쪽과 뒤쪽에는 뉴런끼리 연결될 수 있는 부분이 있는데,
앞부분에 있는 것을 수상돌기Dendrite, 반대편을 축삭돌기axon라 부르
죠. 즉 A 뉴런의 축삭돌기 부분과 B 뉴런의 수상돌기 부분이 연결되면
이것을 시냅스 연결이라 부르게 됩니다. 하지만 시냅스는 오목과 볼록
블록처럼 아귀가 딱 맞는 것이 아니라 그 사이에 약간의 간극이 존재
합니다. 이 사이에서 전기신호를 전달해 주는 역할을 하는 것이 바로
신경전달물질입니다.

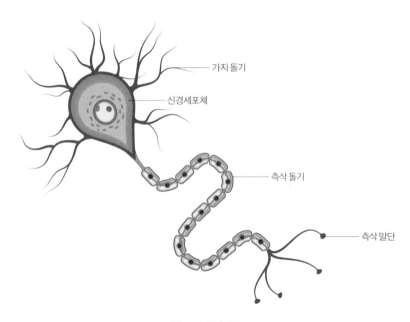

그림 12. 뉴런의 구조

이런 신경물질은 분비될 때 사람의 감정을 자극하게 됩니다. 예를 들면 엔도르핀의 경우는 통증, 불안 경감 등 진통효과를 주는 신경물질로써 웃음, 사랑과 밀접한 관계를 가지고 있습니다.

도파민은 쾌락과 행복감에 관련된 감정을 느끼게 해주는 신경물질로 알려져 있습니다. 세로토닌은 식욕, 수면, 사고 기능, 기억력 등에 관여한다고 하고요. 이러한 신경전달물질이 더 많이 분비될수록 우리의 감정은 평소보다 더 강하게 반응하게 됩니다.

우리의 몸이 그렇게 만들어져 있는 겁니다. 그렇기 때문에 우리가 해야 할 일은 신경전달물질을 어떻게 하면 더 잘 분비시킬 수 있을지 고민해서 실천하면 되는데, 그 대표적 방법이 바로 '오버하라'입니다.

여기에는 2가지 의미가 담겨 있습니다.

예를 들어 보죠.

젊은 연인이 만나 교제를 시작합니다. 서로의 마음을 조금씩 알게 되면서 상대방에 대한 사랑을 느끼게 됩니다. 이에 맞춰 신경전달물질이 분비되기 시작하며, 행복한 감정이 일기 시작합니다. 이제 본격적으로 그 사람만 생각납니다. 누워 천정을 바라봐도, 책을 들여다봐도, 일하던 중에도 갑작스럽게 말이죠. 그 사람이 보고 싶어지고, 그 사람의 목소리도 듣고 싶어지며, 손도 잡고 싶습니다.

또한 그 사람을 기쁘게 해주기 위해, 그 사람의 행복해하는 얼굴을 보기 위해 선물도 준비합니다. 아주 자연스러운 생각이고, 행동입니다. 바로 이런 것들이 '오버'하는 것이라 볼 수 있습니다. 이는 의도적인 것은 아니지만, 자연스러운 '오버'라 볼 수 있겠죠. 이를 통해 행복감은 2배,

3배로 계속해서 올라가게 됩니다.

다른 하나는 의도적인 의미의 '오버'가 있는데요.

이번에는 중년 부부를 예로 들어보겠습니다.

사랑이 식은 지 오래입니다. 소위 요즘 말로 '전우애'나 '의리'로 산다고 봐야 할 정도입니다. 자, 이런 부부를 다시 사랑하면서 행복하게 살도록 만들려면 어떻게 해야 할까요? 방법을 알려드릴까요? 의도적으로 '오버'하면 됩니다.

우리의 뇌는 사실 의도적인지 아닌지를 구별하지 못합니다. 어찌 보면 이분법적으로 O와 X밖에 구분하지 못하죠. 즉 내가 사랑해서 스킨십을 하든, 사랑하는 마음은 없지만 그래도 열심히 스킨십을 하든, 뇌의 입장에서는 스킨십을 하는 걸로 받아들입니다. 즉 사랑의 감정 없이, 그저 물리적이며 단순 육체적인 사랑의 행위를 할지라도 신경전달물질은 분비된다는 겁니다.

중요한 것은 여기서부터입니다.

그렇게 신경전달물질이 조금씩 분비되기 시작하면, 감정의 변화가 찾아오게 됩니다. 처음엔 그냥 스킨십을 했을 뿐인데, 그 행위를 통해 감정이 생기기 시작하죠. 상대방에 대한 애정이 스멀스멀 일어나게 된다는 겁니다. 여기에 더해 남편 혹은 아내의 리액션이 있다면, 이 과정은 더 짧아지게 되며, 이로써 점차 과거의 좋았던 시절로 조금씩 돌아갈 수 있게 됩니다. 즉 메말랐던 감정에 뜨거운 수증기가 들어오며 점차 예전의 감정으로 돌아갈 수 있게 된다는 겁니다.

여기에 더해 하나를 더 추가하자면 '오버하라'는 것은 열린 마음을 가지고 더 집중하라는 의미가 있습니다. 앞에서 말씀드린 조르바 이야기처럼 춤출 때는 오로지 춤에만, 상대방과 이야기할 때는 이야기에만 그리고 사랑하는 여자와 키스를 나눌 때는 키스에만 집중하게 되면, 느껴지는 행복감에 대한 지수는 계속해서 상승하게 될 것입니다.

매일, 첫 경험을 하라 : 첫 경험만큼 짜릿한 것은 없다

—

제가 처음 자전거를 배운 것은 초등학교 5학년 시절로 기억됩니다. 당시 제 아버지가 넘어지지 않도록 뒤에서 잡아주었죠. 그럼에도 당연히 많이 넘어지기도 했고요. 그러면서 조금씩 중심을 잡게 되고, 어느 순간 조금씩 거리를 늘려 갈 수 있게 되었습니다. 그때 가장 잊지 못할 순간은 여전히 아버지가 넘어지지 않도록 뒤에서 잡고 있으리라 생각했는데, 저 혼자 달리고 있음을 알게 된 순간이었습니다. 아, 그 짜릿함이란!

아마도 처음 자전거를 배울 때의 경험 내지 추억은 대부분 가지고 있을 겁니다. 그렇죠? 그때 이후 자전거는 제 발이 되어 학교 통학은 물론, 많은 시간을 저와 함께 보냈습니다.

하지만 대학 때 이후로는 거의 20년이 넘도록 자전거를 타 본 적이 없는데요. 한 가지 신기한 점은 그럼에도 불구하고 지금 다시 자전거를 타더라도 아무런 문제없이 잘 탈 수 있다는 겁니다. 왜 그럴까요?

생물학적으로 말씀드리자면, 이미 자전거를 탈 수 있는 신경체계가 구축되어 있기 때문입니다.

신경체계는 한 번 만들어지게 되면 사용하지 않더라도 언제든 그 체계를 다시 구축할 수 있도록 코드화되어 있다고 할 수 있는데요. 이는 거의 자동적인 시스템이 몸 안에 구축되어 있다고 보시면 됩니다.

그렇기 때문에 자전거 타는 방법을 잊어버리지 않을 수 있는 거죠. 하지만 자동화되어 있다 보니 감정에 영향을 주는 신경전달물질은 거의 분비되지 않습니다. 즉 신경전달물질이 나오지 않더라도 시냅스 연결이 자동적으로 '착착' 작동된다는 겁니다. 그렇기 때문에 대부분의 사람들이 가지고 있는 자전거에 대한 기억은 처음 배울 때, 즉 첫 경험에 대한 기억이 거의 전부라 할 수 있습니다.

그때의 짜릿함! 뿌듯함! 신기함! 이런 것들이 다 처음으로 겪는 일이기 때문에 더욱 감동과 흥분을 느끼게 되는 것이죠.

행복을 더욱 잘 느낄 수 있는 세 번째 방법은 바로 '첫 경험'을 매일 만드는 것입니다. 처음이란 것에는 묘한 흥분과 설렘 그리고 긴장감이 담겨 있습니다. 해보지 않았으니, 당연히 어떻게 될지 모를 수밖에 없겠죠.

물론 타인의 경험을 미리 들음으로써 간접 경험을 할 수는 있겠지만, 엄연히 듣는 것과 실제로 경험하는 것에는 큰 차이가 있을 수밖에 없을 겁니다.

어린아이들에게 한 번도 보지 못한 코끼리를 설명해 준다 한들, 동물원에 데리고 가서 직접 눈으로 보았을 때의 감동과 비교할 수 있을까요?

19세기 인상파 화가의 작품에 대해 알려주기 위해 아무리 사진으로 작품들을 보여주고 그 특징에 대해 이야기해준다 할지라도, 한 번이라도 프랑스 파리의 오르세 미술관을 방문하여 모네, 마네, 드가, 르누아르의 작품을 직접 눈앞에서 보는 것과 비교가 가능할까요?

일생에 처음 하게 되는 첫사랑에 대한 이야기를 영화, 드라마, 소설 심지어 친구를 통해 수십 번, 수백 번 듣거나 본다 할지라도, 내가 실제로 한 번 경험해 보는 것과 비교 자체가 가능이나 할까요? 당연히, 절대 아니겠죠.

이처럼 '첫 경험'에는 다른 일반적인 감동과는 차원이 다른 깊고 짙은 감동이 담겨 있습니다.

우리가 할 일은 '첫 경험'에 대한 경험을 최대한 많이 가지는 것입니다. 첫 경험이라 해서 꼭 특별한 경험을 이야기하는 것은 아닙니다. 경험해보지 않은 새로운 일을 하게 되면 그것은 모두 첫 경험이 됩니다. 가령 한 번도 먹어보지 못한 음식을 먹어보거나, 새로운 사람을 만나거나, 혹은 이름만 알고 있었지만 한 번도 만나지 못했던 사람을 만나거나, 처음 가보는 곳을 방문해 보거나, 또는 새로운 취미를 시도해 보거나 등 우리가 생각을 조금만 하게 되면 얼마든 '첫 경험'을 할 수 있는 길은 열려 있다 할 것입니다.

이뿐만이 아닙니다. 그저 아무 생각 없이 지나치던 길에 핀 들꽃을 자세히 살펴보는 것 또한 첫 경험이 되고, 새로운 경험이 될 수 있습니다. 또한 혼자만 다니던 길을, 남편이나 아내 혹은 아이와 함께 손을 잡고 노래 부르며 걷는 것 또한 새로운 경험으로 기억될 것입니다.

이처럼 인생을 사는 동안 '첫 경험'을 얼마나 많이 하느냐에 따라, 삶은 더 풍성하고 풍요로워질 것입니다.

🏠 생고생을 많이 하면 할수록 인생이 드라마틱해진다

소설가 김연수 씨가 쓴 산문집 〈소설가의 일〉에 보면 미국 할리우드의 '이야기 공식'이란 것이 소개되고 있는데요, 이게 아주 재밌습니다. 한번 같이 보시죠.

$$이야기 = \frac{케릭터 + 욕망}{방해물}$$

공식을 분해해보면 이렇습니다. 캐릭터가 있고 거기에 욕망을 더한 후 그것을 방해물로 나누었을 때 이야기가 성립된다. 조금 이해하기 어렵죠? 이번엔 알기 쉽도록 공식을 조금 바꾸어 보겠습니다.

$$이야기 = \frac{나(보고 듣고 느끼는 + 욕망(나에게 없는)}{세상의 온갖 방해}$$

캐릭터란 나 자신을 의미합니다. 나는 보고 듣고 느낄 수 있는 사람이죠. 그런 내가 보고 듣고 느끼는 것만으론 모자라 자신에게 없는 무언가를 원하고 바랍니다. 그게 바로 '욕망'입니다. 하지만 그런 욕망은 세상의 다양한 방해에 의해 얻기 힘듭니다. 하지만 그럼에도 불구하고 그것을 얻고 소유하고 혹은 쟁취하기 위해 온갖 방법을 다 시도하게 됩니다. 그러면서 고생이란 고생은 다 겪게 되죠. 바로 이것이 이야기, 즉 생고생하는 이야기가 된다는 겁니다. 이해되시죠?

이 공식은 꼭 생고생이 아닌, 사람이 살아가는 인생 이야기에도 잘 들어맞습니다.

먼저 결혼을 예로 적용해볼까요?

위의 공식에서 나에게 없는 것, 즉 욕망하는 것이란 무엇일까요? 바로 결혼 상대자인 배우자가 되겠죠. 배우자를 만나기 위해 '나'는 행동에 나섭니다. 바로 결혼부터 할 수는 없으니 먼저 사랑할 사람을 만나야겠죠. 그러기 위해 우리는 단체 미팅도 하고, 소개팅도 하고 심지어는 길거리 헌팅까지 도전합니다. 또한 주변에 있는 사람들을 아주 면면히 관찰하기도 하고요. 그러다 마음에 꼭 드는 상대를 만납니다. 그리고 결혼을 결심하게 되죠.

하지만 그때부터 세상의 갖은 방해가 시작됩니다. 대개 부모의 반대가 1순위로 등장하고, 이어 친척들, 친구들, 직장동료들까지 반대를 하게 되면 결혼까지의 길은 험난하다 못해 고난과 역경의 길로 변하게 되죠. 그럼에도 불구하고 온갖 방해를 다 이겨내고 결혼에 골인하면 생고생은 했어도 해피엔딩이 됩니다. 하지만 고생만으로 허무하게 끝나게 되면 새드엔딩으로 막을 내리게 되는 거고요. 엔딩이 어떠하든 간에 공식에서처럼 생고생 이야기는 성립되게 됩니다.

인생을 드라마틱하게 사는 법

이번엔 우리 인생 이야기를 해보겠습니다.

이 글을 읽고 계신 여러분은 현재 자신의 인생이 어떻다고 생각하시나요? 조금 힘든 부분이 있긴 하지만, 그냥 남들처럼 평범하고 별 다를 것이 없다 생각하시나요? 평범하다 보니 어떤 때는 지루하기까지 하나요? 그래서 자신의 인생이 지금보다 더 드라마틱하고 재밌어졌으면 하고 바라고 있진 않으시나요? 그런 분들을 위해 판에 박힌 듯 지루한 인생을 보다 재밌고 드라마틱하게 살 수 있는 방법을 알려 드리겠습니다. 그 답이 바로 '이야기 공식' 안에 있습니다. 하나하나씩 풀어보겠습니다.

공식을 다시 한번 보면, 형식이 이렇게 되어 있음을 알 수 있습니다.

$$D = \frac{A+B}{C}$$

그렇죠? 인생이 지루함을 타파하기 위해서는 D의 값을 크게 만들면 됩니다. 즉 생고생을 많이 하면 된다는 거죠. 생고생을 많이 할수록 내 인생의 이야깃거리가 아주 많아짐은 물론이고 아주 다채로워지게 될 겁니다. 다른 말로 하면 아주 드라마틱해진다고 표현할 수도 있겠죠.

D값을 크게 만들기 위해서는 비례 관계에 있는 우변의 A와 B의 값을 크게 만들면 됩니다. 또 하나의 방법은 반비례 관계에 있는 C의 값을 작게 만들면 되고요. 이해되시죠? 아래와 같이 하면 된다는 겁니다.

$$D(\uparrow) = \frac{A(\uparrow) + B(\uparrow)}{C(\uparrow)}$$

자, 하나씩 풀어보죠. 먼저 A입니다.

A는 '보고 듣고 느끼는 나'라고 했습니다. A의 값을 크게 만들기 위해서는 어떻게 해야 할까요? '나'를 지금과 다르게 바꿔야 합니다. 어떻게요? 지금의 '보고 듣고 느끼는' 정도를 훨씬 더 크게, 즉 더 많이 보고, 더 많이 듣고, 더 많이 느끼며 살아야 한다는 겁니다.

다시 묻죠. 어떻게요? 일상을 일상으로 살지 않으면 됩니다. 기본적인 것은 일상대로 살 수밖에 없겠지만, 나머지는 과감히 일탈을 하며 살아야만 더 많이 보고, 더 많이 듣고, 더 많이 느낄 수 있다는 겁니다. 일탈이라고 표현했지만, 일탈이 대단한 것은 아닙니다. 조금만 생각을 바꾸고 다르게 보면 됩니다.

출근길입니다. 평소와 같이 아내에게 '다녀올게.' 하며 현관문을 나섭니다. 하지만 오늘은 작은 일탈을 해보기로 합니다. 아내의 허리를 잡고 아주 찐하게 '키스'를 합니다. 다소 어안이 벙벙해 있는 아내에게 한마디를 남기며 집을 나섭니다.

"오늘 밤, 기대해."

어떤가요, 나와 아내 두 사람 모두 하루가 달라지겠죠? 이런 일들이 많아지고 잦아지다 보면, 분명 지금의 지루한 일상과는 많이 달라질 겁니다. 하루하루가 색달라지게 되는 거죠.

두 번째는 B, '나에게 없는 것에 대한 욕망'을 지금보다 더 많이 욕망해야 합니다.

욕망이라 하니 무엇이 떠오르시나요? 육체적 혹은 물질에 대한 소유? '나에게 없는 것'이라 표현했다고 해서 '물질'을 떠올리시면 곤란합니다. 왜냐하면 물질은 대개 돈을 필요로 하고, 돈은 우리의 마음대로 할 수 없는 것이기 때문이죠. 또한 돈은 자신의 욕망을 이루기 위한 방해물로도 작용하기 때문에 물질을 욕망한다면, 돈과는 관계가 없는 물질을 욕망해야만 합니다.

제가 생각할 때 여기에서의 욕망은 '나에게 없는 것'이란 표현보다는, '내가 해보지 못한'이란 의미의 '경험'에 대한 욕망으로 풀이하는 게 좋을 듯싶습니다. 즉, 살면서 해보지 못한 새로운 경험에 대한 욕망, 그래서 그것을 꼭 한 번이라도 해 보았으면 하는 그런 욕망을 가지는 것이죠.

경험에 대한 욕망, 특히 첫 경험에 대한 욕망을 이루게 되면, 자신의 보고 듣고 느끼는 감정을 현재보다 더 풍부하게 만들어 준다는 점에서 시너지 효과까지 얻을 수 있는 장점도 있습니다.

마지막으로 C에 해당하는 '세상의 갖은 방해'가 있는데, 사실 이것은 자신이 통제할 수 없는 부분입니다. 그렇기 때문에 노력한다 할지라도 그 수고에 비해 줄어드는 효과는 미미하거나 아예 없을 수도 있고요.

그렇다면 어떻게 해야 할까요? 차라리 여기에 들이는 노력을 A와 B에 집중하는 것이 낫다고 볼 수 있습니다. 유독 나를 싫어하는 방해자가 있는데, 그 사람을 아무리 설득하려 한들 나를 좋아하게 만들기는 정말 정말 어려울 겁니다. 그렇다면 차라리 그 사람은 포기하고, 가능성 있는 다른 사람들을 만나는 것이 자신에게 훨씬 더 유리하겠죠.

정리하자면, 인생을 보다 재밌고 드라마틱하게 살기 위해서는,

첫째, 일상에 일탈을 더해, 보고 듣고 느끼는 것을 더 다양하고 풍부하게 만들도록 노력하고,

둘째, 지금까지 해보지 못한 새로운 경험을 최대한 많이 겪을 수 있도록 힘쓰고,

마지막으로, 방해물을 만들지 않도록 미리미리 신경 쓰거나, 방해물이 있을 경우엔 한 발짝 뒤로 물러서 자신의 감정과 경험에 집중할 필요가 있다 하겠습니다.

이럴 경우, 우리의 인생은 지금과는 달리 보다 더 다채롭고 이야깃거리가 많은 그런 색다른 삶으로 바뀌어 가게 될 겁니다. 뭐 물론, '생

고생'을 좀 할 수도 있겠지만, 그래도 일상이 즐거워지고 드라마틱해
진다면 한번 해볼 만하지 않을까요? 그런 의미에서 독자 여러분 인생
의 필요 적절한 '생고생'을 기대해 보겠습니다!

여기서 잠깐! 퀴즈 하나 드리고 가겠습니다. 힌트를 드릴 테니 한 운동선수의 이름을 맞춰 보세요.

첫 번째 힌트. 통산 28개의 올림픽 메달을 획득. 오호, 벌써 몇 명의 올림픽 영웅들의 모습이 떠오르시죠?

두 번째 힌트. 일곱 살 때 ADHD(주의력결핍 과다행동장애)의 치료를 위해 수영을 시작, 처음엔 물에 대한 공포 때문에 얼굴조차 담그지 못해 어쩔 수 없이 배영부터 배웠다고 하네요. 슬슬 감이 오시죠?

마지막 힌트. 2008년 베이징 올림픽 8관왕. 어떤가요, 쉽죠?

맞습니다. 여러분의 예상대로 정답은 미국의 수영선수 마이클 펠프스Michael Phelps입니다. 위의 힌트대로 전무후무한 2008년 베이징올림픽 8관왕으로, 19살에 출전한 2004년 아테네 올림픽에서는 금메달 6개, 동메달 2개를 차지했죠. 그리고 2012년 런던 올림픽에서는 27살의 다소 노쇠한 나이 때문인지 불과 금메달 4개, 은메달 2개에 그치는 다소 저조한 실적을 올렸고요.

2014년 은퇴를 선언했다가 번복한 후 31세의 나이로 출전한 2016년 리우 데 자네이루 올림픽에서는 금메달 5개와 은메달 1개를 따냄으로써 수영에 관한 한 그는 누구도 넘보지 못할 위대한 업적을 세웠습니다. 그리고 4번의 올림픽 출전을 통해 획득한 28개의 메달은 100년이 넘는 근대 올림픽 사상 최고의 기록이라고 하네요.

그는 수영 황제라 불릴만한 충분한 자격을 가지고 있습니다.

수영 종목의 모든 역사, 기록까지 다 바꿔치기 해 놓았으니까요. 오죽하면 올림픽 당시 우리나라 네티즌들이 그를 인간이 아닌 생선에 빗대어 '펠 피시'라고 불렀을까요. 그런데 그가 수영 역사에서 위대한 이유가 한 가지 더 있습니다. 한 가지 종목에서만 잘했던 선수가 아니란 겁니다.

그가 2008년에 딴 금메달 종목을 한번 볼까요.

200m 자유형, 100m 접영, 200m 접영, 200m 혼영, 400m 혼영, 400m 자유형 계주, 800m 자유형 계주, 400m 혼영 계주. 딱 한 종목만 빠져 있지요, 배영.

아이러니한 건 그가 맨 처음 배웠던 수영 종목이 배영이란 겁니다. 하지만 이미 2004년 아테네 올림픽 100, 200m 배영에서도 모두 금메달을 획득했기 때문에 그는 수영 전 종목에 능한 선수라 할 수 있습니다.

자, 이런 대단한 펠프스도 올림픽 시상대에 올라선 순간은 꽤나 행복했겠죠? 특히나 은, 동메달도 아닌 금메달을 목에 걸 때는 더욱더 행복한 시간이었겠죠? 하지만 〈행복은 혼자 오지 않는다〉의 저자인 에카르트 폰 히르슈하우젠Eckart von Hirschhausen은 행복의 측면에서 보았을 때, 금메달을 목에 건 펠프스보다 더 행복한 사람은 따로 있다고 합니다. 무슨 얘기냐고요?

이야기의 무대를 올림픽 시상대로 옮겨 보겠습니다.

지금 올림픽 시상이 이루어지고 있습니다. 시상대에는 당연히 3명이 서 있겠죠. 금메달, 은메달, 동메달 수상자.

자, 이 중에서 가장 행복한 사람은 누구일까요? 금메달을 목에 건 사람? 그렇죠, 이 순간 그가 가장 행복한 사람이라 말할 수 있겠죠. 하지만 그 행복의 효과는 언제까지 유효할 수 있을까요? 만약 행복을 지금 바로 이 순간이 아닌 시간의 범위를 다소 넓혀 판단해 본다면 누가 가장 오래 행복할 수 있을까요? 정답은 바로 동메달 딴 사람, 즉 1등이 아닌 3등이라고 하네요. 왜 그럴까요?

시상대에 올라선 은메달 수상자는 금메달 수상자를 보며 다음과 같이 생각하며 아쉬워한다고 합니다.

'아까워. 내가 0.05초만 빨랐어도 저 금메달은 내 차지일 텐데……'

이에 반해 동메달 수상자는 다음처럼 생각하며 아주 행복해한다네요.

'내가 0.05초만 늦었어도 이 동메달을 받을 수 없었을 거야. 정말 다행이야. 그리고 이번에는 동메달이지만 다음에 조금만 더 열심히 하면 충분히 은메달, 금메달도 딸 수 있을 거야.'

어떤가요? 메달 색깔이 다른 만큼 생각도, 그 감회도 모두 다르죠? 이 이야기를 통해 우리가 알 수 있는 사실은 결국 행복은 상대적이란 겁니다. 즉, 자신의 상황을 얼마나 긍정적으로 바라볼 수 있느냐에 따라 행복할 수도 있고, 은메달 딴 사람처럼 불행할 수도 있다는 겁니다. 이런 상대적 행복에 대해 고대 로마의 철학자이자 극작가이기도 한 루시우스 세네카Lucius A. Seneca는 다음과 같이 말합니다.

"인간은 단지 행복하기를 원하는 게 아니라, 남들보다 더 행복하기를 원한다. 그런데 우리는 무조건 남들이 자기보다 더 행복하다고 생각하기 때문에 남들보다 행복해지기 어려운 것이다."

18세기 프랑스의 사상가 몽테스키외Montesquieu, 1689~1755 또한 상대적 행복에 대해 이렇게 말하고 있는데요, 마치 세네카의 말을 이어가는 듯 재밌습니다.

"만일 우리가 행복하길 원한다면 그것은 쉬운 일이다. 하지만 남들보다 더 행복해지기를 원한다면 그것은 매우 어려운 일이다. 왜냐하면 우리 눈에는 남들이 실제보다 훨씬 더 행복해 보이기 때문이다."

수영 황제 펠프스는 수많은 올림픽 메달을 땄음에도 불구하고 완전히 행복하진 않았었나 봅니다.

2009년 마리화나 흡입으로 파문을 일으키기도 하고, 2014년에는 생애 2번째 음주운전으로 미국 수영연맹으로부터 6개월 자격정지까지 받았었으니까요. 그것 때문에 은퇴를 선언하기도 했고요. 하지만 다시 정신을 가다듬고 2016년 리우 데 자네이루 올림픽에 출전, 6개의 메달을 획득함으로써 수영 황제로서의 면모를 과시했죠.

아마도 2016년 올림픽에서는 꼭 메달 여부가 아니라 그저 수영을 마음껏 할 수 있다는 그 사실 자체가 더 큰 기쁨, 큰 행복이 되었을 겁니다.

지금 이 글을 읽고 계신 독자분들은 어떠신가요? 인생의 금메달을 향해 쉼 없이 달리고 계신가요? 그렇다면 지금 그 질주를 멈추고 잠깐 휴식을 가지는 건 어떨까요? 편히 앉아서 땀도 닦고 시원한 음료도 마시며 주위를 둘러보는 시간을 가지면 좋지 않을까요? 어찌 보면 인생의 금메달이라는 것, 그게 인생의 전부는 아닐 것입니다.

금메달을 딴다고 무한한 행복을 얻는 것도 아니고, 못 딴다고 해서 행복이 완전히 사라지는 것 또한 아닐 테니까요.

중요한 것은 내가 이 세상을 건강하고, 즐겁게 살아간다는 것, 인생을 제대로 만끽하며 살아가고 있다는 그 사실 자체가 더 소중한 것 아닐까요?

◇ 즐거운 상상이 만들어내는 행복의 무한반복법

제게 있어 2012년 10월 31일은 결코 잊지 못할 날 중의 하나입니다. 순항하고 있는 경제·경영·인문의 균형 찾기 프로그램 〈에코라이후(http://cafe.naver.com/ecolifuu)〉가 처음 시작된 날이기 때문이죠. 당시 약 10여 명의 사람들이 첫인사를 나누며 1년간의 선전을 다짐했는데요.

설렘, 기대감, 흥분, 설명하기 어려운 안도감, 자신감 등이 그 자리에 같이 했었죠.

그리고 약 5년 반 정도가 흐른 지금, 6번째 기수가 아주 열심히 활동하고 있습니다. 그동안 저는 약 60명의 사람들과 같이 하고 있고요.

가끔 이런 질문을 받습니다. 왜 이 프로그램을 하고 있냐고요.

무료로 진행되니 돈을 벌 수 있는 것도 아니고, 게다가 3년 전부터는 〈에코독서방〉까지 병행하다 보니 부담감이 커진 것도 사실이고요. 글쎄요, 왜 하고 있을까요?

그동안 간혹 앞의 질문을 받으면 이렇게 답을 했었습니다.

생전 처음 만난 사람들이 1년간 열심히 공부한 후, 성장한 그들의 모습을 볼 수 있다는 것, 특히나 각자의 잠재력을 틔워 그전과 다른 삶을 살고자 하는 변화를 보는 것이 제게는 엄청난 즐거움, 기쁨 그리고 행복이 된다고요. 그래서 이 프로그램을 계속하고 있다고요. 하지만 이 건 '공식적'인 답변이고요, 실제 마음속 답은 따로 있습니다.

〈에코라이후〉 프로그램을 운영하는 2가지 이유

현재 〈에코라이후 기본과정〉 6기에는 6명의 인원이 공부하고 있는 데, 직업은 물론 연령대까지 모두 다릅니다. 제약회사에 근무하는 31살 미혼의 여성분에서부터 40대 중반의 벤처기업 임원까지, 거기에 프리랜서로 일하는 능력 있는 웹디자이너도 있죠.

저는 이 사람들과 함께 하며 2가지 점에서 큰 만족을 얻습니다.

하나는 다양한 사람들을 만나 같이 공부하며, 서로 간에 도움이 되는 존재가 됨으로써 함께 성장할 수 있다는 겁니다. 혼자가 아닌, '함께 성장'한다는 것은 결코 쉽게 얻을 수 없는 큰 장점이라 할 수 있습니다.

다른 하나는 어린 친구들이 저를 찾아 준다는 점입니다.

가장 어린 멤버가 저와 20살 차이입니다. 아마 직장을 제외하고 일반 모임에서는 만나기 힘든 나이 차일 겁니다. 이런 어린 친구들이 다른 사람도 아닌 바로 '나'를 찾아온다는 것, 좋다 못해 고맙기까지 합니다. 만약 제가 이런 프로그램을 하지 않았다면, 이렇듯 어린 친구들과 이야기 함께 공부하며 이야기 나눌 수 있는 기회를 가질 수 있었을까요?

가끔 상상을 해 봅니다. 제가 60세가 되었을 때, 큰 문제가 생겨 중단

되지 않는 이상, 〈에코라이후 기본과정〉은 16기가 활동하고 있을 겁니다. 그러면 약 150명의 멤버들이 활약하고 있겠죠. 거기에 더해 〈에코 독서방〉까지 포함시키면 아무리 못 해도 300명 가까운 사람들이 이 〈에코……〉라는 놀이터에서 공부도 하고, 놀며 함께 즐거운 시간을 보내게 될 것입니다.

그때가 되면 저는 무척 바쁠 겁니다. 일로 바쁜 게 아니라, 정신없이 노느라 시간까지 쪼개야 될 겁니다. 생각만 해도 아찔하네요. 그야말로 행복한 비명을 마구마구 질러야 될 테니까요.

즐거운 상상이 만드는 행복의 선순환

—

만화 〈딜버트〉로 유명한 미국의 만화가이자 작가 스콧 애덤스는 〈열정은 쓰레기다〉라는 책에서 행복의 8가지 공식에 대해 말하고 있습니다.

- 균형 잡힌 식사를 해라.
- 운동해라.
- 충분한 수면 시간을 가져라.
- (믿지 않더라도) 근사한 미래를 상상해라.
- 스케줄을 유연하게 관리해라.
- 꾸준히 성장할 수 있는 운동이나 취미를 가져라.
- (이미 성공했다면) 다른 사람들을 도와라.

• 일상의 규칙을 만들어 불필요한 결정을 할 필요가 없게 만들어라.

특별한 내용은 없는 듯싶죠? 그럼에도 저자가 자신 있게 위의 8가지 공식을 주장하는 데는, '행복'을 일반 사람들과 조금 다르게 정의하기 때문입니다.

뻔해 보이지만 결코 뻔하지 않다는 겁니다.

그는 행복을 '신체의 화학물질이 마음속에 어떤 즐거운 감각을 생성할 때 느껴지는 기분'으로 정의합니다.

앞의 행복 강화법에서 말씀드린 신경전달물질 이야기와 비슷하죠?

그는 이런 생각을 기반으로 이렇게 말합니다.

행복해지기 위해서는 신체에서 분비되는 화학물질 조절법을 익혀야만 한다고요. 그가 제시하는 가장 간단한 방법은 정신과 의사를 찾아가 기분을 나아지게 하는 약을 처방받으라는 겁니다. 아주 쉽죠? 물론 농담이겠지만요.

저는 앞의 8가지 공식 중 '근사한 미래를 상상하라.'는 공식이 제일 마음에 드는데요, 상상만으로도 충분히 행복한 감정을 느낄 수 있다며 저자는 아래와 같이 강조하고 있습니다.

당신은 늘 더 나은 미래를 상상해야 한다. (중략) 막연하게 더 나은 미래를 상상하는 것만으로도 뇌는 화학물질을 내보내 오늘을 행복하게 해준다. 그리고 이렇게 행복한 상태는 에너지를 높여 현실 세계의 행복을 추구할 수 있도록 만든다. 상상이 현실 세계에 영향을 미치는 것이다. 그러므로 현실에 상상을 맡기지 마라. 상상이 현실을 조종하는 사용자 인터페이스가 되게 하라.

상상이 행복한 감정을 느끼도록 돕고, 그 행복감은 에너지를 만들어 현실 세계에 영향을 미친다는 겁니다. 힘차고 즐겁게 생활할 수 있으므로 당연히 현실에서도 행복을 느낄 가능성이 커지게 되고, 그럼으로써 행복의 선순환이 만들어진다는 거죠. 그가 강조하는 것은 행복을 화학물질로 보고, 화학물질이 지속적으로 분비될 수 있도록 자신의 몸을 조종하는 '조종사'가 되라는 겁니다. 상상은 자신에게 탑재되어 있는 하나의 기능, 즉 프로그램인 거고요. 한마디로 상상이란 프로그램을 활용하여 얻을 수 있는 결과가 행복이란 겁니다.

앞에서 제가 〈에코라이후〉에 대해 말씀드렸는데요. 저는 지금도 행복하지만 나이가 들면 들어갈수록 지금보다 몇 배 더 행복하리라 믿어 의심치 않습니다.

미래를 상상하는 것만으로도 엔도르핀이 팍팍 돌거든요. 즐거운 상상으로 얻어지는 행복감과 그 부산물(에너지)은 현재의 〈에코라이후〉에 더 힘을 쏟게 만들고 자극함으로써, 함께 하는 멤버들과 더 큰 성장을 하도록 이끌어 줄 겁니다. 그렇게 현재가 조금씩 더 발전하게 되면, 저는 다시 보다 나은 미래를 아주 즐겁고 기쁘게 상상하겠지요. 그러면 또다시……. 어떤가요, 이 정도라면 선순환의 무한반복이라 말할 수 있지 않을까요?

스콧 애덤스의 말대로, 행복해지는 법 어렵지 않습니다.

그저 상상으로 출발하면 됩니다.

즐거운 상상을 해보세요. 생각만으로도 행복해질 수 있습니다. 그리고 그렇게 얻는 행복한 감정으로 무언가 작은 일을 시작해 보세요. 작은 시도가 작은 기쁨을 만들어 주게 될 겁니다. 그리고 그 기쁨을 기반으로 또 상상을 하세요. 즐겁게 말이죠.

아마도 우리의 뇌는 상상과 현실을 제대로 구분하지 못한 채, 엔도르핀을 팍팍 내놓게 될 겁니다. 이것이 바로 행복의 실체이자, 행복의 선순환이라 할 수 있습니다.

Golden Ratio = Hu·Ma·Nomics

PART 4

그리고
인생
교과서

〈휴매노믹스〉

🔅 자본주의 시대에 잘산다는 것

자본주의 시대를 살아가며 우리는 밥을 먹어야 하고, 옷을 입어야 하며 잠을 잘 공간을 확보해야만 합니다. 또한 사회생활을 위해 반드시 필요한 필수품은 물론이고, 때로는 자신과 가족들이 좋아하는 기호품, 사치품까지 가져야 하는데, 이를 위해서는 반드시 돈을 필요로 하죠. 이것이 자본주의 시대의 논리이자 숙명이라 할 것입니다.

'잘산다는 것'이란
—

자본주의 시대에서는 대개 '돈 잘 버는 사람'을 '잘사는 사람'이라 말합니다. 즉 '돈 잘 버는 것'과 '잘사는 것'은 거의 같은 의미라 생각하는 거죠. 그렇다면 과연 '잘산다.'라는 것의 구체적 의미는 무엇일까요? 한번 곰곰이 생각해볼까요?

사실 '잘산다.'는 것은 사람마다 다르게 느끼는 주관적, 상대적이자 관념적 개념이라 할 수 있습니다. 즉 일정한 기준이 없다는 겁니다. 그래서 사람들은 비교가 가능한 것을 기준으로 하여 '잘산다.'는 것을 가

늘하기도 합니다. 대표적인 것이 바로 돈을 포함한 소유의 규모겠죠. 일단 돈의 규모를 가지고 생각해 볼까요?

사람들은 대개 돈 많은 사람인 부자를 꿈꿉니다.

자신에게 돈이 많다면 직장인으로서의 굴레를 던져 버리고, 평생 하고 싶은 일, 혹은 놀기만 하며 삶을 즐길 수 있으리라 믿죠. 즉 완전한 자유를 꿈꾸는 겁니다.

자, 그렇다면 얼마나 많은 돈을 가져야 부자라고 할 수 있을까요? 앞에서 살펴본 대로 20억 정도만 있어도 부자인 걸까요? 그래도 저금리 시대이니 50억 정도는 있어야 할까요? 아니면 통 크게 세 자릿수는 되어야 부자인 걸까요?

하지만 돈이 없더라도 몸과 마음이 건강하면 이미 그것만으로도 부자라 말하는 사람들도 있죠. 또한 최근과 같은 구조조정의 시대에 명예퇴직당하지 않고 회사를 다닐 수 있는 것만으로도 무척 다행이라 생각하는 사람들도 있습니다.

이들에겐 현재 일할 수 있는 직장이 있다는 것만으로도 감사할 일이니, 부자란 현실과는 관련이 없는 사전 속 단어에 불과하다 볼 수도 있을 겁니다.

이와 같이 볼 때 '잘산다.'는 개념을 돈의 규모만 가지고 판단하기는 어려울 듯싶습니다. 자, 그렇다면 이번에는 반대 개념인 '못산다.'는 것에 대해 생각해 보기로 하죠.

'못산다.' 하면 머릿속에 어떤 생각이 떠오르시나요? 일단 드라마나 다큐멘터리 속에서 본 가난이 먼저 그려지지 않나요? 먹는 것은 그렇다 치더라도 돈이 없어 사고 싶은 것, 하고 싶은 것도 못 할 뿐 아니라 제대로 된 집조차 없어 좁디좁은 반지하 쪽방을 전전하는 모습이 그려지지 않나요?

소위 생활고生活苦로 인해 고통받거나 힘겨워하는 모습이 바로 '못산다.'는 첫 번째 이미지로 떠오를 겁니다.

두 번째로 생각나는 것은 무엇인가요? 직장도 있고, 차도 있고 경제적으로 크게 쪼들리진 않지만, 어느 순간 누군가와 특히 자신보다 경제적으로 나아 보이는 누군가와 비교되었을 때 초라해지는 자신의 모습을 발견하게 될 때, 그 순간 우리는 '잘산다.'보다는 '못산다.'란 생각이 먼저 떠오르게 될 겁니다. 이는 생활고의 차원이 아닌 그보다 한 단계 높은 비교의 차원에서의 '못산다.'는 문제가 됩니다. 즉 생활하는 데 별 문제는 없지만, 상대적 비교에서 느껴지는 박탈감은 계속 머릿속에 남게 되는 거죠.

고대 로마의 철학자 루시우스 세네카의 말처럼 스스로 남들보다 덜 행복하다 느끼기 때문에 오히려 불행하다고까지 생각하게 된다는 겁니다.

정리하자면, '못산다.'는 것은 생활고로 인한 진짜 가난을 의미하기도 하지만, 경제적으로 크고 작은 문제가 없을지라도 상대적 비교에 의해 느껴지는 불편한 감정이라 볼 수 있습니다.

'잘산다.'는 개념에 대한 두 가지 측면

자, 처음으로 돌아와 '잘산다.'는 개념에 대해 두 가지 측면에서 정리해 보죠. 첫 번째는 최소한의 경제적 기준의 측면입니다. 위에서 본 것처럼 '잘산다.'는 개념은 소유의 규모 혹은 돈의 보유 액수에 의해 결정되지는 않지만, '못산다.'는 개념에서 본 것처럼 최소한 생활고로 인한 문제는 발생하지 않아야 한다는 점이 매우 중요합니다. 이것을 부등식으로 표현하면 아래와 같습니다.

못산다 〈 최소한의 경제적 기준

부등식에서 보는 것처럼 최소한의 경제적 기준을 충족한다는 것은 '못산다.'란 영역을 벗어난 것을 의미합니다. 하지만 그것이 '잘산다.'는 개념의 영역까지 도달되었다고 볼 수는 없습니다. 왜냐하면 생활고가 해결되었다 해서 '잘산다.'고 말하기는 어렵기 때문이죠. 오히려 '잘산다.'란 표현보다는 '못살지 않는다.'란 표현이 더 적절할 것입니다. 즉 '잘산다.'고 말하기는 어렵지만, 가난에서 벗어난 것은 명백하며, 한두 가지 혹은 몇 가지 조건의 추가 충족 여부에 따라 '잘산다.'는 영역으로 들어갈 수 있음을 의미한다고 볼 수 있겠습니다.

두 번째로 상대적 비교의 측면입니다. 우리는 끊임없이 자신과 타인을 비교합니다. 비교에 의해 상대보다 낫거나 많거나 좋다면 기뻐하죠. 하지만 반대로 그렇지 못하다면 자신의 처지에 대해 슬퍼하거나 분개합니다. 상대에 비해 자신이 '못산다.'고 생각하는 겁니다.

> **못산다 〈 최소한의 경제적 기준 〈 [못산다 〈 잘산다] (잘사는 영역)**

위의 부등식을 살펴보죠. 앞에서 이야기한 것처럼 더 이상 생활고가 문제가 되지 않는다면 '잘산다.'라고 주장하지는 못하지만 최소한 '못살지 않는다.'고 볼 수 있다 했습니다.

'못살지 않는다.'는 것은 '못산다.'는 영역을 제외한 나머지 부분, 즉 평균과 그 이상을 포함한다고 볼 수 있습니다. 다시 말하자면 일반적 생활을 영위할 수 있는 환경과 그것을 유지할 수 있는 능력만 가지고 있다면, 이는 못사는 것이 아니라 평균을 포함하는 그 이상이란 이야기며, 여기서부터는 특정 기준이 아닌 상대적이며 심리적인 기준에 의해 '잘산다.'와 '못산다.'가 나누어지게 된다는 겁니다.

즉 가장 기초적인 경제적 문제만 해결할 수 있다면, 여러분은 '못사는' 것이 아니라 이미 '잘사는' 영역에 살고 있다 볼 수 있습니다. 다만 상대적 비교에 의한 심리적인 부분만 스스로 컨트롤할 수 있다면 저를 포함한 여러분은 충분히 '잘살고' 있다고 자신 있게 말할 수 있는 겁니다.

20세기 영국의 철학자이자 사회학자였던 버트란드 러셀Bertrand Rus-sell, 1872~1970은 이러한 상대적 비교에 대해 아래와 같은 말을 남겼는데요. 어쩌면 '거지'란 단어 대신에 그냥 '보통 사람'이라는 말을 넣어도 그 의미는 전혀 달라지지 않을 듯 보입니다.

"거지가 질투하는 대상은 백만장자가 아니라 좀 더 형편이 나은 다른 거지다."

⊛ 미래에 대한 막연한 두려움을 없애는 2가지 방법

매년 10월 말이 되면 제가 운영하고 있는 경제·경영·인문의 균형 찾기 프로그램 〈에코라이후 기본과정〉이 끝나게 됩니다.

1년이란 시간, 어찌 보면 짧을 수도 있지만, 가만히 생각해보면 꽤나 긴 시간입니다. 분명한 건 이 시간을 한 가지 테마로 꾸준하게 공부하고 생각하며, 그 생각한 것을 조금씩 실행하는 시간으로 잘 활용할 수만 있다면, 그 끝에 가서는 작든 크든 간에 확실한 무언가를 얻을 수 있다는 점입니다.

1년 과정을 수료한 멤버들에게 이 기간 동안 어떤 점이 변화되었는지에 대한 질문을 하게 되면, 같은 공부를 했음에도 조금씩 다른 답변이 나옵니다. 하지만 그중에서도 대개 2가지 정도는 공통적인 이야기가 나오는데, 그 첫 번째는 경제공부를 정말 열심히 했음에도 불구하고(1년 동안 어렵고 두꺼운 경제 서적을 무려 스무 권 넘게 읽었으니까요.), 처음 기대했던 것만큼 돈을 벌지는 못했다는 겁니다. 음, 이것도 반전이라면 반전이겠죠? 경제공부 아무리 열심히 하더라도 기대만큼 돈을 버는 것은 아니라는.

하지만 사람 말은 끝까지 들어봐야죠!

수입 측면에서는 그다지 벌진 못했지만, 지출 차원에서는 전보다 돈을 잘 관리하게 됨으로써 비용이 줄게 되었고, 그로 인해 저축 혹은 투자는 예전보다 더 많이 할 수 있었다고 합니다.

한 멤버는 워낙 돈 관리에 대해 무관심했었는데, 수입/지출 분석을 해보며 보험에 대해 관심을 가지게 되었고 그로 인해 예전 같으면 잘 몰라 보험사에 청구하지 않았을 비용도 요청하여 받을 수 있었다고 하네요. 또 회사에서 지원되는 보험비용까지 챙겨 받게 됨으로써, 무려 500만 원에 달하는 뜻하지 않던 돈을 벌 수 있었다고 합니다. 멋지죠?

다른 멤버의 경우는 이 프로그램에 참가하기 전에는 홈쇼핑 중독 증세가 있어 물건을 사놓고는 거의 후회하는 일이 반복되고는 했었는데, 지금은 다행스럽게도 거의 완치되어 정말 필요한 물건 외에는 사지 않는다고 합니다.

그래도 아주 가끔 증세가 재발할지라도, 이내 곧 정신을 차리고 환불 조치하기 때문에 과거와 같은 무분별한 지출은 거의 다 줄었다고 하네요.

이 외에도 또 다른 멤버는 돈을 쓸 때 한 번 더 생각한 후 사용하는 습관을 들임으로써, 불필요한 지출이 줄어 결론적으로는 내실이 생겼다고 하니 어찌 보면 재테크를 잘해 돈을 조금 더 벌 수 있어도 좋겠지만, 지출관리를 잘하는 것만으로도 돈을 버는 혹은 그 이상의 효과를 누릴 수 있다 하겠습니다.

불명확한 미래에 대한 두려움이 줄었다

—

두 번째 답변으로는 모든 사람들이 불명확한 미래에 대한 두려움이 많이 줄었다고 하는데요, 무슨 말인지 잘 와 닿지 않으시죠?

이건 조금 자세히 설명해 보겠습니다. 프로그램을 진행하며 자주 언급하고 강조한 것이 '자본주의'에 대한 이야기였습니다.

우리는 자본주의 시대를 살아가고 있지만, 사실 자본주의의 본질에 대해서는 잘 생각하거나 고민하지 않습니다. 그저 돈이 최우선이고, 돈에 의해 움직이는 경제체제가 바로 자본주의라고만 생각하며 지내고 있죠.

자본주의의 역사와 배경, 그리고 그 변화가 우리를 어떻게 변하게 만들었는지는 생각지 않고, 그저 돈, 돈, 돈 하며 사는 게 우리의 모습, 현실이라 할 수 있을 겁니다. 그렇기 때문에 우리는 돈에 대한 두려움, 더 나아가 경외감까지 가진 채 살아가죠.

문제는 돈에 대한 이러한 두려움 때문에 현재뿐 아니라 미래 또한 항상 두려움의 대상으로 남아 있다는 겁니다.

생각해볼까요?

한 가정의 가장이 괜찮은 직장을 다니고 있고, 나쁘지 않은 월급을 받고 있다면 지금은 안정적이라 할 수 있을 겁니다. 하지만 어느 날 갑자기 구조조정이 시작되고 그 회사에서 쫓겨나게 된다면 어떻게 될까요? 당장의 안정적인 수입이 사라지고 즉시 다른 일자리를 구해야 할 텐데, 그게 여의치 않다면 어떻게 가족을 건사해야 할까요? 그대로 추락하여 빈곤의 늪으로 빠지게 되는 것은 아닐까요? 아마도 이런 생각을 하는 것만으로도 아찔해질 겁니다.

이처럼 우리가 가지게 되는 생활형 혹은 생계형 두려움의 거의 대부분은 돈에서 기인됩니다. 그렇다면 두려움을 없애는 방법이 있을까요?

있습니다. 그리고 어렵지 않습니다. 모든 것을 돈으로 생각하는 자본주의적 사고방식에서 한 발짝 벗어날 수 있으면 됩니다. 즉 돈을 최우선으로 사고하지 않으면 된다는 말입니다.

물론 말처럼 쉽지만은 않습니다. 왜냐하면 자본주의는 근대를 지나 현대로 오면서 돈을 신으로 모시는 하나의 종교처럼 변모된 것이 사실이기 때문이죠. 즉 자본주의는 "자본교資本教"라고 하는 종교의 또 다른 이름이라 할 수 있는데요.

현대의 우리는 이미 자신도 모르게 "자본교"의 신도가 되어 있다고 볼 수 있습니다.

돈에 대한 두려움에서 벗어나기 위해서는 자본교의 중심에서 벗어나 신도가 아닌, 제3자의 눈으로 자본교를 바라볼 수 있어야 합니다. 즉 돈이 내 삶을 지배하는 신이 아니라는 것, 그것을 제대로 인식하고 깨닫는 순간 어느 정도의 두려움은 사라지게 되어 있습니다. 그리고 한 가지만 더 보완하게 되면 미래에 대한 두려움은 많이 사라지게 됩니다.

여기서 잠깐 앞의 '자본주의 시대에 잘산다는 것'에서 말씀드렸던 최소한의 경제적 기준에 대한 부등식을 가지고 다시 이야기해 보겠습니다. 다음 공식 기억나시죠?

못산다 〈 최소한의 경제적 기준 〈 [못산다 ≦ 잘산다] (잘사는 영역) 상대적 기준

우리가 자본주의 시대를 살아가며 가지게 되는 돈에 대한 두려움은 위 공식을 참고할 경우, 왼쪽 영역인 '못산다.'에 해당됩니다. 다른 말로 바꾼다면, 우리는 '못살게' 될까 봐 두려운 거죠. 하지만 이 두려움은 의식주와 같은 최소한의 경제적 기준만 갖추어도 사라지게 됩니다.

그런데 좀 이상하죠? 최소한의 경제적 기준을 넘어섰음에도 불구하고 우리의 마음속이 계속 불안한 이유는 무엇일까요? 그것은 우리가 두려움을 가지고 있는 부분이 공식의 왼쪽이 아닌 오른쪽에 해당되기 때문입니다. 즉 우리는 상대적 비교를 통해 '잘살고', '못살고'를 판단합니다.

미래에 대한 두려움은 현재는 '잘살고' 있지만, 혹시라도 잘못되어 '(상대적으로) 못살게' 될까 봐 생기는 것입니다. 왜냐하면 대부분의 사람들이 아무리 못살게 될지라도 의식주를 해결하지 못할 정도로 '못살게' 되지는 않기 때문이죠.

미래에 대한 두려움은 타인과의 절대적이 아닌, 상대적인 비교 그리고 돈의 액수라고 하는 사회가 암묵적으로 정해놓은 기준('중산층이라면 이 정도 자산은 있어야 해.'와 같은)에 의해 생긴다고 볼 수 있습니다.

지금의 내 자산은 이 정도이며, 어느 정도 안정적 수입을 가지고 있는데, 어느 순간 잘못되어 나락으로 떨어질 것만 같은 두려움이 바로

미래에 대한 두려움이라 할 수 있는 거죠. 자세히 보시면 이 두려움은 '돈'에 의해 생기는 것입니다. 사실, '잘산다.', '못산다.'라고 하는 사회적 기준 또한 돈의 보유규모에 따라 나눠지기 때문이죠.

결론적으로 미래에 대한 막연한 두려움을 없애는 방법은 첫째, 의식주와 같은 '최소한의 경제적 기준'만 넘어서면 더 이상 돈은 자신의 인생에 생각보다 큰 영향을 미치지 않는다는 사실을 깨닫는 것입니다.

돈의 영향력에서 벗어나지 못할 때, 돈은 한 사람의 삶을 좌지우지하게 됩니다.

사실 '최경자'의 수준을 생각하고, 그에 맞추어 살게 되면 그 이후부터 돈은 있어도 되고 없어도 되는, 음식으로 따지면 사이드 메뉴와 같은 것이 되기 때문입니다.

스스로에게 이렇게 질문해 보시기 바랍니다.

"만약 이것이 없다면 정말 살기 어려울까?"

아마도 당신이 집안에 들여놓은 대부분의 가구, 가전기구들(몇몇 정말 중요한 것을 제외하고는)에는 "No"라는 대답이 나올 것입니다.

하지만 이런 것들에는 "Yes"란 대답이 나올 것입니다.

가족, 사랑, 따스함, 배려, 관심, 포옹, 손길, 동료, 친구, 미소, 행복, 나눔, 대화, 기쁨, 공감, 체온, 맥박, 격려, 경청, 눈길, 접촉, 어깨동무, 쓰담쓰담…….

두려움이 이런 따스한 단어들을 만날 때는 스스로 작아지고 무기력

해지는 특이한 현상을 나타냅니다.

삶을 살아가는 데 있어 이러한 현상이 돈보다 훨씬 더 소중하다는 것 그리고 이것을 제대로 활용할 줄 아는 슬기로움이 미래에 대한 막연한 두려움을 없애는 두 번째 방법이라 하겠습니다.

◈ 돈 없이 또는 적은 돈으로 행복해지기

　자본주의 시대를 살아가며 우리는 알게 모르게 돈이 최우선이라는 암묵적 순응 속에 살아가고 있는 게 사실입니다. 머리와 가슴으로는 거부하고 싶지만, 몸은 이미 자본주의의 현실에 적응되어 있음을 인정할 수밖에 없죠.

　국가와 사회라는 모든 시스템이 돈이란 혈액에 의해 움직여지다 보니 돈은 좋든 싫든 간에 제일 소유하고픈 물건이 되고 말았고, 우리는 원하기만 하면 돈으로 웬만한 모든 것을 소유할 수 있는 세상에 살게 되었습니다.

　1970년 노벨 경제학상 수상자인 폴 새뮤얼슨 교수는 행복공식을 발표했는데요. 그는 행복이란 소유를 욕망으로 나눈 것이라고 주장했습니다.

$$행복 = \frac{소유}{욕망}$$

즉 분자인 소유가 많아지면 많아질수록 혹은 분모인 욕망이 줄어들면 줄어들수록 행복은 커진다고 말했죠.

조금 더 구체적으로 생각해볼까요?

소유는 대체적으로 재화의 보유량을 의미하므로, 돈이 많다면 소유를 늘릴 수 있을 것입니다. 그러니 소유란 곧 돈의 액수를 의미한다고 볼 수 있으며, 즉 돈이 많으면 많을수록 행복은 커진다는 말로 해석해도 큰 무리는 없을 겁니다.

하지만 돈이 많다면 분모인 욕망 또한 커지게 되어 있습니다.

돈과 욕망의 상관관계는 돈과 비례적으로 혹은 그 이상으로 커지는 욕망의 속성이 있기 때문이죠. 그렇게 본다면 돈이 많아진다고 해서 반드시 행복 또한 커진다고 보기는 어려울 겁니다.(분모도 같이 커지니까요.) 실제적으로 우리가 살고 있는 세상의 부자들을 봐도 그러함을 알 수 있고요.

욕망, 그중에서도 상대적 욕망을 조절하라

그렇다면 행복을 더 많이 얻기 위해서는 어떻게 해야 할까요? 소유를 늘리는 대신 욕망을 '조절'하면 됩니다. 제가 줄인다는 표현 대신 '조절'이란 단어를 사용한 데는 그 이유가 있습니다.

욕망은 2가지로 나눌 수 있습니다. 절대적 욕망과 상대적 욕망이 그 것인데요.

절대적 욕망은 살아가며 반드시 필요한 의식주와 같은 것들을 소유하고자 하는 마음이라 보면 됩니다. 즉 최소한의 기준 이상을 유지해야 하는, 다른 말로 본능적 요구란 단어로 대체할 수 있겠죠.

이 절대적 욕망은 채워지지 않을 경우, 제대로 된 인간의 삶을 누릴 수 없기 때문에 반드시 갖춰야만 하는 필수적 욕망이라 할 수 있습니다.

하지만 상대적 욕망은 좀 다릅니다. 이 상대적 욕망은 나와는 상관없는 다른 사람이 소유한 것에 대한 욕망, 즉 탐욕이라 볼 수 있습니다.

생각해보시죠. 타인이 가지고 있는 그 무언가에 마음을 빼앗긴 적이 없는지 말이죠.

그것이 내게는 절대적 욕망을 일으키는 재화가 되지 않음에도 불구하고, 단지 나 또한 가지고 싶다는 욕심 때문에 충동구매를 하거나 시기, 질투심에 괴로워한 적이 없는지 말이죠.

정리하자면 행복을 키우기 위해서는 욕망을 조절하는 것이 중요하며, 욕망 중에서도 특히 상대적 욕망을 얼마나 잘 조절할 수 있느냐에 따라 자신의 행복감은 더 올라갈 수도, 떨어질 수도 있게 될 겁니다.

절대적 욕망을 추구하되, 상대적 욕망을 잘 '조절'하는 것, 그것이 바로 행복하게 살 수 있는 한 가지 비결이라 할 수 있습니다.

절대적 욕망은 앞의 '자본주의 시대에 잘산다는 것'에서 말씀드린 내용과 연결되는데요. 의식주가 해결될 경우 우리는 '잘산다.'라고 말할 순 없어도 최소한 '못살진 않는다.'라고 했었죠? 즉 평균 이상이며, 상대적 기준으로 스스로를 '못산다'라고 생각하지 않는다면 충분히 잘사는 것이라고 볼 수 있습니다.

상대적 기준의 '못산다.'란 개념이 바로 폴 새뮤얼슨 교수가 말한 욕망, 그중에서도 상대적 욕망과 연결됩니다.

행복공식에서 상대적 욕망을 '조절'할 수 있다면 행복은 커진다고 말씀드렸죠?

이처럼 '잘산다.'는 개념에서도 '못산다.'라고 하는 상대적 기준을 얼마나 배제하느냐에 따라 스스로를 '잘사는' 사람으로 볼 수 있다는 거지요.

사실 행복이나 '잘산다.'는 생각은 다른 누구도 아닌, 오직 자신이 정한 기준에 따라 만들어지는 것이기 때문에, 욕망 특히 상대적 욕망을 잘 조절할 수 있다면 얼마든지 행복은 우리 주머니 속에서도, 우연히 펴 든 책갈피 사이에서도, 아이의 순박한 웃음 속에서도 찾을 수 있고 느낄 수 있을 것입니다.

류시화 시인이 쓴 〈지구별 여행자〉에 보면 욕망에 대한 이런 이야기가 나옵니다. 잘 새겨볼 만한 글이니 천천히 읽어 보시기 바랍니다.

수프에 소금이 너무 들어가 약간 짜다는 점을 지적하자, 기다렸다는 듯 식당 주인인 라자 고팔란 씨가 말씀하셨다.

"음식에 소금을 집어넣으면 간이 맞아 맛있게 먹을 수 있지만, 소금에 음식을 집어넣으면 짜서 도저히 먹을 수가 없소. 인간의 욕망도 마찬가지요. 삶 속에 욕망을 넣어야지, 욕망 속에 삶을 집어넣으면 안 되는 법이오!"

돈 없이 또는 적은 돈으로 행복해지는 법

—

'돈 없이 또는 적은 돈으로 행복해지는 법'이란 주제로 〈에코라이후〉 오프 수업을 진행한 적이 있었습니다. 이 주제를 정한 이유는 돈이 아니더라도 혹은 적은 돈으로라도 행복해질 수 있는 방법을 찾아보자는 데 있었죠.

사실 돈이 많다면 할 수 있는 것의 범위가 더 넓어질 수 있겠지만, 이는 우리가 선택할 수 있는 영역이 아니기 때문에 이 과제를 온전히 하기 위해서는 약간의 고민이 필수적이며, 더불어 창의적인 생각도 요구되었죠.

위 주제로 발표한 사람은 모두 8명이었는데요, 그중에서 몇 가지만 추려 이야기해 보겠습니다.

하나, 노모老母와 목욕하기

아마도 웬만한 사람이라면 다 가지고 있을 겁니다. 어렸을 때 부모님을 따라 대중목욕탕에 갔던 기억 말이죠. 하지만 그 기억은 우리의 몸이 커지고 사춘기와 함께 자취를 감추게 되는데, 이는 부모에게 자신의 벗은 몸(특히 성징이 나타난)을 보여준다는 것에 대한 창피함, 부끄러움을 느끼기 때문이죠.

그 이후 우리는 부모님과 같이 목욕을 한 기억이 거의 없고, 단지 부모님만 그 기억을 소중한 추억으로 가지고 있죠.

목욕에 대한 테마로 발표한 사람은 87세의 노모老母를 둔 40대 중반의 여성으로, 그녀는 늙으신 어머니와 목욕하기를 제안했습니다.

어릴 적 기억을 되살려, 하지만 이번에는 그때와 역할을 바꿔 반대로 어머니를 씻겨 드리는 거죠. 단순 목욕에서 그치는 것이 아니라, 어린 시절로 돌아가 어리광도 피우고, 간지럼도 태우며 목욕을 빙자한 놀이를 하는 겁니다. 놀이를 위해서는 거품 목욕처럼 약간의 이벤트를 가미하는 것도 좋겠죠? 적당히 먹을 것, 마실 것도 비치해 놓고, 신나게 먹고 마시며 노는 거죠.

어떤가요? 생각만 해도 즐겁지 않나요? 내내 웃음이 가득하지 않을까요? 아, 남자분이라면 목욕은 힘들 듯싶고, 부모님의 발을 씻겨 드리는 것으로 대신해도 괜찮을 듯싶습니다. 이때도 그냥 단순히 하지 마시고, 이벤트처럼 꾸밀 수 있다면 보다 유쾌한 추억으로 남을 수 있겠지요?

둘, 캠퍼스 데이트

먼저 다음 사진을 보시죠. 만두라면과 공깃밥 그리고 떡볶이.

꽤나 먹음직스러워 보이지 않나요? 일반 분식집에서 이 정도면 얼마나 할까요? 못해도 7,000원 이상은 되겠죠? 하지만 영수증을 보시면 4,900원으로 꽤 싼 편입니다. 이곳은 어딜까요? 인천에 위치한 어느 대학교의 구내식당이라네요.

가격이 싸니 이곳에 가서서 식사하라고 권하는 것은 아닙니다. 식사는 하나의 부수적인 재미일 뿐이죠.

오랜만에 학창 시절의 추억이 담겨 있는 캠퍼스를 찾는 것은 어떨까

요? 말 그대로 캠퍼스 데이트를 하는 거죠. 추억도 새록새록하고, 푸릇 푸릇한 젊음도 만날 수 있으며, 캠퍼스 잔디밭 혹은 벤치에 앉아 이런 저런 옛날이야기를 나누다 보면 각박하고 치열한 현실에서 벗어나 과 거로의 여행도 할 수 있고, 더불어 꽤나 괜찮은 또 하나의 이야깃거리 를 만들 수 있지 않을까요?

아래는 제안자가 실행한 내용을 카페에 올린 글이니 한번 읽어보시죠!

제가 준비한 발표과제는 바로 캠퍼스 데이트입니다! 와이프랑 4년 8 개월 연애를 하고 결혼했지만 다른 학교다 보니 둘 다 캠퍼스 데이트 에 대한 로망이 있었습니다.

5월 1일 근로자의 날을 맞이해서 계획을 실행에 옮겨보기로 했습니 다! 집에서 가까우면서 데이트하기 좋은 ○○대학교를 방문하기로 했지요!

와이프는 풋풋한 여대생 콘셉트.

저는 관련은 없었지만 이상하게 동경했었던 체대생 콘셉트로 캠퍼스를 구경했습니다.(마치 학생인 것처럼……) 외부인이라는 사실이 티 나지 않게 한다고 사진을 많이 못 찍은 건 아쉽습니다.

캠퍼스를 구경하고 나서, 그 유명한 학생식당을 방문했습니다.(17시부터는 라면이 800원이라 유명합니다.) 800원 라면 말고 좀 더 고가의 메뉴들을 먹었는데도 저렴했지요. 그리고 나서 후문에 위치한, 줄 서서 먹는다는 1,000원짜리 와플을 먹었습니다.

많은 돈은 안 썼지만 오랜만에 알찬 데이트였어요. 특히 젊은 기운을 받아서 너무 좋았습니다. 그때로 돌아가고 싶을 정도로요. 이날 다른 일정이 있어 부득이 차를 가져갔지만, 버스를 탔다고 해도 1만 원도 안 되는 비용이 드는 참 알찬 데이트였습니다.

셋, 시외버스 데이트

이 테마는 서울에 계신 분보다는 지방에 계신 분들이 좋을 듯싶은데요, 바로 버스 데이트입니다.

이 제안을 해주신 분은 안동에 거주하시는 40대 중반 여성으로, 안동의 외곽을 도는 시외버스를 타면 꽤 괜찮은 경치를 즐길 수 있다고 하네요. 종점까지 갔다가 다시 반대편으로 오는 버스를 타면 최소 2시간 이상 걸리는데, 이때 평소 대화를 나누고 싶은 사람과 함께하면 더욱 좋은 시간을 보낼 수 있을 듯싶습니다.

카페 같은 평범한 곳에서 만나는 것보다 더 기억에 오래 남을 테고요. 먹거리, 마실거리는 필수에다가, 같이 듣고 싶은 음악도 준비하여 이어폰 나눠 끼고 들을 수 있다면 금상첨화, 두말하면 잔소리겠죠?

넷, 비 맞으며 놀기

아이들과 함께 놀며 보내는 시간은 아이들의 정서함양에도 중요하지만, 부모의 입장에서도 아주 소중한 시간이라 할 수 있습니다. 특히나 평상시보다 더 임팩트 있는 경험을 해 볼 수 있다면 더 좋은 추억으로 남을 수 있겠죠.

이번 제안은 '아이들과 냇가에서 놀기'입니다. 단 그냥 노는 게 아니라 '비 오는 날' 놀기죠.

사실 야외에 놀러 갔다가도 비가 오게 되면 "왜 하필이면 오늘 비가 와……" 하며 바로 돌아오는 게 일반적입니다.

하지만 생각을 바꿔보는 겁니다.

화창한 날씨라면 어디를 가든 사람들이 꽤 많겠지만, 비가 올 때는 오히려 사람들이 거의 없어 맘껏 소리치며 놀기 딱이죠. 어차피 비 맞으며 노니 옷 젖는 걱정할 필요도 없고요. 미리 비옷을 준비해 간다면 더 재밌게 놀 수도 있겠군요. 한바탕 정신없이 놀고 난 후 아이들과 함께 후후 불며 먹는 뜨거운 컵라면은 생각만 해도 맛있겠죠?

이와 비슷한 제안으로 비 오는 날 놀이공원에 가도 좋습니다.

평상시는 사람들로 가득하지만 비 오는 날 만큼은 한적하기 이를 데 없습니다. 평상시 1시간씩 기다려야 했던 범퍼카, 사파리, 각종 인기 있는 탈것들을 기다림 없이, 게다가 몇 번이라도 반복하며 지겨워질 때까지 이용할 수 있습니다.

비를 맞는다는 게 조금 걸리긴 하지만, 비옷을 준비하고 보온병에 따스한 물과 차를 준비하여 간다면 아주 만족스러운 시간을 보낼 수 있습니다. 단 한 번 이 경험을 제대로 하고 나면 평상시 사람 많을 때 가기 싫어진다는 단점은 있습니다.

4가지를 말씀드렸지만, 이 외에도 다양한 제안들이 있었는데요, 나열해 보겠습니다.

- 동네 골목 투어 : 평상시 안 다니던 동네 골목길 걸어보기, 남의 집 정원 관찰하기(이때 도둑으로 오인받을 수도 있으므로 주의 요망!)
- 눈 올 때 종묘(고궁, 사찰) 방문하기 : 평상시와는 다른 신비한 분위기를 느껴볼 수 있다고 하네요.
- 연애 때의 데이트 코스 돌아보기 : 옛 추억이 새록새록 돋아나겠죠?
- 전통시장 투어 하기 : 시장은 삶의 에너지가 가득한 곳으로, 활력이 필요할 때 방문하면 좋습니다! 길거리 음식 흡입은 필수겠죠?
- 약속시간보다 1시간 먼저 나가 책 읽기 : 여유와 상대방에 대한 배려를 동시에!

사실 행복은 크기와는 별 관련이 없습니다.

행복은 크고 작음보다 빈도가 훨씬 더 중요합니다.

작고 소소한 행복을 자주 느끼는 것이 행복하게 사는 비결이라 할 수 있습니다. 또한 행복은 돈과의 상관관계가 생각보다 크지 않습니다. 만약 돈이 없기 때문에 무엇을 하지 못하거나 살 수 없다고, 그리고 그 때문에 행복하지 못하다 생각한다면, 그것은 아주 잘못된 생각입니다. 물론 그럴 수도 있습니다. 하지만 돈이란 조건을 거는 순간, 그것은 돈이 없다면 평생 넘을 수 없는 거대한 장애물을 가진 일이 되고 말죠. 돈에 의한 필요충분조건이 되고 마는 겁니다.

작고 소소한 행복은 돈을 필요로 하지 않거나 얼마든 적은 비용으로도 얻을 수 있습니다. 단 그러기 위해서는 먼저 마음을 활짝 열어야 하고, 고정관념을 버려야 하며, 거기에 더해 창의적 고민을 좀 해야만 합니다. 그래야만 더욱 즐길 수 있고, 오랫동안 선명한 추억으로 새겨질 수 있기 때문이죠.

⊛ 개짱이의 멋진 삶을 살자

잘 알려진 이솝 우화 중에 '개미와 베짱이'가 있습니다. 누구나 다 알고 있는 내용일 겁니다.

1년 내내 열심히 일한 개미는 곡식을 쌓아놓고 안정적으로 겨울을 보내지만, 노래 부르며 마냥 놀기만 했던(인생을 즐겼던) 베짱이는 겨울이 되어 추위와 배고픔을 이기지 못한 채 결국 개미의 집을 찾아가 구걸을 하게 되고, 그럼으로써 자신의 욜로 라이프를 반성하게 된다는 그런 교훈적인 내용을 담고 있는 이야기죠.

개미와 베짱이 이야기에 빗대어 제 삶을 돌아본다면, 솔직히 개미의 그것과 같음을 인정하지 않을 수 없습니다. 우화에 등장하는 개미처럼 열심히 일하고 아끼고 절약하며 살면 나도 따스한 겨울을 보낼 수 있게 될 것이라 믿어 의심치 않았기 때문이죠. 그렇기 때문에 결혼 후 22년의 시간을 소비에 대한 절제, 욕망에 대한 인내로써 견디어왔다 해도 과언이 아닐 겁니다.

하지만 저 또한 절약을 실천하며 많은 고민을 했었습니다. 미래를 위해 아끼면서 사는 것이 맞다는 생각은 드는데, 그러자니 왠지 생활이 곤궁하고 초라한 것만 같았죠. 더군다나 저와 3살밖에 차이가 나지 않는 회사의 한 후배는 화려한 욜로족의 생활을 하고 있었는데, 자신의 연봉을 거의 다 쓰면서 아주 풍족하게 살고 있었습니다.

그를 보며 내심 비교가 되지 않을 수 없었고, 사실 부럽기도 했고, 왠지 멋져 보이기까지 했죠. 그렇다고 그 후배처럼 살아갈 수는 없었습니다. 미래가 뻔히 보이는데, 그리고 아주 힘든 미래가 왔을 때 그 고통을 견뎌낼 자신은 물론, 그런 시간과 마주해야 한다는 사실 자체도 받아들일 수 없다는 걸 스스로도 잘 알고 있었기 때문이었죠.

그럼에도 항상 무언가가 부족했습니다. 안정의 길이 가까워지면 질수록 이게 아닐 수도 있겠다는 생각이 들었죠.

도대체 이 기분은 뭘까? 이 마음이 의미하는 건 무엇일까? 나 또한 남들처럼 여유 있고 풍족하게 쓰면서 살아야 한다는 것일까?

여러 생각 중 한 가지는 분명했습니다.

인생에서 안정이 모든 것은 아니라는. 오롯이 미래를 위해 현재의 보석과 같은 순간들을 힘들게 보내는 것은 아니라고.

그러나 그렇다고 해서 제가 베짱이의 삶을 살아갈 수는 없었습니다. 성향상 베짱이와 맞지도 않았죠. 베짱이의 '어떻게든 될 거야.' 하는 근거 없는 낙관주의에 대해서는 내면으로부터의 거부감이 존재했습니다. 그렇기 때문에 베짱이의 삶은 온전히 내 것이 될 수 없었고요.

그렇다면 도대체 어떻게 해야 할까? 아주 오랜 고민 끝에 제 나름대로의 답을 찾았습니다. 그것은 바로, '개짱이'로 사는 겁니다.

'개미+베짱이'가 제가 내린 결론입니다. 즉 현재를 즐기며 사는 것은 물론이고 미래까지 대비하는, 그래서 두 시제를 모두 내 삶 안에 포함시키는 겁니다. 개미의 경제적 안정감, 베짱이의 현재의 행복, 바로 이 두 가지를 자신의 삶 안에 다 가져가는 것이 바로 '개짱이'의 삶이라 할 수 있습니다.

어떤가요, 아주 좋은 생각 아닌가요?

개미도, 베짱이도 아닌 개짱이의 삶.

아마도 많은 분들은 이 결론에 대해 이렇게 생각할 겁니다. 무슨 말도 안 되는, 혹은 현실과 동떨어진 생각에 불과할 뿐이라고 말이죠.

맞습니다. 저도 처음에는 그저 이상적인 결론이라 생각했습니다. 하지만 방법을 찾았습니다. 자, 지금부터 그 이야기를 해 보죠.

'개짱이'로 산다는 것

당신은 자신의 장점이 '끈기'와 '성실'이라 말할 수 있을 정도로 부지런한 편인가요? 아니면 노는 거라면 지치지 않고 밤을 새워가며 놀 수 있는 능력자인가요? 만약 당신이 이 2가지 모두에 해당된다면, 즉 일도 잘하고, 놀기까지 잘한다면 정말 행복한 사람이라 할 수 있을 겁니다. 왜냐하면 당신이야말로 '개짱이'의 삶을 살아가고 있다 할 수 있기 때문이죠.

본격적인 이야기를 시작하기 전에 표 하나를 보고 가겠습니다. 다음의 표는 4분면을 부지런하다/게으르다, 잘 논다/못 논다의 구분을 가지고 만들어 놓은 표입니다.

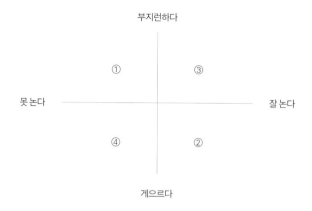

각 분면에 따라 내용을 정리하면 다음과 같이 구성됩니다.

① 부지런하지만 놀 줄 모른다 → "사는 재미를 모르는구먼!"

② 노는 건 잘하지만 게으르다 → "밥이나 제대로 먹으며 살 수 있을까?"

③ 부지런한 데다가 놀기까지 잘한다 → "어휴, 유전자가 다르네, 달라!"

④ 게으른데 놀 줄도 모른다 → "사람 구실하기 힘들겠네……."

①에 해당되는 대표적 동물은 무엇일까요?

당연히 '개미'가 떠오를 겁니다. 우직하게 부지런하기만 동물, 그래서 풍류 자체를 모르는 동물. 사람에 빗댄다면 그저 안정적인 미래를 위해 저축만 하는 사람이라 할 수 있을 겁니다. 열심히 일하는 만큼 경제적인 여유와 안정은 가질 수 있겠지만, 자신을 위해 제대로 쓸 줄도 모르고, 놀 줄도 모르는 그런 사람을 우리는 '개미 같은 사람'이라 부를 수 있을 겁니다.

②의 대표적 동물로는 '베짱이'가 압도적일 수밖에 없을 겁니다.

봄부터 가을까지 신나게 삶을 즐기는 풍류의 대가 베짱이. 베짱이는 노는 것만 좋아하지, 자신이 해야 할 일을 하지 않기 때문에 결국 미래에 일하지 않은 대가를 톡톡히 치르게 되죠. 사람으로 따지면 직업도 가지고 않은 채, 그저 매일을 신나게 놀고 즐기는 행복한 백수라 할 수 있을 겁니다. 또는 직업이 있더라도 버는 족족 자신의 즐거움을 위해 100%를 다 소비하는 욜로의 화신이라 부를 수도 있겠네요.

③은 어떤 동물에 해당될까요? 아마 딱히 떠오르는 동물이 없을 겁니다. 그렇다면 상상의 동물을 만들어 보죠. 개미의 부지런함과 베짱이의 풍류를 따서 '개짱이'라 명명해 보는 겁니다. 개짱이는 개미와 베짱이의 약점을 보완하는 가장 이상적인 동물이라 할 수 있습니다. 사람으로 따진다면 집안 좋고 성격도 밝은 데다 공부도 잘하고 인물까지 훤한 그런 사람 정도 되겠네요.

개짱이는 개미처럼 부지런하기 때문에 일도 잘하며, 덕분에 미래에 대한 경제적 준비 또한 착실하게 해 놓습니다. 더불어 시간 날 때마다 (혹은 일부러 시간을 내서라도) 가족, 연인, 친구, 동료들과 즐겁고 행복한 시간을 보내죠. 이런 개짱이의 삶은 풍요로울 수밖에 없습니다. 매일이 행복한 삶이라 할 수 있죠.

④는 생각만 해도 답답하기 이를 데가 없습니다. 게으른 데다 놀 줄도 모르니 말이죠. 여기에 해당되는 마땅한 동물이 떠오르지 않습니다. '초원의 청소부'라 불리는 하이에나 정도가 생각나긴 하지만, 딱 들어맞진 않는 듯싶네요. 사람으로 따진다면 '히키코모리' 정도를 떠올릴 수는 있

겠지만, 이는 '사회생활에 적응하지 못하고 집안에만 틀어박혀 사는 다소 병적인 사람들'을 일컫는 용어이기 때문에 이 또한 그다지 어울리진 않는 듯싶습니다. 그냥 쉽게 생각하면 취직을 통해 일하고자 하는 마음도, 더 나아가 노는 것도 다 귀찮은 백수라고 표현할 수도 있겠네요. 우린 이런 상상의 동물의 이름을 '베짱개미'라 붙여 보겠습니다.

개짱이로 살기 위한 조건

자, 다음과 같이 표가 완성되었습니다.

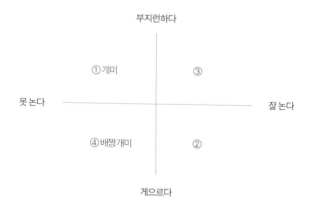

당신은 ①~④중에 어디에 해당되나요? 아마 대부분은 개미 혹은 베짱이에 해당되지 않을까 생각되는데요. 만약 스스로에 대한 평가가 박하다면 자신을 베짱개미라 평하는 사람도 있을 듯싶습니다.

혹시 자신이 개짱이의 삶을 살아가고 있다 생각하는 분 계시나요? 만약 당신이 그렇다면, 당신은 이 책을 바로 덮으셔도 됩니다. 이미 훌륭한 삶을 살아가고 있으니까요.

혹시나 당신이 그렇지 않더라도 개짱이의 삶을 살아가는 사람이 옆에 있다면, 당장 그분에게 달려가 배우시기 바랍니다. 그분은 삶의 고수라 할 수 있을 겁니다.

개미, 그리고 베짱이의 삶을 살고 있는 분이라면, 개짱이의 삶으로 자신의 삶을 이전시킬 수 있어야 합니다. 그래야 현재의 행복과 미래에 대한 대비, 두 가지 모두를 충족시키며 살아갈 수 있기 때문이죠.

자, 그렇다면 개짱이로 살아가기 위해서는 어떻게 해야 할지 개짱이의 조건에 대해 알아보겠습니다.

다음 표는 개미와 개짱이의 장단점 분석표입니다.

구분	개미	베짱이
성향	성실	게으름
놀이	못 논다	잘 논다
성정	이성적, 논리적	감성적
걱정	걱정이많다	낙관적이다
소비습관	아낀다, 모은다	맘껏 쓴다
돈 관점	절약	소비
뇌타입	좌뇌형	우뇌형
방향성	미래 지향	현재 추구

구분	개미	개짱이	베짱이
성향	성실	성실	게으름
놀이	못 논다	잘 논다	잘 논다
성정	이성적, 논리적	이성적이며 감성적	감성적
걱정	걱정이 많다	낙관적	낙관적이다
소비습관	아낀다, 모은다	한도 내에서 쓴다	맘껏 쓴다
돈 관점	절약	절약형 소비	소비
뇌타입	좌뇌형	좌우뇌 통합형	우뇌형
방향성	미래지향	두 방향 모두 추구	현재 추구

위의 표에서 개미와 베짱이의 장점 혹은 좋은 점만 골라, 개짱이의 조건을 만들어 보겠습니다.

개짱이의 조건은 크게 3가지로 나눌 수 있습니다.

첫째, 삶에 대한 태도는 개미보다는 개짱이에 가까워야 합니다. 잘 놀 줄 알아야 하며, 세상을 낙관적으로 볼 필요가 있죠. 다만 전체적으로는 게으름 대신 성실해야 하며, 상황에 따라 이성적, 합리적으로 행동할 줄 알아야 합니다.

둘째, 돈에 대해서는 한도 내에서 쓸 줄 알아야 합니다. 그러기 위해서는 소비습관을 바꿀 필요가 있습니다. 일단 불필요한 낭비는 줄여야 하며, 계획성 있는 소비가 필요합니다. 특히 삶에 대한 즐거움이나 행복을 돈에서 찾으려는 잘못된 생각을 버려야만 합니다. 돈은 우리의 삶을 윤택하게 만들어줄 수도 있지만, 그로 인해 돈의 노예가 될 수도 있다는 사실을 명심해야만 합니다.

마지막으로 삶에 대한 방향성입니다. 개짱이가 되기 위해서는 현재를 추구하며, 동시에 미래도 대비할 줄 알아야 합니다. 어쩌면 이것이 제일 중요한 포인트라 할 수 있습니다. 일반적으로 많은 사람들이 '현재=소비', '미래=절약'이라는 이중적 생각을 가지고 있습니다. 즉 현재를 즐기기 위해서는 소비를 해야 하며, 그렇기 때문에 미래를 대비할 수 없다는 것이죠. 현재든, 미래든 하나만 선택 가능하다는 겁니다.

맞는 이야기입니다. 돈의 관점에서만 보면 그렇죠. 하지만 개짱이로 살기 위해서는 이 관점을 바꿔야 합니다. '미래=절약'의 관점은 그래도 가지고 가되, '현재=돈'의 명제를 현재 돈으로 바꿔야 한다는 겁니다. 즉 현재를 돈이 아닌 다른 것으로 대체하면 됩니다. 앞의 '돈 없이 혹은 적은 돈으로 행복하게 살기'에서 살펴본 것처럼, 돈 없이 혹은 적은 돈으로도 얼마든지 즐겁고 행복하게 살 수 있는 방법은 많습니다.

우리가 자본주의의 습성에 젖어 자연스레 돈으로 행복을 좇다 보니 그런 것뿐이지 실제적으로 돈을 들이지 않고도, 혹은 적은 돈으로도 우리 주변의 행복을 찾거나 얻을 수 있는 방법은 많습니다.

우리는 그런 노력을 기울여야만 합니다. 그럴 때 개짱이의 삶이 가능해질 수 있습니다.

정리하자면, 경제적인 부분은 개인 경제 시스템 구축을 통해 순차적으로 진행되도록 만들어야 합니다. 이럴 경우 미래는 자연스럽게 대비가능해집니다. 동시에 삶에 대한 태도를 변화시켜, 현재를 즐기며 살수 있도록 삶을 재정립할 수 있어야 합니다.

돈이 아닌, 혹은 적은 돈으로도 즐길 수 있는 행복을 찾아 마음껏 누림으로써 삶이 보다 풍요로워지도록 만들 수 있을 때, 우리가 원하는개짱이의 삶을 살게 될 것입니다.

⚛ 나의 〈휴매노믹스〉 이야기

6년 전 저는 고민에 빠져 있었습니다.

어느덧 40대 초반을 넘어 중반으로 접어드는 나이에 경제적으로는 모아 놓은 돈도 많지 않고, 다니고 있는 직장에서는 언제 잘릴지 알 수 없으며, 그렇다고 과감히 뛰쳐나와 무언가를 할 준비 또한 제대로 되어 있지 않는 그런 상황에서 과연 앞으로 어떻게 살아가야 할지 막막하기만 했습니다.

자식들은 어느새 자라 중학생이 되어 있고, 4~5년 후에는 연년생인 두 녀석 모두 대학에 입학함으로써 등록금까지 부담해야 할 텐데, 그땐 또 어떻게 해야 할지, 미래를 떠올리기만 해도 아찔했죠.

또한 인생 2막에는 무엇을 하며 살아야 할지에 대한 고민도 컸습니다.

그래서 2008년에는 구본형변화경영연구소에 들어가 연구원이 되었고, 1년간 억척같이 책을 읽고 글을 쓰며 미래에 대한 꿈을 키웠습니다.

구본형 선생님께 많은 것을 배우는 동안 책 쓰고, 강의하며 자신만의 프로그램을 운영하는 선생님처럼 살았으면 좋겠다는 생각을 가지게 되었습니다. 하지만 상황은 녹록치 않았죠. 글로벌 금융위기로 경기가 침체되며, 1인 기업가의 삶이 얼마나 힘든지 알게 되었습니다. 온전히 책 쓰고, 강의만으로 안정적인 생활을 누릴 수 있는 사람은 대한민국에서도 몇 명 되지 않는다는 것을 깨닫게 되었죠.

그렇다고 꿈을 포기하긴 싫었습니다. 그러나 가족도 부양해야 하는 상황에서 무작정 내 꿈만을 위해 불나방처럼 뛰어들 수는 없었죠. 정말 많이 고민했습니다. 돈과 꿈을 어떻게 조화시킬 수 있을지. 그러던 중 이런 생각이 떠올랐습니다.

'그렇다면 돈(경제)과 꿈(경영)을 최대한 분리해보자.'

우리가 마음속에 품고 있는 꿈을 실행에 옮기지 못하는 이유는 결국 경제적 문제 때문입니다.

밥은 냉정한 현실이며, 실패했을 경우 나 하나의 문제에 그치는 것이 아니라 가족 전체의 삶이 최악으로 흐를 수 있기 때문이죠. 그렇기 때문에 새로운 일을 시작한다는 것은 반드시 성공해야 한다는 부담감이 클 수밖에 없으며, 그 일을 통해 경제적 문제까지 해결해야 한다는 전제가 깔려 있게 됩니다.

제 꿈은 객관적으로 볼 때 경제적 문제에 관한 한 성공보다는 실패의 가능성이 훨씬 더 커 보였습니다. 아니 필패必敗할 수밖에 없겠다는 생각이 들더군요. 그렇다면 방법은 하나, 가능한 한 경제적 문제를 먼저 해결해야만 했습니다. 저는 미래의 삶(65세 기준)을 경제와 경영으로 나누어 생각해 보기로 했습니다.

분야	명제	질문	추구사항(65세 기준, 원)
경제	적정 수준의 경제 문제 해결	얼마면 생활 가능할까?	월 200만(2,400만/년)
경영	하고 싶은 일을 하며 살고 싶다	무슨 일을 할 것인가?	글쓰기/강의/프로그램/기타

경제적 측면에서는 최대가 아닌, 적정한 수준을 생각해 보았습니다. 즉 많은 액수는 아니겠지만, 스스로 독립적 생활이 가능한 수준 정도를 고민했습니다. 65세 기준으로 월 200만 원 정도면 적당하다고 생각했죠. 그렇다면 어떻게 200만 원을 만들 수 있을까?

분야	해결방안	추구사항(65세 기준, 원)
경제	국민연금+개인연금+퇴직연금	월 100만(1,200만/년)
	금융상품 투자(2억 원×3%/년)	월 50만(600만/년)
	합계	월 150만(1,800만/년)

일단 3가지 연금으로 얻을 수 있는 금액은 1,200만 원/년(100만 원/월) 정도로 보았습니다. 개인연금과 퇴직연금까지 감안한다면 조금 더 많을 수도 있겠지만, 여러 가지 변수가 있기 때문에 조금 안정적으로 잡았습니다.

그리고 투자를 통해서 어느 정도의 금액은 보완해야 한다고 보았습니다. 하지만 욕심을 버린 안정적 운영을 최우선으로 생각했죠. 경제와 금융에 대해 어느 정도 공부를 한다면, 3% 정도는 크게 무리 없는 수익률이라 생각했습니다. 내심 5%로 올리고 싶었지만, 안정적 운용이 먼저라면 수익률을 3%로 낮추는 게 맞다는 생각이 들었습니다.

또한 운용금액은 2억으로 잡았는데, 많으면 많고 적으면 적다 할 수 있는 금액이라 할 수 있을 것입니다. 사람에 따라 다르겠지요. 하지만 제가 볼 때, 직장 생활하는 동안 악착같이 아끼고 모은다면 2억은 가능한 수치라는 판단이 들었습니다.(여기에 대한 보다 자세한 내용은 제 졸저인 〈불황을 이기는 월급의 경제학〉을 참고 바랍니다.)

월 50만 원의 중요성

위와 같이 하더라도 목표로 한 2,400만 원에서 아직 600만 원이 모자라게 됩니다. 연 600만 원이라 하면 월 50만 원 정도죠. 사실 알바만 하더라도 충분히 벌 수 있는 금액입니다. 하지만 이 금액이 자신의 삶을 보다 풍부하게 만들어 줄 가장 중요한 키포인트라 할 수 있습니다. 왜냐하면 이 돈은 아르바이트가 아닌, 온전히 내 "꿈(경영)"을 통해 벌어야 하는 돈이기 때문입니다. 즉 현재의 일이 아닌, 자신이 하고자 하는 미래의 일을 통해 벌어들일 수 있는 금액이어야 한다는 말입니다. 저 같은 경우 〈글쓰기/강의/프로그램/기타〉을 통해 올려야 하는 수입인 거죠. 어떨까요? 월 50만 원 정도라면 충분히 도전해 볼만한 금액 아닌가요?

물론 50만 원이 절대적 액수상으로는 적다고 느껴질 수도 있을 겁니다. 하지만 노년의 50만 원은 상당히 큰 금액입니다. 아래의 기사를 읽어보시면 그 대단한 위력을 느끼게 될 겁니다.

저금리 시대에는 작은 근로 소득도 중요하다

초저금리 시대에 개인은 계속 일하면서 작은 근로 소득이라도 얻는 게 중요하다. 필자와 가까운 지인이 은퇴하면서 2013년 3월에 한 보험회사에 2억 원의 즉시연금을 들었다. 그다음 달에 51만 원이 은행계좌에 들어왔다. 그러던 것이 계속 낮아져 2016년 5월에는 31만 원으로 크게 떨어졌다. 그만큼 우리 금리가 낮아지고 주식 시장이 부진해 보험사의 운용 수익률이 떨어진 것이다. 10년 후에는 20만 원 안팎일 것으로 전망된다.

무슨 의미인가? 우리가 10년 후에 어떤 일을 해서 매월 20만 원을 받을 수 있다면, 금융자산을 2억 원 가지고 있는 것이나 똑같은 현금 흐름이다. 올해 1분기에 우리 가구당 월평균 근로 소득이 300만 원 정도였다. 10년 후에도 이 정도의 근로 소득을 얻을 수 있다면 30억 원의 금융자산을 가지고 있는 거나 마찬가지일 것이라는 이야기이다. 저성장, 저금리 시대에는 오래 일하는 게 중요하다. 작은 근로 소득도 많은 금융자산을 가지고 있는 거나 똑같은 효과를 주기 때문이다.

서강대 경제학부 김영익 교수, 〈0%대 금리 시대 대비하자〉 칼럼 중에서 이제 50만 원이 얼마나 큰 금액인지 아셨죠? 하지만 전문성이 뒷받침되지 않는다면 사실 50만 원 벌기도 결코 만만치 않습니다. 물론 현재처럼 회사에 소속되어 일하는 경우라면 큰 금액이 아닐 겁니다. 하지만 생각해보시죠, 언제까지 회사에서 일할 수 있을까요? 또한 언제까지 남의 밑에서 일하고 싶으신가요?

인생 2막에는 자신의 전문성과 능력으로 최소한의 돈도 벌고, 일의 의미와 보람도 얻으며 동시에 다른 사람들에게 무언가 도움이 되는 존재로 살고 싶지 않으신가요? 그러기 위해선 현재부터 전문성을 키우는 노력을 해야만 합니다. 그래서 최소 월 50만 원 정도는 벌 수 있는 능력을 만들어야만 합니다. 그 전문성을 만들어 가는 과정을 바로 "자기경영"이라 부를 수 있을 것입니다.

지금까지의 이야기를 정리하면 다음과 같습니다.

분야	명제	질문	추구사항(65세 기준, 원)
경제	적정 수준의 경제 문제 해결	국민연금+개인연금+퇴직연금	월 100만(1,200만/년
		금융상품 투자(2억 원×3%/년)	월 50만(600만/년)
경영	하고 싶은 일을 하며 살고 싶다	글쓰기/강의/프로그램/기타	월 50만(600만/년)
	합계		월 200만(2,400만/년)

위와 같은 경제/경영의 프레임을 만들기 위해서는 정말 힘든 노력이 요구됩니다.

경제적으로 2억 원의 유동자산을 만들기 위해서는 반드시 근검절약이 필수일 수밖에 없는데, 이는 현재의 소비패턴을 바꿔야 한다는 의미입니다.

소비중독이 미덕화되어 있는 사회풍조를 거스르며 생활한다는 것, 더 나아가 습관화한다는 것은 애연가가 금연을 하는 것만큼이나, 어쩌면 그 이상의 인내와 고통을 필요로 합니다.

경영적으로 전문성을 키우는 것 또한 각고의 노력을 요구합니다. 그나마 현재의 일에서 만들어진 전문성을 더 깊게 만드는 것이라면 조금 쉬울 수 있겠지만, 전혀 새로운 분야에 대한 도전이라면 시간도, 정성도, 힘도 많이 들어갈 수밖에 없습니다. 게다가 현재의 일을 하며 그 안에서 시간을 쪼개 준비를 해야 하기 때문에 그 어려움은 상당할 수밖에 없습니다. 그러나 그럼에도 불구하고, 그것이 자신의 꿈이라면 도전해야 합니다. 그래야 '남의 인생'이 아닌, 온전히 '나의 인생'을 살 수 있기 때문입니다.

다른 방법들

경제/경영을 자신의 툴에 맞춰가기 위해 조금 변형해서 다음과 같이 적용할 수 있습니다. 먼저 〈예시 1〉을 보시죠.

분야	명제	해결 방안	추구사항(65세기준, 원)
경제	적정 수준의 경제 문제 해결	국민연금+개인연금+퇴직연금	월 100만(1,200만/년)
		금융상품 투자(2억 원×5%/년)	월 83만(1.000만/년)
경영	하고싶은 일을 하며 살고 싶다	미래의 할 일	월 17만(200만/년)
합계			월 200만(2,400만/년)

〈예시 1〉

〈예시 1〉은 금융투자 수익률을 연 3%가 아닌, 5%로 올렸을 때의 상황입니다. 만약 자신이 금융투자를 통해 연 5% 정도의 수익을 꾸준히 올릴 자신이 있다면, 미래의 할 일을 통해 벌 수 있는 금액을 조금 낮출 수 있습니다. 미래의 일을 통해 벌어야 할 금액 목표가 월 17만 원, 연간으로 200만 원 정도라면 해당 분야의 전문가가 아닌, 취미 정도의 일을 통해서도 충분히 벌 수 있는 금액이라 할 수 있으며, 이는 미래의 할 일을 준비하는 데 있어 부담을 낮춰주는 역할을 할 것입니다.

분야	명제	해결 방안	추구사항(65세기준, 원)
경제	적정 수준의 경제 문제 해결	국민연금+개인연금+퇴직연금	월 100만(1,200만/년)
		금융상품 투자(2억 원×4.8%/년)	월 83만(1.000만/년)
경영	하고 싶은 일을 하며 살고 싶다	미래의 할 일	월 17만(200만/년)
합계			월 200만(2,400만/년)

〈예시 2〉

〈예시 2〉는 3% 수익률을 4.8% 수준으로 올리고 동시에 투자금액을 2.5억으로 늘렸을 때의 상황입니다. 열심히 저축하고 투자하여, 최종 적으로 꾸준히 투자할 수 있는 자산의 규모를 2.5억까지 만들고, 더불 어 투자 수익률까지 연 5% 조금 못 미치는 4.8% 수준을 유지할 수 있 다면, 또 한 가지 선택 옵션이 늘어나게 됩니다.

미래의 할 일에 대한 준비를 하되, 그 일을 통해 돈을 벌어야 한다는 부담으로부터 자유로워질 수 있습니다. 일을 하되, 무보수 봉사의 개 념으로 할 수도 있습니다.

분야	명제	해결방안	추구사항(65세 기준, 원)
경제	적정 수준의 경제 문제 해결	국민연금+개인연금+퇴직연금	월 100만(1,200만/년)
		금융상품 투자(2억 원×3%/년)	월 50만(600만/년)
경영	하고싶은 일을 하며 살고 싶다	글쓰기/강의/프로그램/기타	월 100만(1,200만/년)
	합계		월 200만(2,400만/년)

〈예시 3〉

만약 경제/경영을 통해 벌고자 하는 적정 금액의 수준이 월 250만 원, 연 3,000만 원이라면 포트폴리오 조정을 좀 해야만 합니다.

〈예시 3〉에서는 금융상품 투자 수익률을 3%로 유지하는 대신, 미래 의 할 일을 통한 수입을 월 100만 원으로 높여 잡았습니다.

사실 자신이 가진 콘텐츠와 브랜드가 경쟁력이 있다고 한다면, 월 100만 원이 그리 큰 금액은 아닐 수 있습니다. 예를 들어 시간당 15만 원의 강의를 한다 할지라도, 1회에 2시간씩 월 4회 정도만 꾸준히 할 수 있다면 충분히 달성 가능한 금액이라 할 수 있기 때문이죠. 그렇다 할지라도 월 100만 원은 결코 적은 금액이 아님을 잊으면 안 됩니다. 자신에게 비용을 지불하려는 기업이나 사람들은 결코 헛된 콘텐츠에 자신들의 소중한 돈을 낭비하지 않으려 않기 때문입니다.

이처럼 예시와 같이 경제/경영에 대해서는 자신의 바람과 상황에 맞춰 적정 목표를 세워 놓고 준비하시면 됩니다. 또한 필요에 따라 조금씩 변형하여 적용시키면 되고요. 여기에 하나 더 추가하자면 저는 2억을 통한 금융상품 투자를 한 가지 방법으로 제시했는데, 만약 임대 소득과 같은 부동산 투자에 더 관심이 많을 뿐 아니라 잘 알고 있다면 부동산 투자를 대체방법으로 활용하셔도 됩니다. 중요한 건 얼마만큼의 포트폴리오 수입을 얻을 수 있느냐 하는 점이니까요.

다만 한 가지만 부탁 말씀드리자면, 위의 금액들은 최경자와 최경성, 즉 최소한의 경제적 자유와 최소한의 경제적 성공을 위한 금액이어야 한다는 점입니다. 그렇기 때문에 보수적 관점에서 접근해야만 합니다.

처음부터 보기만 좋은 높은 목표를 세워놓는다면, 달성하기 힘들 뿐 아니라, 나중에 그로 인해 큰 문제가 발생할 수도 있기 때문입니다. 그래서 최대한 객관적으로, 보수적으로 목표를 세우시고 준비하셔야 합니다.

만약 목표를 초과 달성하게 되면 어떻게 해야 할까요? 그건 그야말로 땡큐이자 보너스라 생각하시면 됩니다. 스스로에게 주는 인센티브라 생각하면 되고요. 그리고 축하할 일이 하나 더 생긴 거겠죠?

꿈과 미래를 위해 현재를 희생할 수는 없다

—

하지만 여기에서 한 가지 의문이 떠오를 겁니다. '꿈도 좋지만, 미래를 위해 현재를 이렇게 힘들게 살아야만 하는 걸까?' 하는.

그렇지 않나요? 한 번 사는 인생 즐겁고 행복하게 살아야 하는데, 제가 말씀드린 내용은 꿈과 미래를 위해 현재를 희생시키라는 이야기로 들리죠? 그럴 수 있습니다. 저 또한 그렇게 생각했으니까요.

결론적으로 미래를 위해, 현재를 포기하거나 희생하는 것은 잘못된 생각이고, 절대 해서는 안 되는 바보 같은 행동입니다! 미래도 중요하지만, 현재는 더욱더 중요합니다! 현재가 있기 때문에 미래가 만들어지는 것이며, 현재를 기쁘게 살지 못하는 사람은 미래 또한 즐겁게 살지 못할 가능성이 크기 때문이죠.

제 말에 모순이 있는 것처럼 들리시죠? 고통을 인내하라 주장하면서, 현재를 즐기라니 말이죠. 금검절약을 습관화하거나 전문성을 키우기 위해 반드시 들여야 하는 시간들이 정말 재밌거나 마냥 즐겁게 느껴지긴 어려울 겁니다. 힘들 수밖에 없으니까요. 그렇다면 어떻게 해야 할까요? 답을 알려드릴까요? 생각해보면 정말 쉬운 답입니다. 힘든 시간은 미래를 생각하며 최대한 즐기려 노력하시고, 대신 나머지 시간들을 지금보다 훨씬 더 즐겁게 사시면 됩니다. 잘 이해가 잘 안 되신다고요?

조금 자세히 설명해볼게요.

하루 24시간을 분석해 보았을 때, 수면시간 7~8시간을 제외하고 나머지 시간 동안 희로애락의 감정을 제대로 느끼고 인지하며 생활하는 시간은 채 1시간도 안 될 겁니다. 아니 30분도 안 될 수 있습니다.

인간은 대부분의 시간을 마치 무의식적인 상태로 살아가기 때문이 죠. 즉 아무런 감정도 없이, 일상의 반복으로 보내고 있는 겁니다.

예를 하나 들어볼까요?

회사에 출근해 열심히 일을 하다가 점심 먹을 시간이 되었습니다. '매일' 먹는 점심이죠. 오늘은 무얼 먹을까 고민하다 그냥 평상시 먹던 김치찌개 집으로 갑니다. 김치찌개가 나오고 밥 한술을 뜹니다. 별 감흥이 없습니다. 특별히 다른 게 없으니까요. 이렇게 본다면 대부분의 직장인에게 점심은 '썸씽 스페셜'이 아닌 그저 하루 일과 중의 하나인 그저 '한 끼 때우는' 시간에 불과할 것입니다.

하지만 생각을 조금만 바꿔보죠.

최근 부쩍 요리에 재미를 들이고 있습니다. 주말에는 가족들을 위해 김치찌개를 만들고자 생각하고 있죠. 일부러 회사 근처에서 제일 맛있다고 소문난 김치찌개 집을 찾아갑니다. 몇 번을 와서 먹었지만 오늘 만큼은 찌개 안에 들어간 재료가 무엇인지, 김치의 양은 얼마나 넣어야 하는지, 돼지고기의 비게 정도는 얼마나 되는지, 국물 육수는 어떻게 만드는지 등등 궁금한 것이 한두 가지가 아닙니다. 어떻게 해야 이런 맛을 낼 수 있을지 맛을 보면서도 궁금해집니다. 아무래도 계산할 때 주인에게 진한 국물 맛의 비결만큼은 꼭 물어봐야 하겠습니다.

어떤가요? 늘 먹던 점심이 이번만큼은 '썸씽 스페셜'한 시간으로 바뀌었죠?

중요한 것은 이처럼 어떤 일에 반드시 동기나 계기가 있어야만 생각이 바뀌는 것은 아니라는 겁니다. 이와 반대로 생각을 어떻게 하느냐에 따라 동기나 의미가 생길 수도 있습니다. 즉 주말에 김치찌개를 만들어야 한다는 동기나 계기가 아닐지라도 점심시간 자체를 다르게 생각할 수 있다면, 이 시간은 '썸씽 스페셜'한 시간으로 변화될 수 있다는 겁니다. 바로 이런 생각을 '창의적' 생각이라 할 수 있죠.

창의적이란 말은 익숙한 무언가를 낯설게 바라보는 것에서부터 시작합니다. 즉 익숙함에 함몰된 상태에서는 결코 창의성은 나오지 않는다고 할 수 있습니다.

우리는 일상에 창의성을 부여해야 할 필요가 있습니다. 그래야 일상이 범상치 않은 일상으로 변화될 수 있으며, 삶의 시간들을 그저 그렇게 허투루 보내는 시간들이 아닌 온전한 나의 시간으로 가져올 수 있기 때문이죠.

노자 전문가로 유명한 서강대 최진석 교수는 〈인간이 그리는 무늬〉에서 창의성이 곧 인문적 통찰에서 나오는 것이라 강조하고 있습니다.

그는 창의성이 얼마나 중요한 지를 앞에서 잠깐 말씀드린 타조 사냥 이야기를 통해 우리에게 전하고 있죠.

타조는 최고 90km/h까지 속도를 낼 수 있기 때문에 사냥이 무척 어렵다고 합니다. 그래서 타조 사냥법은 일반적 방법과는 조금 다른데요.

타조를 사냥할 때 사냥꾼들은 그저 일정한 거리를 두고 계속 쫓아가기만 한다네요. 그러다 보면 쫓기고 있다는 긴장감을 못 이긴 타조가 결국 고개를 처박고 만다고 합니다. 두려움에 굴복하고 마는 거죠. 하지만 만약 이러한 두려움, 즉 본능에 굴하지 않고 낯섦에 도전하는 타조가 있다면 이런 행동을 할지도 모르겠습니다.

"에잇, 이왕 잡힐 거, 날 쫓던 놈들 면상이나 한번 제대로 보자!"

만약 실제로 이러한 일이 일어난다면, 반대로 사냥꾼들이 전혀 예상치 못한 타조의 행동에 놀라 혼비백산할 수도 있을 겁니다. 등을 보인 채 도망가기만 하던 타조가 순간 뒤돌아 사냥꾼들을 노려볼 테니까요. 운이 좋다면 이 혼란을 틈타 달아날 수도 있겠죠. 이것이 바로 창의성이고, 낯선 것에 대한 도전이라 할 수 있습니다.

버릇없어지면 행복해질 수 있다

현재를 제대로 즐기며 살기 위해서는 일상을 그저 일상에 그치지 않도록 만들 수 있는 창의적 생각이 반드시 필요합니다. 그리고 이 창의성을 키우기 위해서는 최진석 교수의 말대로 인문적 통찰을 할 수 있어야 합니다. 그렇다면 인문적 통찰을 하기 위해서는 어떻게 해야 할까요?

인문적 통찰의 시작은 생각하는 것에서부터 비롯된다고 최진석 교수는 강조합니다.

생각하되, 늘 하듯 익숙하게, 당연하게, 정해진 수순대로 하지 말라고 힘주어 말하죠. 즉 낯설게, 당연하지 않게, 새로운 수순으로 생각하는 법을 익히라는 것입니다. 그 방법으로 꾸준한 인문학 공부를 대안으로 제시합니다.

그는 인문학을 하는 이유에 대해 '버릇없어지기 위한 것'이라 주장하여, 익숙한 것, 당연한 것, 정해진 것들에 한번 고개를 쳐들고 의문을 제기하는 것이라 말합니다. 인문학 공부를 통해 창의적 생각을 할 수 있도록 만들어 주는 인문적 통찰을 키우고, 그로 인해 자신의 익숙하고, 당연한 일상들을 새롭고 '썸씽 스페셜'한 일상으로 바꾸라고 강조하는 겁니다.

또한 우리가 인문학을 공부해야 하는 이유가 한 가지 더 있습니다.

인문학은 행복을 위한 학문입니다. 행복해지기 원한다면 인문학을 공부해야 할 필요성이 있습니다.

니코스 카잔차키스의 〈그리스인 조르바〉, 레프 톨스토이의 〈안나 카레니나〉, 도스토예프스키의 〈카라마조프가의 형제들〉, 제인 오스틴의 〈오만과 편견〉을 비롯한 수많은 인문고전들이 시대를 초월하여 우리에게 던지는 질문이 있습니다. 바로 "삶이란 무엇인가?"입니다. 거기에 더해 "그렇다면 당신은 어떤 삶을 살 것인가?"란 질문을 이어 던지고 있으며, 최종적으로는 이렇게 묻고 있죠.

"어떻게 행복해질 것인가?"

인문학은 삶에 대한 이야기입니다. 정형화되지 않은 그야말로 드라마틱한 삶에 대한 이야기들입니다. 때론 지극히 평범하기도 한 이야기일 수도 있지만, 그 안에 담긴 사람들의 감정들은 결코 평범하거나 단순하다고 치부할 수 없습니다. 그 사람들만의 특별한 인생이 담겨 있기 때문이죠.

우리는 이런 인문학을 통해 우리의 삶을 돌아볼 수 있어야 하고, 더 나아가 그 안에서 내 삶에 대한 방향과 의미 그리고 자잘한 행복들을 발견할 수 있어야 합니다. 이것이 바로 우리가 인문에 대해 관심을 가져야 하고, 경제·경영과 더불어 인문, 즉 〈휴매노믹스〉를 반드시 공부해야만 하는 이유입니다.

최종 정리해보겠습니다.

분야	명제	실행사항	추구사항(65세 기준, 원)
경제	적정 수준의 경제 문제 해결	최소한의 경제적 자유	월 150만(1,800만/년)
경영	하고 싶은 일을 하며 살고 싶다	글쓰기/강의/프로그램/기타	월 50만(600만/년)
인문	행복하게 살자	인문학 공부(통찰/창의성)	-

경제/경영/인문의 균형, 즉 개인의 〈휴매노믹스〉를 제대로 실천하며 살기 위해서는 무엇보다도 먼저, 경제적 기준을 잡아야만 합니다. 그리고 그 기준을 도달하기 위한 방법을 고민해야 합니다.

저 같은 경우 1,800만 원/년을 기준으로 설정했고, 그 기준을 달성하기 위한 제 나름의 방법들을 설정해 놓았죠.

두 번째로는 자기경영으로써 스스로 하고 싶은 일을 정해야만 합니다. 평생 은퇴하지 않고, 즐겁고 기쁘게 할 수 있는 자신만의 일을 준비해야 합니다.

저는 글쓰기/강의/프로그램을 평생 할 일로 잡았고, 이를 통해 월 50만 원 정도의 수입을 올리려 생각하고 있습니다. 그렇게 되면 2,400만 원/년 정도의 꾸준한 수입을 가질 수 있으므로 어느 정도 경제적 문제에서 벗어나 최경자(최소한의 경제적 자유)를 추구하며 생활할 수 있으리라 판단합니다.

그리고 마지막으로 인문학 공부를 꾸준히 할 생각입니다. 이를 통해 행복하게 사는 법을 배우고자 합니다. 익숙한 것, 편안한 것에서 탈피하여 보다 새롭고 낯선 것을 경험함으로써 삶이 얼마든지 풍요로워질 수 있다는 것을 알아가고자 합니다. 그럼으로써 '~했었더라면 좋았을 텐데'라는 후회를 줄일 수 있는 삶을 살고자 합니다.

최종적인 정리 차원에서 〈휴매노믹스〉를 통해 제가 생각하는 지향점을 한 문장으로 정리하면 다음과 같습니다.

> 부자는 아니지만 돈 걱정 없이, 내가 하고 싶은 일을 하며, 보다 풍요로운 삶을 즐기자!

◉ 〈휴매노믹스〉의 이상적 모델 : 어부 이야기

많이 알려진 이야기지만 멕시코에 사는 한 어부의 이야기는 〈휴매노믹스〉의 가장 이상적인 모델이라 할 수 있습니다. 다시 한번 천천히 읽어 보시죠.

어부 한 명이 탄 작은 배가 들어왔을 때, 한 사업가가 멕시코 연안 작은 마을의 방파제에 서 있었다. 사업가는 어부가 잡은 고기가 싱싱해 보인다고 칭찬하고 나서, 고기 잡는 데 시간이 얼마나 걸렸냐고 물었다.

"얼마 안 걸렸어요."

어부가 대답했다.

"더 오래 바다에 머물면서 더 많이 잡지 그래요?"

사업가의 물음에 어부는 가족들과 먹고사는 데 충분한 고기를 잡았다고 말했다. 사업가가 다시 물었다.

"그렇지만 남는 시간에는 뭘 하죠?"

"늦잠 자고 고기를 조금 잡고 아이들하고 놀고 아내와 낮잠을 자고 저녁마다 마을을 산책하고 친구들과 기타 치면서 와인을 마시죠. 꽉 차고 바쁜 생활이랍니다."

사업가는 코웃음을 쳤다.

"나는 하버드 MBA예요. 당신을 도울 수 있죠. 당신은 고기를 더 잡아야 해요. 그 수익으로 큰 배를 사는 거예요. 더 큰 배에서 나오는 이윤으로 배를 여러 척 살 수 있을 거예요. 마침내 고기잡이배 선단을 거느리겠죠. 중간 상인에게 팔지 말고 가공업체와 직거래를 할 수 있을 거예요. 나중에는 통조림 공장을 여는 거예요. 당신이 제품 생산과 가공, 판매를 통제하는 거죠. 이 작은 어촌을 떠나서 멕시코시티로 갈지도 모르죠. 그리고 로스앤젤레스, 뉴욕으로요. 거기에서 사업을 더 확장할 수 있을 거예요."

"그렇지만 선생님. 그렇게 다 하는데 시간이 얼마나 걸릴까요?"

"15년이나 20년쯤이오."

"그렇지만 그다음에는 어떻게 되죠, 선생님?"

사업가는 웃으며 대답했다.

"그게 가장 근사한 대목이에요. 적절한 시기에 기업 공개를 하고 회사 주식을 팔아서 아주 부자가 되는 거죠. 수백만 달러를 벌 수 있을 거예요."

"수백만 달러요, 선생님? 그러면 그다음에는 뭘 하죠?"

"그때는 은퇴를 하는 거예요. 작은 어촌으로 와서 늦잠 자고 고기 잡고 아이들과 놀고 아내와 낮잠 자고 와인을 홀짝거리고 기타 치며 친구들과 노는 거죠."

너무나 많은 사람들이 삶에 대한 의미조차 잃어버린 채 돈 벌기, 성공에만 급급하는 듯 보입니다. 물론 경제상황이 안 좋아지다 보니 과거보다 수입은 줄어들고, 그로 인해 살기가 어려워진 것이 사실입니다. 게다가 다니고 있는 직장의 상황도 안 좋아지다 보니 경제적 문제는 예전보다 더 큰 두려움으로 다가오고 있습니다. 그러다 보니 요즘은 돈이 최우선 순위가 되고 말았죠. 위의 어부 이야기처럼 하버드 MBA든 유명 대학의 학위든 간에 이러한 사회적 지위와 명예들 역시 안타깝게도 '돈'과 연결 지어져 생각되고 있습니다. 참으로 아쉬운 부분이라 할 수 있습니다.

진실로 중요한 것은, 꼭 잊지 않고 살아야 할 것은 우리가 진정 바라고 원하는 것이 무엇인가 하는 것입니다. 그것을 잊은 채 살면 안 된다는 것이죠.

솔직히 돈이란 것은 사회생활함에 있어서 부족하지 않을 정도, 그 부족함으로 인해 많은 불편함을 느끼고 더 나아가 그 돈을 채워야만 하는 상황까지만 가지 않을 수 있다면 족한 것입니다.

돈에 대한 과도한 욕심을 버리면 버릴수록 우리는 보다 자유로운 삶을 살아갈 수 있습니다. 우리 주변의 많은 사람들을 보게 되면 돈 때문에, 돈을 바라보느라 '자기다움'을 포기하고 사는 사람들이 얼마나 많은가요?

그런 의미에서 멕시코의 어부는 현재를 즐길 줄 아는 사람이라 할 수 있습니다. 돈이 중요한 것이 아니라, 가족을 포함한 가까운 사람들과 함께 하는 즐거운 놀이, 낮잠, 여유가 훨씬 더 소중하다는 것을 잘 알고 있는 사람이죠.

휴매노믹스를 경제학이 아닌 인문학의 범주로 넣은 이유는 경제가 삶의 본질이 될 수 없기 때문입니다.

삶의 중심은 행복을 추구하는 인문학이 되어야 합니다. 하버드 MBA 출신의 사업가가 범한 실수는 경제학과 경영학을 전면에 내세움으로써, 인문학을 뒤로 미루었다는 것입니다. 그는 헛똑똑이입니다. 오히려 많이 배우지 못한 멕시코의 어부가 훨씬 더 지혜롭다 하겠습니다. 그런 의미에서 이 어부의 이야기는 두고두고 새겨둘 만한 가치가 있다 하겠습니다.

이야기 하나를 더 읽어 보시죠. 파키스탄에서 아주 작은 식당을 운영하는 바오 아저씨의 꿈이 무엇인지 한번 들어보시기 바랍니다.

친구를 따라 폴로 경기장에 가는 길이었습니다.

도중에 건너편 가게의 주인과 눈이 마주쳤습니다. 나는 그를 향해 셔터를 누른 후, 기꺼이 모델이 되어준 그에게 감사의 표시로 손을 흔들었습니다. 그도 손을 흔들어 주었습니다. 파키스탄 사람들은 나처럼 생긴 사람에게 관심이 많아 보였습니다.

폴로 경기가 끝나고 사람들은 경기장 안으로 뛰어 들어갔습니다. 말이 신기해서 말을 보려고 했던 것입니다. 그랬던 사람들이 나를 보자 내 주위로 모여들었습니다. 그날 어디를 가도 집중되는 시선 때문에 밖으로 나오기가 부담스러웠습니다.

밤에 갑자기 정전이 되었습니다. 마을은 캄캄해졌습니다. 더 이상 신기하게 쳐다보는 사람이 없을 것 같아 마을을 구석구석 돌아다녔습니다. 사진을 찍고 구경하는 재미에 저녁식사도 잊었습니다. 그때 어둠 속에서 누군가의 목소리가 들렸습니다.

"미스터! 미스터!"

낮에 나에게 손을 흔들어준 가게 주인이었습니다. 어둠 속에서도 나를 알아본 것이 신기했습니다. 반가운 마음에 가게에서 식사를 할 수 있느냐고 물었습니다. 그는 물론이라며 낮에 만났을 때처럼 웃으며 들어오라고 손짓했습니다.

가게 안은 밖에서 볼 때보다 좁았습니다. 메뉴판 하나 걸려 있지 않았습니다. 나는 주인에게 가장 흔한 메뉴인 치킨커리를 주문했습니다. 그는 잠시 앉아서 기다리라고 하더니 주방으로 들어가지 않고 밖으로 나갔습니다.

10분쯤 지나 돌아온 주인의 손에는 치킨커리가 들려 있었습니다. 그제야 가게에서는 짜파티(밀가루 반죽을 얇게 펴 화덕에 구운 빵)만 팔고 있음을 알았습니다. 나를 위해 밖에서 치킨커리를 사 온 것입니다.

미안한 마음에 커리에 손을 댈 수 없어 머뭇거렸습니다. 하지만 내가 먹지 않아 모두가 먹지 못하고 있다는 것을 알았습니다. 내가 치킨커리를 한 술 뜨자 주인과 종업원 모두 미소를 지으며 커리를 먹기 시작했습니다.

우리는 늦게까지 이야기하며 식사를 했습니다. 식사를 마치고 음식값이 얼마냐고 물었습니다. 주인은 친구를 위해 준비한 것이라며 괜찮다고 했습니다.

잠시 후 주인이 오토바이에 시동을 걸며 타라고 손짓했습니다. 어두운 길을 혼자 걸어갈 친구가 걱정되었던 것입니다. 그런데 내가 뒤에 타자마자 타이어에 펑크가 났습니다. 민폐를 끼쳐 미안하다고 하자 주인이 웃으며 말했습니다.

"새로 사귄 친구와 재미있는 추억이 하나 생겼네요."

바오 아저씨의 꿈은 남을 돕는 것이 아니라 모두와 친구가 되는 것입니다.

<아이처럼 행복하라>(알렉스 김 지음) 중에서

어떤가요, 바오 아저씨의 꿈이 아주 근사하지 않나요? 돈보다, 성공보다 바오 아저씨의 삶이 더 멋지지 않나요?

인생은 선택입니다. 여러분은 인생을 살아가는 동안 어떤 선택을 하시겠습니까?

돈? 성공? 행복? 좋은 선택을 하시기 바랍니다.

❋ 최경자 + 최경성 + 최인복 = 멋진 인생

자, 드디어 이야기의 끝이 보이네요. 이번에는 최경자, 최경성, 최인복 3남매 이야기로 최종 정리를 해 보겠습니다.

구분	분야	해석	추구사항(65세 기준, 원)
최경자	경제	최소한의 경제적 자유	월 150만(1,800만/년, 연금 100만 + 투자 50만)
최경성	경영	최소한의 경영적 성공	월 50만(600만/년, 글쓰기, 강의, 프로그램 등)
최인복	인문	최대한의 인문적 행복	일상에서 얻는 작은 행복들
	계		월 200만(2,400만/년)

위의 표에서 보는 것처럼 저는 65세 기준으로 월 200만 원, 연간으로 2,400만 원의 수입을 추구하고 있습니다. 경제분야의 '최경자'를 통해 추구하는 수입은 월 150만 원 정도로, 개인연금+퇴직연금+국민연금을 통해 약 100만 원과 2억 원의 자산을 활용한 금융상품 투자를 통해 월 50만 원입니다.

연금은 꾸준히 모을 경우 월 100만 원의 수입이 어렵지 않겠지만, 2

억 원의 자산을 모으기 위해서는 꾸준한 저축과 투자가 필요할 것입니다. 하지만 이 또한 개인 경제 시스템을 적극적으로 활용한다면 오르지 못할 나무는 아니라 생각합니다. 거듭 말씀드리지만 개인 경제 시스템이 제대로 구축된다면, 자산의 증가는 시간이 필요할 뿐입니다. 직장을 다니며 꾸준한 수입이 들어오는 한 계속해서 자산이 증가될 수 있기 때문이죠.

다음으로 경영분야의 최경성을 통해서는 2가지 목적을 추구하고 있는데, 하나는 죽을 때까지 자신이 할 일을 찾는 것입니다. 그 방법으로 먼저 자신이 잘하는 일과 하고 싶은 일 각각 3가지씩 3×3 매트릭스를 만들어 보라 이야기했었죠. 그렇게 나온 총 9가지 경우의 수 중 한 가지를 고른 후, 거기에 다시 비즈 모델을 만들어 붙임으로써 자신의 브랜드를 만들라고 했습니다. 기억나시죠?

저는 글쓰기, 강의, 프로그램을 비즈 모델로 선택했고, 그 브랜드를 통해 제가 벌고자 하는 수입은 딱 50만 원, 연으로 600만 원 수준입니다. 이 수준은 생각하기에 따라 쉬울 수도, 혹은 어려울 수도 있습니다. 이는 준비를 어떻게 하느냐에 달려 있습니다.

사실 저는 이 준비를 직장에 다니는 동안 약 10년에 걸쳐 해왔습니다. 지속적인 글쓰기를 통해 '차칸양'이란 필명을 알려왔고, 〈에코라이후〉 프로그램을 통해 제 콘텐츠를 개발, 확장 및 업데이트시켜왔죠. 거기에 더해 〈에코독서방〉이란 커뮤니티를 추가함으로써 제 브랜드를 넓혀가고 있는 중입니다. 그렇기 때문에 월 50만 원은 충분히 달성 가능한 목표로 잡은 것이며, 제 기준상의 최경성이 될 수 있는 것입니다.

마지막으로 인문분야의 최인복입니다.

인문은 곧 행복입니다. 행복은 주위 어디에서도 찾고자 하면 얻을 수 있는 것입니다. 바쁘고 여유가 없다고 우리가 놓치고 흘려보내서 그렇지 행복은 펼쳐져 있고, 단지 우리가 할 일은 그것을 발견하고 챙겨, 온전히 느끼면 되는 겁니다.

그동안 우리가 행복하지 못했던 이유는 행복을 돈에서만, 성공에서만 찾으려 했기 때문이라 할 수 있습니다. 돈과 무관한, 성공과 별개인 행복은 얼마든지 일상에서 얻을 수 있습니다.

작은 행복은 스스로의 노력에 의해 하루에도 몇 번씩 느낄 수 있습니다. 행복 발견법을 통해 행복을 찾고, 행복 강화법을 통해 행복을 더 확장시킬 수 있다면 우리 삶은 결코 단조롭거나, 힘들거나 고통스럽지만은 아닐 것입니다.

행복은 선택입니다. 선택은 자신의 몫인 거고요.

저는 제 앞에 펼쳐질 미래를 생각하면 참 흐뭇해집니다. 왜냐하면 별다른 돈 걱정 없이, 제가 하고 싶은 일을 하며, 하루하루 행복하게 살 수 있으니까요. 게다가 〈에코라이후〉라는 커뮤니티를 통해 선한 사람들과 좋은 관계와 인연을 계속해 맺어갈 수 있으니 이 또한 큰 행복이 아닐 수 없습니다.

어쩌면 인생이란 게 이게 다 아닐까요? 꼭 부자가 되어야 하고, 누구나가 인정해 줄만한 성공을 해야만 하며, 더 나아가 자신의 이름 석 자를 세상에 알려야만 좋은 인생, 멋진 인생이 되는 걸까요?

절대 아니라고 봅니다. 어쩌면 우리 사회가 만들어 놓은 성공해야만 한다는 강박증, 경쟁, 제일주의가 각자에 맞는 인생을 살아갈 기회를 앗아간 것인지도 모릅니다.

획일화는 몰개성을 추구하는 조직적이며 폭력적인 정책이라 할 수 있습니다. 일단 이런 사회적 기준에서 벗어나야만 합니다. 그래서 자신만의, 자신에 맞는, 진짜 자신의 인생을 돌아봐야 하고, 제대로 된 인생을 살아갈 수 있어야 합니다. 그것이 바로 자신이 살아갈 멋진 인생이 될 것입니다.

다음 그림은 경제/경영/인문의 통합 도식도입니다.

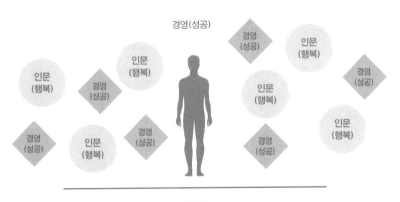

그림처럼 경제(돈)는 우리가 발을 딛고 살아가야 할 땅과 같습니다.

경제가 무너지면 이 땅은 늪처럼 변합니다. 제대로 힘도 쓰지 못한 채 아래로 아래로 빨려 들어가죠. 그렇게 되지 않기 위해 우리는 최경자를 통해 땅을 탄탄하게 다져 놓아야 합니다.

경제가 위에 있지 않음을 잘 주시해야 합니다. 즉 부자가 되는 것이 평범한 사람들의 목표가 되면 이는 불가능을 바라보는 것이며, 더불어 스스로를 실패의 길로 들어서게 하는 것과 마찬가지라 할 수 있습니다. 헛된 욕심, 욕망보다는 일단 최경자를 통해 자신의 밑을 탄탄하게 먼저 만드는 게 무엇보다 중요합니다.

두 번째로 경영(성공)입니다. 그림에서 성공이 위에 있긴 합니다. 하지만 주변에도 작은 성공이 존재함을 알 수 있습니다. 성공의 목표 또한 부자가 되길 바라는 것과 마찬가지로 욕심을 부리면 안 됩니다. 온전히 자신의 힘으로 이룰 수 있는 성공이 있는 반면에, 반드시 운, 도움이 따라야만 이뤄질 수 있는 성공도 있습니다. 후자가 윗부분에 위치한 성공이라 한다면, 전자는 스스로 달성할 수 있는 작은 성공이라 할 수 있습니다.

가장 좋은 모습은 작은 성공들을 바탕삼아 한 걸음씩 더 나아가는 것입니다.

성공은 중독성이 있습니다. 성공할수록 힘과 함께 능력도 더 커지게 됩니다. 그 힘으로 다음 성공을 향해 나아갈 수 있습니다. 설혹 마지막 큰 성공에 도달하지 못해도 낙담할 필요는 없습니다. 왜냐하면 우리는 이미 살아가며 상당히 많은 성공을 경험했으며, 그것만으로도 우리의 삶은 이미 성공한 삶이라 말할 수 있기 때문입니다.

최소한의 경영적 성공, 최경성이 그 지표라 할 수 있기 때문입니다.

행복을 이야기하는 인문 또한 마찬가지입니다. 찾고 얻음으로써 그 것을 느끼기만 하면 됩니다. 멀리 찾을 필요 없습니다. 당신의 집 안에, 아내의 미소에, 가족의 웃음에, 부모와의 전화 한 통에 그리고 집 앞에 핀 작은 야생화에도 행복은 담겨 있습니다.

파랑새는 당신의 주위를 맴돌고 있습니다. 당신이 일부러 쫓지 않은 한 파랑새는 당신과 함께 할 것이고, 그 사실을 알고 보듬는 것은 당신 의 선택이라 할 수 있습니다.

느끼세요, 최대한의 인문적 행복인 최인복을.

멋진 인생에 대한 정답은 없겠지만, 이런 공식이라면 멋진 인생, 풍 요로운 인생 아닐까요?

> **최경자 + 최경성 + 최인복 = 멋진 인생**

잠깐 한자漢字 공부를 해보겠습니다.

'행복할 행幸'과 '매울 신辛'을 나란히 써 본 후 비교해 보죠. 차이점이 확연히 보이시나요? 두 글자의 차이점은 단지 한 획에 불과합니다. 아래처럼 매울 신의 윗부분에 한 일一만 추가하면 행복할 행이란 글자로 바뀌게 되는데요, 여기에는 어떤 의미가 있을지 생각해 보죠.

매울 辛 + 한 一 → 행복할 幸

인생을 흔히 고달픈 인생이라고 말합니다. 그래서 '쓰다.'는 의미로 쓸 고苦 자를 사용하여, 고진감래苦盡甘來라고도 하죠.

인생은 쓰지만 그 씀이 다하면 달달한 시기가 온다는 의미로, 즉 지금 아무리 힘들어도 참고 견딘다면, 언젠가 행복한 시기가 올 것이란 말이라 할 수 있습니다.

고달프다는 의미는 맵다는 의미와도 연결됩니다. 위에서 살펴본 것처럼 매운 것은 행복하다는 것과 그야말로 한 끗 차이밖에 나지 않습니다. 아마도 한자를 처음 만든 중국의 옛 선인들은 매움과 행복함에 차이가 거의 없음을 강조하기 위해 두 글자 사이에 단지 한 획의 차이만 둔 것이 아닐까요?

하지만 한 획의 차이라 할지라도 차이는 분명 있습니다. 문제는 그 한 획을 어떻게 그을 수 있느냐에 있죠. 그렇다면 어떻게 해야만 자신의 삶에서 그 한 획을 그을 수 있을까요?

> 행복은 발견의 대상이에요. 주변에 널려 있는 행복을 발견하면 되는 겁니다. (중략) 옛날에는 시인을 볼 견료 자를 써서 견자見者라고 했다죠. 들여다보는 사람, 삶을 세밀하게 들여다보고 다른 사람들이 못 보는 것을 발견하는 사람이 바로 시인이라는 뜻일 겁니다.

〈책은 도끼다〉의 저자 박웅현은 행복은 추구하는 것이 아니라 발견하는 것이라 말합니다. 옛날 시인을 견자見者라 했듯이, 시인처럼 자신의 삶을 들여다보고 발견하는 사람이 결국 행복한 사람이라 주장합니다.

자, 그렇다면 행복의 발견과 행복할 행의 한 획은 어떻게 연결시킬 수 있을까요?

저는 개인적으로 매울 신에 한 획을 더하면 행복할 행이 된다는, 이 일련의 공식이 잘못되었다고 생각합니다.

사실 인간은 그 자체로 행복한 존재라 할 수 있습니다.

인간은 인간의 형상을 한 별이며, 지구로 소풍 온 존재라고도 하지 않던가요. 하지만 인간은 만족하지 못한 채 항상 무언가 부족한 상태에 있으며, 그 부족함을 가득 채우기 위해 채찍질하고 좌충우돌합니다. 만족이란 없습니다. 완전함을 위해 기꺼이 불완전을 감수할 정도죠. 그래서 매울 신에 한 획을 더하기 위해 끊임없이 달리고 또 달립니다. 하지만 이제 이러한 생각을 뒤집어보죠.

행복할 幸 (- 한 一 → 매울 辛)

인간은 원래 그 자체로 행복한 존재였다는 명제를 전제로 한다면, 행복할 행은 글자 그대로 행복한 채 있게 됩니다. 하지만 인간이 거기서 한 획을 제거하여 매울 신을 만들었다면 상황은 달라지죠. 즉 행복할 행을 행복이라 생각지 못하거나, 혹은 그 행복이 아니라 또 다른 의미의 행복이 있을 것이라 판단하여 행이랑 글자에 조작을 가했다면, 그래서 매울 신이란 글자가 나오게 되었다면 상황은 180도 달라집니다.

좀 더 쉽게 풀이하자면, 인간의 행복은 원래 그대로, 삶 자체가 행복이었습니다. 하지만 그에 만족하지 못하는 인간이 우리 주변에 펼쳐져 있는 행복을 알아보지 못한 채, 머나먼 저 먼 곳 어딘가에 있는 추상적인 것을 행복이라 정의하고 찾아 떠나게 됨으로써 행복은 매우고 고달픈 것이 되고 만 것이라 할 수 있습니다. 고로 행복은 우리 주위에 있음을 다시 인지하고, 발견하기만 하면 됩니다. 그럴 때 행복은 매움과 고달픔을 반드시 거치거나 개선함으로써 얻어지는 것이 아니라, 우리 주위에 있는 행복을 발견하고 느끼며 살면 된다는 겁니다.

마사 베크가 쓴 〈아담을 기다리며〉라는 책에 보면, 아담이란 이름의 아이에 대한 이야기가 나오는데요.

아담은 다운증후군이란 병을 가지고 있기 때문에 일반적인 관점으로 보게 되면 정상적인 수준에 못 미치는 다소 모자라 보이는 아이라 할 수 있을 겁니다. 하지만 이 이야기에 등장하는 아담은 행복이 무언지 본능적으로 아는 아이입니다.

이 이야기를 읽고 행복의 의미와 더불어 정상적이란 말의 의미까지 다시 생각해 보시기 바랍니다.

아담이 다섯 살 때, 어느 날 나는 세 아이들을 데리고 가정용품을 사러 마트에 갔었다. 마트 앞에는 정원용품을 파는 곳이 있었는데, 문 바로 밖에 꽃과 관목들을 테이블과 긴 의자들 위에 늘어놓고 있었다. 그게 아담의 주의를 끌었다. 아이는 눈을 크게 뜨고—그리 크게는 떠지지 않지만—기쁜 소리를 질렀다.

다른 두 아이를 데리고 마트 입구로 향하는 사이, 아담이 보이지 않았다. 아담은 식물들이 진열되어 있는 곳에서 더 멀리로 걸어가고 있었다. 결국 소리쳐 아담을 끌어오다시피 할 수밖에 없었다. 그리곤 언제나처럼 두 아이(케이티와 아담)에게 쇼핑 수레의 손잡이를 하나씩 붙잡게 하고 마트 안으로 향했다. 바로 그때 누가 내 어깨를 가볍게 건드렸다.

돌아보니 키가 아주 크고 험상스러운 늙은 남자였다. 그는 무슨 사료 회사의 이름이 적힌 야구 모자를 쓰고 있었고, 평생 농사일을 해 온 커다란 손을 가지고 있었다.

"실례합니다, 아주머니."

그는 모자를 벗으며 말했다.

"아드님이 방금 무얼 하는지 보셨나 해서요."

나는 불안감에 휩싸였다. 아담은 몇 살 되지도 않았지만 이미 정말로 당황스러운 짓들을 했다. 시부모님 댁의 전자레인지에 신발을 넣기도 했고, 아기 보는 사람의 온풍기에 크레용을 쑤셔 넣어 녹는 것을 구경하고 있기도 했고, 내 브래지어만 걸치고 장화를 신고 혼자서 이웃집에 마실을 가기도 했다.

나는 아이가 내 시야를 벗어난 그 짧은 동안에 무엇을 할 수 있었을까 싶었지만 그런 문제에서 그의 창의성은 항상 내 상상을 뛰어넘곤 했다. 나는 조심스럽게 아니라고 대답했다. 그러자 그 남자는 몸을 기울여 내 귀에다 낮은 소리로 말했다.

"밖에 진열된 식물 하나하나씩 모두 냄새를 맡았어요. 꽃만 냄새를 맡은 게 아니라 관목들도 냄새를 맡았어요. 하나도 빼지 않고요. 흙도 냄새를 맡은 것 같아요."

그러며 우리를 식물들이 놓인 곳으로 이끌었다.

그는 쥬니퍼 나무 옆에 서서 냄새를 맡아보라고 권했다. 아이들과 나는 나무에 얼굴을 가까이하고 냄새를 맡았다. 그것은 오렌지 껍질과

세이지 잎의 중간쯤 되는 새큼하고 쏘는 듯한 냄새가 났다. 그 냄새는 어린 시절의 기억들을 왈칵 일으켰다.

"어때요, 대단하지요?"라고 말하며 농부는 다른 식물을 권했고, 우리는 5분이나 10분쯤 걸려서 그곳에 있는 식물들의 냄새를 모두 맡았다. 아이들은 아주 좋아했다. 식물들 사이를 행복한 산짐승들처럼 킁킁거리며 돌아다녔다. 내게는 이 식물들이 프루스트의 마들렌느는 비교도 되지 않을 만큼 옛 기억들을 불러일으키는 것이었다. 냄새를 더 맡고 나자 그 노인은 몸을 일으키고, 다시 나를 향해 모자를 들어 보이며 말했다.

"보이는 게 모두는 아니지요? 자세히 보면 얻는 게 있어요."

어찌 보면 행복은 사물의 핵심을 보는 것, 가던 걸음을 멈추고 장미뿐만 아니라 관목들까지 냄새를 맡아보는 것에서 오는 것이다. 그것은 거의 숭배에 가까운 사랑과 친밀감을 가지고 평범한 생명을 대하는 주의집중의 결과이다.

⊛ 나의 묘비명으로 무슨 말을 남길 것인가

　우리는 하나의 생명으로 태어나 언젠가 죽음을 맞이할 수밖에 없는 유한한 존재입니다. 인류의 시작이 무려 백만 년 전으로 유구한 역사를 자랑한다고는 하지만, 아무리 그럴지라도 이 기간 동안 인류는, 더 나아가 모든 생명은 태어나 죽는 무한 반복을 되풀이하고 있습니다.

　삶의 끝에는 죽음이 반드시 기다리고 있으며, 그 어느 누구도 여기에서 벗어나지 못하고 있습니다. 다만 우리는 평상시 그 사실을 잊고 지낼 뿐이지요.

　혹자는 그래서 삶이 더 아름답고 소중하다 말합니다.

　맞습니다. 만약 인간이 신처럼 무한하다면, 삶이란 그야말로 지루하고 답답한 여정이 될 것입니다. 안타까울 수 있겠지만, 아니면 다행스럽게도 죽음이란 마무리가 있기 때문에 우리는 더 열심히 삶을 살아가는 것일 수도 있습니다.

　우리보다 인생을 먼저 살다 가신 위인들 또한 분명 최선을 다한, 소중한 삶을 살았을 겁니다. 우리는 그들의 생전 이야기를 옮겨 놓은 책을 통해서 혹은 그들이 남긴 기록들을 보며 그 삶을 반추해볼 수 있죠. 그러며 그들처럼 더욱 열심히 살 것을 다짐하게 되고요.

그들이 남긴 묘비명 또한 우리에게 큰 의미가 있다 할 수 있습니다. 왜냐하면 삶의 마지막 순간을 정리하며 남긴 말이라 할 수 있으니까요.

자신에게, 가까운 사람들에게 혹은 많은 사람들에게 마지막으로 말하고 싶었던 것을 짧은 글로 남겨놓은 것이 바로 묘비명이라 할 수 있습니다. 물론 이 묘비명은 스스로 남긴 것일 수도 있겠지만, 사후에 가족 또는 지인들이 평소 그가 남겼던 말 중에서 가장 의미 있는 말을 선택해 만든 것일 수도 있습니다.

그렇다 할지라도 그 사람의 인생을 딱 한 문장으로 압축시켜 놓은 것이라 볼 수도 있을 겁니다.

자, 지금부터 우리의 인생 선배들이 남기신 묘비명을 한번 살펴볼까요?

> 아무것도 바라지 않는다
> 아무것도 두렵지 않다
> 나는 자유롭다

이 묘비명은 그리스의 시인이자 소설가로, 그리고 〈그리스인 조르바〉와 〈영혼의 자서전〉을 남긴 니코스 카잔차키스Nikos Kazantzakis, 1883~1957가 남긴 것입니다.

그리스의 가장 큰 섬인 크레타에서 태어난 카잔차키스는 터키의 지배 아래 어린 시절을 보내며 기독교인 박해사건과 독립전쟁을 겪을 수밖에 없었습니다. 그 결과 그의 젊은 시절은 자유와 해방을 쟁취하기 위한 투쟁의 연속이었고, 평생을 걸쳐 민족의 자유 그리고 개인의 자유를 갈망하는 삶을 살았습니다. 묘비명을 통해서도 그가 얼마나 자유를 원했는지를 그대로 알 수 있습니다.

생각하면 생각할수록
점점 더 커지는 놀라움과
두려움에 휩싸이게 하는
두 가지가 있다
밤하늘에 빛나는 별과
내 마음속의 도덕률이
그것이다

이 묘비명은 누구의 것인지 대충 감이 오시죠? 바로 독일의 철학자이자 근세 철학의 아버지라 불리는 임마누엘 칸트Immanuel Kant, 1724~1804의 묘비명입니다. 결혼하지 않고 독신으로 살았던 칸트는 이웃들이 시계 대신 칸트가 산책하는 것을 보고 시간을 알 수 있을 정도로 규칙적인 생활 습관을 가졌던 것으로도 유명하죠. 이런 생활을 유지하며 칸트는 평생을 이성에 의한 인간 존엄성을 철학으로 정립하는데 보냈고, 그결과 〈순수 이성 비판〉, 〈실천이성비판〉, 〈판단력 비판〉의 3권의 저서를 남김으로써 서양철학의 기틀을 마련했다는 평가를 받고 있습니다.

이런 순수 학자의 삶을 살았던 그의 마음속에는 별로 상징되는 아름다운 자연과 인간의 이성이 만들어낸 도덕률로 가득 차 있었던 듯싶습니다.

우물쭈물하다

내 이럴 줄 알았다

이 묘비명 또한 아주 유명하죠. 아일랜드 출신의 영국 극작가 겸 소설가였던 조지 버나드 쇼George Bernard Shaw, 1856~1950가 남긴 것(이렇게 해석할 수도 있습니다. "이 세상에 꽤 오랫동안 어슬렁거렸지만, 결국엔 죽는다는 걸, 난 알고 있었어.")인데요, 그는 소설가로 야심 찬 데뷔를 했지만 쓰디쓴 실패를 맛보았죠. 하지만 포기하지 않고 당시 허위와 위선으로 가득 찬 빅토리아 시대를 무대로 한 희곡을 쓰며 극작가로 크게 성공하게 됩니다. 성공 이후에도 노력을 게을리하지 않으며, 결국 노벨 문학상까지 수상하게 되죠.

그의 글에서 느껴지는 유머, 풍자는 그의 인생에도 그대로 이어졌으며, 묘비명에까지 그대로 연결되었다 할 수 있습니다. 묘비명을 통해 그는 세상 사람들에게 묻고 있죠. '너 계속 그러고(우물쭈물하고) 있을래?'라고요.

인생은 의미 있는 것이다.

행선지가 있으며, 가치가 있다

단 하나의 괴로움도

헛되지 않으며,

한 방울의 눈물, 한 방울의 피도

그냥 버려지는 것이 아니다

마지막으로 소개해 드릴 묘비명은 프랑스의 소설가이자 수필, 시인, 극작가로 다양한 활동을 펼쳤던 프랑수아 모리아크François Mauriac, 1885~1970가 남긴 말입니다.

프랑스의 유명한 와인 산지인 보르도 지방에서 태어난 그는 부르주아 출신이었지만, 가난한 사람일지라도 최선을 다해 노력하고 열심히 살면 구원과 은총을 받을 수 있다는 메시지를 그의 작품에 남겼습니다. 그만큼 그는 사회적 배경이나 환경보다는 인생을 열심히 살아간다는 것에 더 큰 의미와 가치를 두었죠. 그는 우리에게 말하고 있습니다. 한 방울의 눈물, 한 방울의 피도 소중히 여기며 살아가라고요.

자, 아직 당신에겐 새털같이 많은 날들이 남아 있겠지만, 그래도 한번 가정해 보죠. 이제 당신의 인생은 막바지에 다다랐고 곧 죽음을 맞이해야 할 순간이 왔습니다. 그렇다면 당신의 묘비명으로 어떤 문장 하나를 남기고 싶으신가요? 어떤 말 한마디를 이 세상에 남긴 채 떠나고 싶으신가요?

소설 〈노인과 바다〉로 우리에게 널리 알려진 미국의 소설가 어니스트 헤밍웨이Ernest Miller Hemingway, 1899~1961의 묘비명에는 이렇게 적혀 있다 하는데요, 마음 한구석이 짠해지네요.

일어나지 못해서
미안하오

최씨 3남매와 함께 신나고 행복한 삶을

작년 말 무려 23년이나 다니던 회사를 어쩔 수 없이 나와야 했습니다. 뚜렷한 이유도 없었죠. 그저 후배들을 위해 이제 비켜줘야 하지 않겠냐 하는 석연치 않은 권고만 있을 뿐이었죠.

처음엔 분노가 일었습니다. 하지만 얼마의 시간이 지나자 어느 정도 감정이 가라앉고, 스스로를 돌아볼 수 있게 되었습니다. 잘되었다, 어차피 이런 시간을 준비해 놓았던 것 아니던가.

돌이켜보면 2008년부터 10년의 시간을 준비해 왔던 거라 할 수 있네요.

'어떻게 살아야 하는가?'에서부터 시작하여, '무엇을 하며 살아야 하는가?'까지 참 많은 고민들의 시간이었습니다. 그럼에도 아직까지 고민은 명쾌하게 풀리지 않고 있습니다. 하지만 다행스럽게도 방향은 잡은 듯합니다. 이 책이 바로 그 방향에 대한 결과물이라 할 수 있습니다. 부자도 아니고, 성공한 삶도 아니지만, 나름 제 삶에서 행복하고 풍요롭게 살아갈 수 있는 방향 말이죠.

퇴사는 저를 직장인의 족쇄에서 풀려나게 만들어 주었습니다. 자유를 얻은 대신, 스스로의 생산성으로 앞으로의 삶을 살아감과 동시에 지켜가야만 합니다. 향후 제 삶은 지난 10년 동안 고민해서 얻어낸 해법들을 실제로 적용시켜 살아가는 시간들로 채워지게 될 것입니다. 분명 시행착오도 심하게 겪을 것이고, 예상치 못했던 어려움도 만나게 될 것입니다. 여기에 대한 두려움도 있습니다. 하지만 그보다는 설렘이 더 큽니다. 최경자, 최경성 그리고 최인복과 함께 할 제 두 번째 인생이 무척 기대되기 때문입니다.

19세기 영국의 철학자이자 경제학자인 존 스튜어트 밀J. S. Mill, 1806~1873은 "사람은 누구든지 자신의 삶을 자기 방식대로 살아가는 것이 바람직한데, 그 방식이 최선이어서가 아니라, 자기 방식대로 사는 길이기 때문에 바람직한 것"이라고 말합니다.

저는 사회가 만들어 놓은 베스트의 삶보다는, 제게 맞는 바람직한 삶을 좇으려 합니다. 제 발걸음에 맞춰, 제가 정해놓은 방향으로 한 걸음씩 나아가고자 합니다. 누가 뭐라 해도 상관없습니다. 어차피 자기 인생은 자기가 책임지면 되는 것이니까요.

미국의 긍정 심리학자 마틴 셀리그만Martin Seligman은 삶의 '위대한 세 영역'으로 사랑, 일, 놀이를 주장합니다. 사람들은 실제 이 세 가지 영역으로 삶을 채우며, 여기에서 살아가는 의미를 찾죠.

작가이자 방송인으로 활동하고 있는 유시민 씨는 여기에 더해 '연대連帶, solidarity'의 중요성에 대해서도 설파합니다.

연대란 동일한 가치관과 목표를 가진 누군가와 손잡는 것으로, 넓게 보면 기쁨과 슬픔, 환희와 고통에 대한 공감을 바탕으로 삼아 어디엔가 함께 속해 있다는 느낌을 나누면서 서로 돕는 것을 의미합니다.

작년 1월 저는 '미래를 떠올리는 것만으로도 흐뭇해진다'란 제목의 칼럼을 통해 제 미래에 대해 이렇게 써놓았었습니다.

제가 하고 싶은 일은 가진 재능을 나누며 사는 것입니다. 다행스럽게도 경제에 대한 공부를 조금 오래 한 덕분에, 〈에코라이후〉란 배움터에서 경제/인문 프로그램과 〈에코독서방〉을 운영하며 다양한 사람들을 만나고 있죠. 아마 제가 퇴사하게 되면 더 본격적인 활동을 하게 될 겁니다. 다양한 타깃 층을 대상으로 프로그램도 세분화하게 될 것이며, 지금보다 더 많은 사람을 만나며 실질적 도움을 주기 위해 노력하고 있을 겁니다. 또한 글쓰기도 더 많이 할 것이며, 그로 인한 전문성도 더 키울 수 있게 될 것이고요.

저의 미래를 떠올리면 제 입가에는 흐뭇한 미소가 걸립니다. 왜냐하면 행복하고 신나거든요. 저는 에코라이후를 많은 사람들의 공부방이자 놀이터로 키우고자 합니다. 여기에서 사람들과 같이 어울리며 공부도 하고 신나게 놀고자 합니다. 물론 일도 해야겠죠. 여러 프로그램을 운영하며 한 개의 몸이 아쉬울 정도로 이리 뛰고 저리 뛰다 보면, 아마 직장에 있는 지금보다 훨씬 더 바쁘지 않을까 하는 생각이 듭니다. 그 와중에 틈틈이 책도 읽고, 글도 쓰고 그러면서 마음 맞는 사람들과 이야기하고, 같이 작업도 하며 맛있는 음식도 먹고 마시고 놀다 보면 하루하루가 신날 것입니다. 게다가 구본형변화경영연구소 사람들까지 만나려면, 어휴~ 그야말로 눈코 뜰 새 없을 것 같네요. 어쩌죠, 너무 바쁜 건 질색인데 말입니다.

저는 이미 부자입니다. 최씨 3남매와 함께, 연대를 통해 신나게 놀 사람들이 주위에 가득하니 말이죠.

돈이 아무리 많다 할지라도, 성공하여 가장 꼭대기에 올라갔다 할지라도 결국은 모든 것을 내려놓아야만 합니다.

영원한 것은 없습니다. 그렇다면 남는 것은, 그리고 가지고 갈 수 있는 것은 행복한 기억, 추억과 나를 사랑했던, 그리고 내가 사랑했던 사람들입니다.

미루면 안 됩니다. 하루는 사랑하기에도, 놀기에도 부족한 시간이니 말이죠.

독자 여러분들의 삶에도 최씨 3남매와 더불어 여러분이 사랑하는, 그리고 여러분을 사랑하는 사람들로 가득하길 바랍니다.

이 책은 2013년에 출간한 졸저 〈불황을 이기는 월급의 경제학〉 이후 무려 6년 만에 나오는 책입니다. 그만큼 많은 시간이 걸렸고, 또 많은 사람들의 도움을 받았습니다.

먼저 이 책의 많은 이야기를 써 나가는 데 물심양면으로 도움이 되어 준 모든 〈에코라이후〉 멤버들에게 진심 어린 감사를 드립니다. 만약 에코 멤버들이 없었다면 이 책은 세상에 나오지 못했을 것입니다.

이들의 격려와 위로, 응원이 이 책의 반 이상을 차지했다 해도 결코 과언이 아닙니다.

에코 멤버 중에서도 특히 에코 3기 효한(NG)에게는 더 진한 감사를 표합니다. 그는 제게 〈휴매노믹스〉란 신조어를 만들어 주었죠. 덕분에 이 책의 체계를 잡는 데 큰 힘이 되었습니다.

재작년, 그리고 작년 이 책을 못 보고 저 먼 곳으로 떠나신 아버지와 장모님에게도 뜨거운 감사를 드립니다. 당신들의 사랑과 헌신이 저를 지금까지 올 수 있도록 만들어 주었습니다. 그리고 사랑하는 나의 분신들인 효빈과 해빈. 너희들은 옆에 있어 주는 것만으로도 감사함 그 자체라 할 수 있다. 너희들이 있어 삶의 힘을 얻고 더 열심히 살도록 스스로를 다독이게 된다. 활력소고 삶의 동기가 바로 너희들이다.

마지막으로 세상 하나뿐인 내 아내, 한미 씨. 더 이상 무슨 말이 필요하리오. 당신은 내 유일한 사랑이자, 소중함이며 평생 동반자입니다. 당신 덕분에 나는 글을 쓸 수 있는 힘을 얻습니다. 만약 당신이 옆에 없었다면 이 책은 물론, 대부분의 글조차 제대로 쓰지 못했을 것입니다. 앞으로도 계속 내 옆에 있어 줄 것을 부탁드리며, 당신께 이 책을 바칩니다. 사랑합니다.